全国技工院校班主任培训用书
QUANGUO JIGONG YUANXIAO BANZHUREN PEIXUN YONGSHU

U0814263

现代技工院校班主任培训教程

（第3版）

编写人员

主　编：何锦发

编　者：魏广元　刘伟章　吴尚源　曹卫国　胡永康
谭　纯　李广乾　别少敏　肖玉珍　尹凤霞
俞永生　张海锋　彭建新　刘　羚　刘钧演

中国劳动社会保障出版社

图书在版编目(CIP)数据

现代技工院校班主任培训教程/中国就业培训技术指导中心，广东省职业培训和技工教育协会组织编写. —3 版. —北京：中国劳动社会保障出版社，2013
ISBN 978-7-5167-0405-9

Ⅰ. ①现… Ⅱ. ①中…②广… Ⅲ. ①技工学校-班主任工作-培训-教材 Ⅳ. ①G715

中国版本图书馆 CIP 数据核字(2013)第 089047 号

中国劳动社会保障出版社出版发行
(北京市惠新东街 1 号 邮政编码：100029)
出 版 人：张梦欣
*
三河市华骏印务包装有限公司印刷装订 新华书店经销
787 毫米×960 毫米 16 开本 22.25 印张 348 千字
2013 年 5 月第 3 版 2019 年 7 月第 6 次印刷
定价：27.00 元

读者服务部电话：（010）64929211/84209101/64921644
营销中心电话：（010）64962347
出版社网址：http: // www.class.com.cn

版权专有 侵权必究

如有印装差错，请与本社联系调换：（010）81211666
我社将与版权执法机关配合，大力打击盗印、销售和使用盗版图书活动，敬请广大读者协助举报，经查实将给予举报者奖励。
举报电话：（010）64954652

内容简介

技工教育是教育的重要组成部分，是深入实施人才强国战略和扩大就业的发展战略，切实加强技能人才培养工作的重要一环。技工院校是实施技工教育、落实国家人才强国战略的重要场所。为使技工教育保持持续、良好的发展态势，做好技工院校基础的教学班工作尤为重要。

技工院校班主任是实施技工教育的重要力量，班主任的素养和专业能力直接关系到技工院校培养人才的质量。在当前科学技术不断发展、社会结构面临重大变革的时期，技工院校班主任工作也面临新的挑战。为此，我们从技工院校班主任建设的现状和发展的需要出发，组织编写了《现代技校班主任培训教程》，自首版于 2008 年出版至今，已更新至第 3 版，每版均将当时班主任工作的新问题、新发展、新成果、新动向加入其中，实效性较强，更能顺应班主任工作的需要。

本次出版的《现代技工院校班主任培训教程》包括 9 章内容，分别为班主任角色定位、班主任素质与能力、班级管理实务、班主任工作的基本方法与技巧、生命教育、学生安全教育、学生心理健康教育、班主任压力管理、学生素质拓展训练。各章内容中均安排了案例、链接等栏目，供读者借鉴和拓展阅读，各章后设有思考与练习栏目，帮助读者检验学习成果。

编写教材有相当难度，不足之处在所难免，恳切希望各使用单位和个人对教材提出宝贵意见，以便修订时加以完善。

编者

目录

CONTENS

1 …………………………… 第一章　班主任角色定位
3/ 第一节　班主任的地位
5/ 第二节　班主任的任务
13/ 第三节　班主任的教育理念
25/ 第四节　班主任的角色

33 …………………………… 第二章　班主任素质与能力
35/ 第一节　班主任基本素质
46/ 第二节　班主任的专业能力
54/ 第三节　提升班主任素质和能力的途径

59 …………………………… 第三章　班级管理实务
61/ 第一节　班级建设
65/ 第二节　组织班级活动
76/ 第三节　班主任常规工作
82/ 第四节　开展职业指导
86/ 第五节　开展创业教育

95 …………………… 第四章　班主任工作的基本方法与技巧
97/ 第一节　了解与研究学生的基本方法

第二节　开展班级工作的基本方法 /103
第三节　班主任工作的基本技巧 /112

第五章　生命教育 ······ 125
第一节　生命教育概述 /127
第二节　生命教育的特点和内容 /131
第三节　生命教育的实施 /135

第六章　学生安全教育 ······ 155
第一节　预防盗窃与诈骗 /157
第二节　校园突发事件的预防与处置 /165
第三节　预防校园火灾与自救逃生 /180
第四节　预防校园暴力与意外伤害 /187
第五节　学生出行安全与生产实习安全 /198

第七章　学生心理健康教育 ······ 209
第一节　心理健康概述 /211
第二节　技校生常见的心理问题与疾病 /215
第三节　常见心理自我调适办法 /226
第四节　班级管理心理辅导的操作方法 /233

第八章　班主任压力管理 ······ 249
第一节　班主任压力概述 /251
第二节　提高班主任抗压能力 /259

268/ 第三节　班主任缓解压力的方法

281

第九章　学生素质拓展训练

283/ 第一节　拓展训练概述

288/ 第二节　拓展训练项目的实施

296/ 第三节　拓展训练项目的设计

306/ 附录 1　中华人民共和国未成年人保护法

316/ 附录 2　中华人民共和国教师法

322/ 附录 3　中华人民共和国教育法

332/ 附录 4　中华人民共和国职业教育法

338/ 附录 5　学生伤害事故处理办法

345/ 后记

346/ 主要参考文献

第一章

班主任角色定位

第一节　班主任的地位
第二节　班主任的任务
第三节　班主任的教育理念
第四节　班主任的角色

当前，我国正处在全面建设小康社会、加快推进社会主义现代化的关键阶段，经济和社会发展正面临许多重大而艰巨的任务。党的十七大报告指出：“要全面贯彻党的教育方针，坚持育人为本、德育为先，实施素质教育，提高教育现代化水平，培养德智体美全面发展的社会主义建设者和接班人，办好人民满意的教育。”作为技工院校的班主任，要以十七大精神为指导，认真贯彻落实科学发展观，遵循技工院校学生身心发展的特点和规律，加快培养有理想、有道德、有文化、有纪律的高技能人才和高素质劳动者，为办好人民满意的教育做出应有的贡献。

技工院校班主任是班级工作的组织者、班集体建设的指导者、学生健康成长的引领者，是沟通学校、家庭、社会的桥梁，是实施素质教育的重要力量。班主任工作的好坏，直接关系到党的教育方针能否得到全面贯彻，关系到大力发展职业教育和培养高素质技能人才的目标能否全面实现。在班主任工作面临新问题、新挑战的今天，充分认识班主任的职责和使命，更新教育观念，是做好班主任工作的重要前提。本章主要从班主任工作的内涵和外延对班主任角色定位进行阐述。

第一节　班主任的地位

班主任是培养学生全面发展的第一责任教师，在学生教育中具有十分特殊的地位，发挥着不可替代的作用。

一、班主任是学校贯彻教育方针和实施教育计划的执行者

班级是学校进行常规管理、常规教学的基本单位。班主任则是学校各项常规工作得以顺利进行的直接参与者、组织者和具体执行者。党的教育方针的贯彻，学校教育计划和办学目标的实现，教务处（科）、学生处（科）等职能部门对学生的要求等，每一项工作都是通过班级这个基本单位具体实施的。以学校德育工作的实施为例，德育工作是学校一项重要的工作，它关系到学校的办学方向和办学质量。虽然全校教职工都有责任，但学校的德育工作主要还是通过班主任开展各种教育活动和班级日常管理工作来具体落实的。所以，班主任在学校贯彻党的教育方针和实施教育计划中所处的地位十分重要。

二、班主任是学生健康成长的引领者

在校园里，与学生相处时间最长、沟通最便利的是班主任，班主任的言行举止对学生的影响也最大，对于学生健康成长引领者的角色，班主任义不容辞。班主任不但要在学生知识和智力上进行引领，更要在学生思想上、品德上和人格上进行引领。技工院校学生年龄一般在 15～22 岁之间，正处在学做人、学知识、学技能的人生发展的黄金阶段。这个时期，由于他们的学习场所由中学变成了技校，学习方向由升学变成了就业，所以他们在思想、学习、生活等方面会产生不同程度的烦恼和不适应。和中学生相比，技校生有其特殊的心理特点。如自卑感较强，缺乏自信；有厌学心理，缺乏学习动力；容易冲动，自我控制能力较差；情感成熟早，早恋现象较普遍。要解决这些问题，需要班主任对他们进行必要的教育引导。班主任要把握学生的精神状况和心理状况，倾听他们的意见，关注他们成长中的各种烦恼，有针对性地进行教育和疏导。要关注学生的全面发展，引导学生提高学习兴趣，树立学习信心，掌握科学的学习方法，养成良好的学习习

惯和思想品德，增强合作意识和竞争意识，把学生培养成为合格的技能型人才。

三、班主任是班集体建设的指导者

班级并不等于班集体。前苏联教育家马卡连科说过：“集体并不等于一群人，而是一个有目的地组织起来进行活动的机构，是一个有活动能力的机构。”一个班集体，一般应具备六个条件：一是有正确的政治方向；二是有共同的奋斗目标；三是有和谐的人际关系；四是有健全的组织机构；五是有健康的集体舆论；六是有统一的行为规范。要成为这样一个“有目的地组织起来进行活动的机构”，离不开班主任有效的组织和积极的引导。

技校一般是按专业编班的，班里的几十名成员来自四面八方，他们的家庭环境、道德水准、学习成绩、兴趣爱好各不相同，但是在班主任的精心指导下，这些原来素不相识的学生很快就组成了一个有共同奋斗目标的班集体，一个人人快乐相处的大家庭。即使是一些落后的班，在有经验的班主任的带领下，也能很快地改变落后的面貌，有的还能成为先进集体。所以，班集体的形成、后进班的转变，都和班集体的指导者——班主任发挥的关键作用分不开。学生是班集体的主体，班主任在指导班集体建设中，要充分发挥学生的积极性和主动性，让学生自己管理自己，逐步实现班集体的自主管理。

四、班主任是学校与家庭、社会的沟通者

学校是有计划、有目标地对学生进行全面教育的最重要的场所，学校教育对学生成长起着不可替代的作用。但是，学校教育也需要家庭和社会的密切配合。前苏联教育家苏霍姆林斯基说：“教育现象的相互联系在我们今天变得更加复杂了：生活向学校提出的任务是如此复杂，以致如果没有整个社会（首先是家庭）的高度的教育学素养，不管教师付出多大的努力，都收不到完满的效果。”家庭教育是一切教育的基础。对学生成长来说，父母是他们的第一任老师，父母日常的一言一行都会对他们起到潜移默化的作用。同样，学生良好品德的形成，也受社会环境的影响和制约。现代社会是一个开放的社会，信息渠道多，信息量大，传播快，学生受到的影响有积极的，也有消极的，有正面的，也有负面的。所以，学生的教育光靠学校是不够的，还必须积极争取家庭的配合和社会的支持，实现不同教育的互补，形成教育的合力，才能提高和巩固教育的效果。

班主任与任课教师相比，和家长接触较多，班主任的身份也更能得到学生家长和学生所在社区的信任。所以，班主任是沟通学校与家庭、社会的桥梁。班主任与家庭沟通的方式有家长会、电话、短信、书信、互联网等，与社会沟通的方式有组织学生参观校外教育基地、参加社会志愿者服务和社区实践活动等。

第二节　班主任的任务

班主任工作是学校教育工作的重要组成部分。技工学校班主任的基本任务是：根据教育部 2004 年颁布的《中等职业学校德育大纲》的要求，认真抓好德育和班级工作，使每一个学生都得到全面发展，成为有理想、有道德、有文化、有纪律的技能型人才。

一、抓好德育工作，开展各项教育活动

德育工作是学校教育教学工作的灵魂，抓好德育工作，引导学生提高思想道德素质，学会做人，是班主任的首要任务。当前，班主任要把德育工作与践行社会主义荣辱观结合起来。2006 年，胡锦涛总书记在看望出席全国政协十届四次会议的委员时，提出了“八荣八耻”的社会主义荣辱观。树立社会主义荣辱观，是加强技校生思想道德建设的需要。班主任要引导技校生坚持以热爱祖国为荣，以危害祖国为耻；以服务人民为荣，以背离人民为耻；以崇尚科学为荣，以愚昧无知为耻；以辛勤劳动为荣，以好逸恶劳为耻；以团结互助为荣，以损人利己为耻；以诚实守信为荣，以见利忘义为耻；以遵纪守法为荣，以违法乱纪为耻；以艰苦奋斗为荣，以骄奢淫逸为耻。使技校生成为有理想、有道德、有文化、有纪律的技能型人才。

在新的形势下，班主任德育工作的基本内容包括爱国主义教育、理想教育、道德品质教育、文明习惯养成教育、集体主义教育、法纪教育、网络道德教育、生命教育、安全教育和心理健康教育。

1. 爱国主义教育

爱国主义教育是培养学生热爱祖国、立志为中华民族振兴贡献力量的教育。爱国主义是中华民族的优秀传统，是动员和鼓舞中国人民团结奋斗的旗帜。对学

生进行爱国主义教育，是历史赋予班主任的光荣使命。班主任对学生进行爱国主义教育的内容，包括对学生进行中华民族悠久历史的教育、中国国情教育、国歌国旗教育和历史使命感的教育。在教育中，班主任应引导学生把爱国热情转化为热爱家乡、热爱亲人、热爱学校、热爱集体、热爱老师和同学的具体行动，转化为学好知识技能、提高个人素质的实际行动。

2. 理想教育

理想是人类对美好未来的追求和向往，是人的奋斗目标。理想一般包括社会理想和专业理想、职业理想。技校生的理想处于从感性到理性的发展阶段，他们对未来有美好的憧憬，但是由于综合分析能力较差，对社会的认识不够全面，所以他们的理想还带有不少空想的成分。班主任对学生进行理想教育要贴近生活、贴近学生，循序渐进，由具体逐步过渡到抽象，从生活理想和职业理想教育逐步升华到社会政治理想上。

3. 道德品质教育

道德品质教育是依据社会主义社会的道德原则和规范，对学生施加道德影响的活动。道德品质教育的目的是教育技校学生按照道德规范和道德标准学会做人。当前，对技校生的道德品质教育主要从四个方面来抓：一是抓好学生的个人品德教育。个人品德是一个人具有良好职业道德和社会公德的基础。个人品德教育的内容包括学生正直、善良、诚信、宽容和勤奋品质的培养。二是抓好学生的社会公德教育。社会公德教育的内容包括对学生进行文明意识教育、社会责任感教育、真诚友爱教育和礼貌待人教育。三是抓好环境道德教育。环境道德是维护人类生存环境和社会和谐发展的行为准则和行为规范。环境道德教育的内容包括对学生进行环境知识和环境意识的教育，通过教育，培养学生热爱环境、保护环境的情感。四是抓好职业道德教育，针对学生职业生涯规划，根据相应职业道德要求进行相关职业道德教育。

4. 文明习惯养成教育

文明习惯养成教育，是对学生进行文明礼貌和养成良好行为习惯的教育。人们的行为不仅依赖于动机，而且取决于习惯。一个人的习惯往往能反映出这个人的思想作风和文明素质。文明礼貌和良好的行为习惯对学生而言，是学生健康成长的基础；对社会而言，是实现社会和谐的前提。俗话说：习惯成自然。良好的行为习惯可以靠培养形成。班主任培养学生良好的行为习惯可以从四个方面入手：一是选择榜样作为学生效仿的对象；二是创造重复良好行为的情境，让学生在明确意义的情况下反复练习，使之习惯化；三是教育学生下决心与不良的行为习惯决裂；四是培养先进的班集体，使学生在良好的集体氛围中养成良好的习惯。

5. 集体主义教育

集体主义教育是培养学生集体主义观念和学会在集体中善于与他人相处的教育。集体主义体现人的思想意识和内在素质，体现个人对集体和他人的责任心。对学生进行集体主义教育，一是教育学生把自己融入集体之中，依靠集体，虚心向集体中的每个成员学习，取长补短，促进个人成长。二是教育学生自觉维护集体荣誉，响应集体的号召，努力完成集体交给自己的任务，为集体争光。三是教育学生处理好个人利益与集体利益的关系，坚持集体利益高于个人利益，当个人利益与集体利益发生矛盾时，个人利益服从集体利益。要防止狭隘的小团体主义和类似“同乡会”的组织的产生。

6. 法纪教育

法纪教育是指用法律知识教育学生，增强学生法纪观念，提高学生遵纪守法的自觉性，使学生养成遵纪守法的行为习惯。对学生进行法纪教育，一是教育学生正确认识纪律和自由的关系，严格遵守《技工学校学生守则》《技工学校学生日常行为规范》和学校的各项规章制度。二是教育学生知法、懂法、守法、护法，严格遵守国家的各项法律、法规，杜绝违法犯罪。三是教育学生既要依法维护自己的权益，又要勇于和善于与社会上的违法行为作斗争。

7. 网络道德教育

21 世纪是一个数字化、网络化、信息化的时代，随着计算机的普及，网络已进入社会生活的各个角落，技校生也毫不例外地成为网上的新一代。网络为他们提供了丰富的学习资源和精彩的娱乐时空，同时网络的虚拟性和网络信息的良莠混杂，也使他们中的一些人或上网成瘾，或误入歧途。网络时代的到来，对班主任工作提出了新的挑战。班主任要认真面对这个问题，切实加强技校生的网络道德教育，发挥网络的积极因素，克服消极因素，使学生健康成长。

加强技校生的网络道德教育，首先，要注重学生在网络信息良莠不齐的环境下价值观、道德观的培养。技校生好奇心强，但辨别是非的能力和自律意识不强。班主任要针对学生这些特点进行教育，提高学生辨别信息和运用信息的能力，提高欣赏信息的品位，使学生吸收那些对自己成长有利的信息，自觉抵制不良信息的诱惑。其次，要加强与家长的联系，争取家长的密切配合，指导家长正确教育自己的孩子文明上网。最后，网络道德教育不能采用堵、禁等传统的教育手段。班主任要加强对网络道德教育的研究，开展网络教育活动，学会用生动活泼的形式和正面疏导的方法对学生进行教育。

关于生命教育、安全教育和心理健康教育，本教程后面章节有专门阐述，本节从略。

二、开展班级工作，促进学生全面发展

班主任是班级的组织者和领导者，开展班级工作，与学生一起管好班级，促进全体学生全面发展，是技工学校班主任的基本工作。

1. 创建学习型班级

创建学习型班级是对技校班主任工作提出的新要求。目前，技校生厌学的状况尚未根本改变，学生无心学习现象仍比较严重。在加快培养高素质技能人才的今天，创建学习型班级无疑是对班主任工作的一个挑战。创建学习型班级应从以下几个方面着手：

（1）引导学生树立终身学习的理念。终身学习，是指贯穿人一生的学习，是不断提出问题、解决问题的学习，是持之以恒地进行自我提升的学习。班主任在带领学生创建学习型班级的工作中，要引导学生认识终身学习的重要性，培养学生终身学习的意识。当今，我们正处在一个“知识爆炸”的时代，知识更新的速度越来越快，知识的有效使用周期越来越短。据专家研究：在农业经济时代，7～14岁接受教育，就足以应付以后40年工作的需要；在工业经济时代，接受学习的时间延长到5～22岁；在知识经济时代，必须把16～18年的学校教育，延长为终身学习，才能适应科学技术发展的需要。所以，班主任要让学生认识到：在“知识爆炸”的时代，技校生光靠在技校学到的知识和技能是远远不够的，毕业后要在工作岗位建功立业，就必须培养勤奋好学的习惯，提高自学能力，坚持不懈地学习。

案例1.1

鲁宏勋，技工学校毕业，现任中国航空工业第一集团公司空空导弹研究院加

工中心操作高级技师。

在技工学校，他学的是钳工。到研究院后，他干了两年的钳工。鲁宏勋说："大家公认，我钳工干得不错。"在师傅的指导下，刚出道的他就研究出了直径小于5毫米、长径比为30∶1的深孔钻头及深孔加工工艺。

1986年，院里引进了大量的数控设备，要在11车间成立专门的数控班。鲁宏勋毫不犹豫地报了名，经过严格的考核，他成了数控班首批7名数控操作工中的一员。但在随后的出国培训名单中，他的名字被删掉了，这对年仅23岁的他，是个沉重的打击。"不出国我也要掌握数控技术!"他无法改变领导的决定，但他坚信可以改变自己。

于是，当他的工友踏上异国的土地开始学习数控操作时，他将全部的英文原版资料搬回了家。没有英语基础的他，硬是翻烂了一本厚厚的英汉词典，几乎耗尽了他全部的业余时间。

天道酬勤。两个多月后，当他的工友从国外归来时，他已经将班内的设备从操作到原理、从工艺到技术弄得透熟。2004年1月，在原劳动和社会保障部主办的高技能人才经验交流会上，鲁宏勋回顾这一段历程，不无感慨地说："当时，研究院引进了大量的数控设备，操作人员中唯有我没有出国培训过，我不服，暗下决心一定要超越他们。我自学外文资料及相关技术，用数控机床编出第一个程序，做出了第一个零件，成为第一个较全面掌握数控机床操作和数控编程的人员。那时我还是一名初级工，便承担了班里大部分复杂零件的加工任务。不久，院里就给我晋升了一级工资，后来又破格将我从中级工跳过高级工，一下晋升为技师。"

点评：鲁宏勋技校毕业后，利用业余时间刻苦学习钻研国外数控技术资料，经过自己不懈的努力，由一个普通的初级工，成为中国航空工业第一集团公司空空导弹研究院第一个较全面掌握数控机床操作和数控编程的高级技师。这个案例说明，技校生毕业后不满足已有的技能，坚持学习，持之以恒，就能够学有所成，在工作岗位上建功立业。

汉代著名散文家刘向有一句名言："少而好学，如日出之阳；壮而好学，如日中之光；老而好学，如秉烛之明。"班主任要教育学生把学习作为一生的行为和一种生活方式来坚持，做到"活到老，学到老"。

在创建学习型班级过程中，班主任还要培养学生终身学习的能力。这里的能力指的是学生有健全的人格，并掌握现代的学习方式。学生只有具有积极向上、不断创新的意识和欲望，具有开拓精神、探索精神、责任感和坚韧的毅力，才可能持之以恒地学习；只有实现学习方式由传统的接受式学习转变为探究式学习、自主学习，转变为利用现代信息技术的学习，才能做到终身学习。

（2）明确班级学习的目标。班级学习目标对创建学习型班级十分重要，当班级所有的成员都为实现这个目标而努力，形成以共同利益为基础的统一的价值观时，学习型班级才能建立起来。在建立班级学习目标前，班主任首先要帮助学生建立个人学习目标。在一个班级中，每个学生的学习情况是不同的。对成绩好的学生，班主任要帮助他们制定相对较高的学习目标；对成绩差的学生，班主任应帮助他们制定切实可行的目标。在此基础上，再建立班级共同的学习目标。有了这个共同的目标，班主任就可以凝聚力量，鼓舞同学们努力奋斗。当一个目标实现以后，班主任要及时向同学们提出新的学习目标，这样不断循环往复，才能使全班同学永远在新的起点上不断进步。

（3）建立保障学习的有效制度。创建学习型班级，必须制定一套有效的学习制度。无论是学习习惯的培养，还是学习目标的实现，都离不开制度作保障。帮助技校生克服学习上的惰性心理是创建学习型班级的关键。建立一套符合技校生心理特点、促进技校生学习的制度，就有了约束和激励机制，因为并非每个技校生都能靠自身的意志和毅力战胜自身的惰性和克服不良的学习习惯，所以制度就是对技校生学习行为的一种有效引导和有效约束。制度的效果与班上成员的认可程度密切相关，因此，班主任在班级学习制度的制定和实施过程中，要注意三点：一是充分发扬民主，学习制度要由师生共同讨论制定；二是学习制度要切实可行，不能过宽或过严；三是要狠抓制度的落实，一视同仁。

（4）培养学生积极的学习态度。学习态度，是指学生对学习及其学习情境所表现出来的一种比较稳定的心理倾向。前国家足球队教练米卢说过一句经典的话：“态度决定一切。”踢足球是这样，学习知识技能也不例外。在通常情况下，学习态度认真的学生，学习成绩一般都比较好；反之，学习态度不端正的学生，学习成绩一般都比较差。要培养学生积极的学习态度，首先，班主任要转变学生对学习的错误认识。例如，有的学生认为，自己是为父母来读书的，因为他根本不想学习，是父母硬把他送到技校来的。还有的学生认为，不读书照样可以找到工作，照样可以当老板，赚大钱。班主任要通过生动的事例（如全国十大高技能人才楷模的先进事迹）教育学生，改变他们对学习的错误态度和错误认识，提高对学习重要性的认识。

（5）激发学生的学习兴趣。俗话说："兴趣是最好的老师。"学习兴趣可以使学生对学习的课程产生喜爱之情，创造一个良好的学习氛围，从而推动学生孜孜不倦地学习，取得好成绩。技工学校有些学生学习成绩差，不是因为智力差，而是因为对学习缺乏兴趣，所以，班主任应设法激发学生的学习兴趣。激发学生学习兴趣常见的方法有四种：一是通过鼓励学生参加运用知识的实践活动来激发；二是及时表扬，让学生体验在学习中取得成功的快乐；三是通过组织各种学习竞赛来激发；四是通过树立学习榜样来激发。

（6）培养学生良好的学习习惯。养成良好的学习习惯有助于提高学习成绩，而且终身受益。培养学生良好的学习习惯是班主任一项经常性工作，要常抓不懈。班主任培养学生良好的学习习惯应从以下几方面抓起：一是培养学生养成读书的习惯；二是培养学生课前预习的习惯；三是培养学生课上用心听讲、做好笔记的习惯；四是培养学生在学习中多问、多思、多练的习惯；五是培养学生在学习中敢于质疑的习惯；六是培养学生课后及时复习、巩固的习惯。

（7）指导学生掌握科学的学习方法。达尔文说："世界上最有价值的知识是关于方法的知识。"学习方法是学生学好知识技能的手段，是学生学会学习的基本能力。"授人以鱼，不如授人以渔"，要创建学习型班级，班主任应该指导学生掌握科学的学习方法：一是指导学生认真抓好课前预习、课上专心、课后复习、独立完成作业几个学习环节；二是指导学生学会根据不同课程采取不同的学习方法；三是指导学生学会合理安排学习时间；四是指导学生学会自主学习、合作学习、探究学习；五是指导学生积极参加企业和社会实践活动，在实践中学习；六是指导学生认真总结学习经验，并进行推广。

2. 构建和谐班集体

构建和谐班集体，是指为促进每个学生全面发展而建立团结友爱、相互理解、共同进步的班集体。在举国上下构建社会主义和谐社会的形势下，构建和谐班集体，是班主任工作的新课题。

（1）加强班级文化建设。班级文化是指班级成员在班主任的指导下，在班级活动中所创造的物质财富和精神财富的总和，它包括班级精神文化、班级物质文化和班级制度文化。班级文化具有激励和导向作用，使班级成员自觉调整个人与集体的关系，与集体的意志保持一致。

班级精神文化是指班级成员共同认可的价值观、信念、态度等。在班级精神文化建设中，班主任要培育积极向上的班级舆论，确立班级奋斗目标，明确班级前进方向，培养学生对班级的认同感和归宿感。班级物质文化建设是通过学习场所的美化、净化和精心布置来体现的。教室和实训场地是技校生学习的主要场所，要精心设计和布置。苏霍姆林斯基说过，要使教室的每一面墙壁都具有教育的作用。浓厚的班级文化氛围，对陶冶学生情操、融洽师生感情，具有促进作用。

班级制度文化是指班级成员共同认可的行为规范和规矩。班级制度文化是由班级规章制度构成的。班级制度文化建设要符合班级实际情况，发挥学生的主体作用，体现人性化的特征。

（2）建立良好的人际关系。人际关系是指人与人之间的社会和心理关系。学生的成长受到各种关系的影响，良好的人际关系，可以让学生感受到集体的温暖，有助于学生全身心地投入学习，促进学生健康成长。在班级建立良好的人际关系应从以下几个方面着手：第一，促进学生与学生之间的和谐，形成互相帮助、团结友爱的同学关系；第二，促进班干部与学生之间的和谐，树立班干部的良好形象；第三，促进任课教师与学生之间的和谐，形成相互尊重、教学相长的师生关系；第四，促进班主任与学生之间的和谐，形成相互信任的朋友关系；第五，加强对班上非正式群体的教育，引导他们扩大交友范围，把个人融入集体之中。在以上五个方面中，班主任与学生之间的和谐是构建和谐班集体的关键。班主任要关心学生，做学生的知心朋友。班主任对学生要“博爱”，不仅爱好学生，还要爱“后进生”，关心“后进生”，对“后进生”要宽容，相信他们能够改正错误。苏霍姆林斯基说：“有时宽容引起的道德震动比惩罚更强烈。”宽容更容易唤醒学生心中的良知。班主任和学生之间建立相互理解、相互信任的朋友关系，是班主任做好教育工作的基础。

（3）营造民主的管理氛围。班级的管理，班主任处于主导地位，学生是接受管理的客体，又是进行自我管理的主体。要营造民主的班级氛围，首先是发挥学生在管理中的主体作用，放手使用班干部，使学生处于自主发展、心情愉悦的环境之中。班级的事情由大家来管，人人都是班级的主人，通过竞争上岗，让学生轮流当班干部、当小组长等，使大多数学生成为班上的管理者，同时又是被管理者，从而在班上形成一种人人平等、互相促进的融洽关系。班主任要和学生建立平等交流的平台，在班级管理中充分发扬民主，认真听取学生的意见和建议，班级事务和学生一同商量决定。其次是营造健康正确的集体舆论氛围。健康正确的集体舆论是学生进行自我约束、自我教育的手段，也是形成和谐班级气氛的重要力量。

（4）实行科学的学生评价。班主任对学生的评价，应着眼于学生的全面发展，从多角度、多方面、多层次评价学生，使更多的学生受到鼓励，增强自信，走向成功。要用发展的眼光评价学生。发展作为学生进步的过程，是与克服原来的缺点联系在一起的。评价时，要拿学生的现在和过去比较，如果学生现在比过去进步了，哪怕是微小的进步，也要及时给予肯定。要注意评价方式的多样化。除了班主任对学生进行评价外，还要在学生中开展相互评价。在相互评价中，班主任要引导学生坚持与人为善的原则，多找同学的优点，对同学的缺点应该用委婉的方式和诚恳的态度提出，使被评价的学生感受到同学之间的真情，从而乐于接受和改正，营造一种相互学习，相互促进，共同发展的氛围。

（5）促进学生个性发展。建设和谐班集体的目的是使学生的个性得到充分、健康的发展，而学生的个性发展又是评价和谐班集体建设的重要标准。和谐不是抹杀个性，而是彰显个性。在和谐班集体建设中，班主任要处理好两者的关系，让班集体成为每一个学生个性发展的大舞台。根据辩证唯物主义理论，可以把班集体建设当作学生个性发展的外因。因此，班主任在日常工作中要充分发挥班集体建设对学生个性发展的促进作用，为学生个性发展提供良好的条件。例如，在班上成立各种兴趣小组，满足学生的兴趣要求，为学生提供发展个人兴趣爱好的平台。又如，通过在班上组织写作、演讲、辩论、唱歌、书画、班徽设计等竞赛活动来激发学生个性发展的需求和动机，从而促进学生的个性发展。

班级工作还包括班级建设、组织班级活动等内容，本教程第三章有专门阐述，本节从略。

第三节　班主任的教育理念

十年树木，百年树人。随着我国进入全面建设小康社会的历史发展阶段，以培养高素质技能人才为目标的技校班主任工作面临许多前所未有的挑战。作为学生健康成长引领者的班主任，工作更加艰巨，更加复杂，要跟上时代前进的步伐，从容应对挑战，就必须树立新的教育理念。

一、以学生的发展为本

以学生的发展为本，就是把满足学生成长的各种需求，把促进学生全面发展作为培养学生的根本出发点。班主任在工作中，要从学生的身心发展特点和成长规律出发，尊重、关爱、赏识、理解、信任学生，激活每个学生的潜能，培养学生的上进心和创新精神，促进学生全面发展。

1. 尊重学生

教育首先是一种尊重，老师要尊重学生。尊重是对学生的个性、人格予以接纳和爱护。学生因先天遗传基因有别，后天生活经历不同，形成了不同的个性，有的活泼开朗，有的沉默寡言，有的小心谨慎，有的心直口快。尊重学生，首先是尊重学生的个性差异。对不同个性的学生，不管是优等生还是后进生，都一视同仁。尤其是对待后进生，不能有任何冷落和歧视。其次是尊重学生的人格。每个学生都有自己的人格，都有自己的尊严，班主任教育学生要讲究方式方法，保护学生的自尊心，维护学生做人的尊严。例如，对上课违反纪律的学生，班主任应该选择恰当的时机进行教育，动之以情，晓之以理，而不应该高声训斥，随便赶出教室，甚至进行体罚或变相体罚。苏霍姆林斯基说：“造成教育青少年的困难的最重要的原因，在于教育实践在他们面前以赤裸裸的形式进行，而处于这个年龄期的人，就其本性来说是不愿意感到有人在教育他们的。”所以，当众对学生进行不留情面的批评，往往事与愿违，而委婉的批评或不动声色的暗示，往往能收到意想不到的教育效果。

案例 1.2

有一次，一个学生上课开小差，唐老师虽然发现了，却装着什么也没看见，边走下讲台，边讲课，走到那位同学身边。学生发觉后非常害怕，唐老师并没有公开批评他，只是轻轻地用手摸了一下他的头，拍拍他的肩膀，然后就走开了。那位学生后来不再开小差，上课专心听讲了。因为他觉得老师是关心自己的，是为自己好的，不想自己在班里出丑，所以自己不能再开小差了，否则对不起老师。

点评： 对一个上课开小差的学生，唐老师没有严厉批评，而是用善意的提醒，结果唤起了学生的良心发现，使这个学生改正了开小差的毛病。可见，建立在尊重学生人格上的善意批评，能使师生双方心心相印，能触及学生心灵的深处，从而收到令人满意的教育效果。

2. 关爱学生

关心学生是班主任的天职。班主任关心学生，不仅仅是关心学生的学习成绩，更重要的是关心学生的情感世界。技校生正处于青春发育期，对异性的关注和幻想，给他们带来许多成长的烦恼和困惑。班主任应该责无旁贷地对学生进行青春期教育。技校生处于情感发展的敏感期，这个时期的他们情感比较脆弱，容易产生心理问题和心理疾病，班主任应该关注学生情绪的细微变化，及时给予关心和疏导。

热爱学生是班主任必须具备的品质，也是班主任做好班级工作的动力源泉。马卡连科说："爱是教育的基础，没有爱就没有教育。"爱是教育学生的润滑剂。班主任对学生真挚的爱，能产生巨大的教育力量。有了爱，学生就愿意接受教育，教育就能取得理想的效果。请看下面的案例：

案例 1.3

某技工院校李老师班上的小杜同学，刚进校时纪律松散，经常迟到、旷课、不穿校服，平常总是独来独往，好像对一切都充满了敌意。李老师做小杜的思想工作时，小杜看都不看老师一眼，说处分也无所谓；打电话给小杜的父亲，告诉他儿子的表现，小杜父亲态度十分冷淡。当时，李老师真想放弃对小杜的教育，但班主任的责任感告诉他，不能这样。李老师从其他同学那里得知，小杜父母离异了，小杜一直跟父亲生活，于是决定用母爱唤起小杜对他人的信任。新生体检时，小杜查出为乙肝病毒携带者。李老师及时安慰他，叫他不用担心，并提醒平时要注意饮食和加强锻炼，告诉他有困难可找班主任帮忙。这次谈话后，李老师发现小杜不再像以前那样对周围的一切充满敌意了。有一次下班后，李老师去宿舍时发现小杜蹲在床边吃方便面，于是对小杜说："经常吃方便面对身体不好，如果生活费不够，可以先从老师这里借。”这次，李老师欣喜地看到，小杜终于笑了，并告诉李老师，自己只是不想下去打饭而已。李老师趁机引导小杜，给他讲自己小时候借钱上学、立志改变命运的故事，告诉他，家庭条件是无法改变的，但可以通过自己的努力去改变现状。通过多次谈话，小杜渐渐地肯将自己的家庭情况告诉李老师了。后来李老师进一步引导他：“父母的决定有他们的理由，也无法改变。”并鼓励他做一个好学生，改变懒散的习惯，学得一技之长，将来做个真正的男子汉。从此，小杜就像变了个人，学习上也积极多了。

点评：后进学生渴望得到老师的关心爱护，尤其是来自父母离异等“问题家庭”的后进生，他们比其他学生承受着更大的心理压力。案例中的班主任全身心地关心、体贴、帮助小杜同学，做他的贴心人，消除了师生之间的隔阂，同时帮助他克服了心理障碍，使他乐于接受教育，从而收到了很好的教育效果。事实证明，“亲其师”，才能“信其道”，师爱是一把打开后进生心扉的钥匙。

3. 赏识学生

马卡连科曾说过：“用放大镜看学生的优点，用缩小镜看学生的缺点。”赏识学生，就是用欣赏的眼光看待学生，要善于发现每个学生身上的“闪光点”，善于发现学生的优点和长处，并及时给予肯定和鼓励。清朝思想家魏源说过：“不知人之短，不知人之长，不知人长中之短，不知人短中之长，则不可以用人，不可以教人。”班主任既要看到学生的“短”，更要看到学生的“长”，对学生“短中之长”也应不失时机地进行鼓励和表扬。美国心理学家威廉·詹姆斯说：“人性中最本质的愿望就是得到表扬。”学生在形成良好品德的过程中，特别需要老师的鼓励和表扬。鼓励和表扬远比批评和处分的力量大。教育心理学家盖杰和伯令纳在《教育心理学》一书中指出：“对于教师来说，表扬是最易使用和最自然、最有效的形成动机的方法。”学生在班主任的表扬和赏识中，会放大自己的优点，增强自尊心和自信心，努力使自己变得优秀，不良的行为习惯就会慢慢地被克服。

案例 1.4

魏书生老师当班主任时，他要求将年级中表现最差的学生都集中到自己的班上来。首先他让这些学生找自己的优点，然后向老师汇报。这些学生长期生活在批评声中，能说出自己一大堆缺点，但要寻找优点，反而使他们手足无措了。几天过去了，大多数学生都找到了优点，只有小张始终找不到。魏老师批评他说："人怎么可能没有优点呢？再找不到就要罚你写一篇说明文！"又过了一天，魏老师问小张："找到优点没有？"他十分难为情地说："找到了一点点儿。""一点点儿也是优点，具体说说？"小张羞涩、腼腆地说："我心眼儿好！"魏老师接着肯定说："心眼儿好是个大优点，怎么会是一点点儿呢？心眼儿好，爱帮助人，到哪里都会受到别人的欢迎。"魏老师的表扬，使这个过去跟老师打架的小张，从此积极为班级做好事。

点评：魏书生老师让后进生努力寻找自己身上的优点，并抓住契机，及时给予赏识和表扬，使后进生正确认识自己、评价自己，从而增强自信，自觉改正缺点，争取进步。每个学生都有优点，即使是后进生也有闪光的地方，也有某些优点和长处。班主任要把后进生看作是没有经过雕琢的玉，并善于琢去他们身上的"杂质"，而使之现出"光彩"。

4. 理解学生

教育不能没有理解。理解学生，指的是用发展的眼光看待学生。技校生正处于人生观、世界观形成的关键时期，是自控能力较差的、处于发展中的群体。既然学生是发展中的人，班主任就应该接受学生不成熟、难免犯错误这一事实。所以，班主任要允许学生犯错误，善待学生的过失。一个真正理解学生的班主任，面对学生的过失，不是生气，更不是训斥和惩罚，而是心平气和地帮助学生查找原因，改正错误，对学生因善良、单纯造成的错误，更要给予特别的宽容和理解。苏霍姆林斯基讲过这样一个例子：季娜有一次没经过老师的允许就把学校花房中最美的一朵花折了下来，被班主任老师发现了。这位老师没有不分青红皂白地斥责，她透过孩子那坦白无邪的目光，看到了孩子的纯真，于是询问原因。孩子望着老师诚实地说："我祖母病得很厉害，我想摘一朵花放在她的床头安慰她……"说着眼里汪着泪水。这时候，班主任没有责备她，并且很受感动地说："季娜，再摘三朵吧，两朵送给你的父母，谢谢他们培养了一个善良的人，一朵送给你，为了你有这样一颗善良的心！"

5. 信任学生

信任学生是班主任必须具备的品德之一，也是做好班主任工作的基础。班主任信任学生，可以增强学生的自信心。有了自信心，学生就有了进步的动力。信任学生，首先是相信每个学生不管智力如何，个性如何，都有自己的天赋和智能。美国心理学家霍华德·加德纳把人的智能分为八种：即语言智能、数理逻辑智能、空间智能、肢体运动智能、音乐智能、人际关系智能、内省智能、自然观察智能。每个人都有其优势智能，也有其劣势智能，完全不具备这八种智能的人是没有的。技校生也同样，他们都有自己的优势智能。其次是相信每个学生内心都有要求上进的愿望，都愿意接受新事物和美好的东西。教育人类学认为，人都具有可教育性和“明天性”。青少年时期的技校生正处于一生中可塑性最大的时期，也正处于最不稳定的时期，但是每一个技校生都是向往进步的。那些被称为“破罐破摔”的调皮生，大多是由于长期失去父母、老师的信任而造成的，其实他们并非心甘情愿地走到这一步。他们的错误属于成长中的错误，是暂时的，只要引导得当，是可以改正的。

案例1.5

某技工院校学生小静是一个乖巧、懂事的孩子，但由于从小生活在单亲家庭，显得比较缄默、害羞，不太喜欢与人交往，更没有勇气在众人面前说话。这一切被班主任张老师看在眼里，放在心上。张老师并没有对小静身上的性格缺陷进行批评指责，而是在班干部民主选举后让小静当班长。并鼓励她：“你票数挺高的，就这么定了。”开始的时候，小静连喊“起立”都不敢，说话支支吾吾的，有的任课老师对此提出了意见。张老师不但没有责备她，反而鼓励说：“胆子大一点儿，没关系，一切从头开始，你一定行。”小静深为感动，在班主任的鼓励下，她的心扉被打开了，仿佛一缕阳光直射进心窝。班主任的教育使她懂得了如何为集体服务，使她的性格得到了完善，也培养了自信心。她深有感触地说：“这在我人生中可谓是一个重要的转折点，没有这样的班主任，我的人生不会如此绚烂。”

点评：尽管案例中的小静性格有些内向，起初对当班长十分犹豫，但在老师的信任和鼓励下，小静增强了自信心，工作逐渐进入角色，最终成为一个称职的班长。这个案例说明，信任可以改变一个学生，甚至可以影响一个学生未来的职业生涯。

二、以学生为主体

传统的教育观认为，教师是德育过程中的主体，学生是德育过程的客体，处于被动接受的地位。这种教育观扼杀了学生参与学生管理的主动性和积极性。而现代的教育观认为，学生是德育过程的主体，德育工作要“以学生为主体”，让学生以主人翁的精神参与班级管理，并在参与班级管理的活动中，接受自我教育，促进和谐发展。班主任只有树立“以学生为主体”的教育观，才能充分发挥技校生在自我教育中的主观能动性，提高德育工作的实效。

1. 让学生自己教育自己

让学生自己教育自己，即充分发挥内因的决定作用。辩证唯物论认为：外因是事物发展变化的条件，内因是事物发展变化的根据，外因通过内因起作用。班主任对学生的各种教育都是外因，最终要通过学生的内因起作用。而学生自我教育，正是通过学生内因起作用的过程。班主任对学生的教育，只有转化为学生的自我教育的教育，才能达到最佳的教育效果。苏霍姆林斯基说过：“只有能够激发学生进行自我教育的过程，才是真正的教育。”应该如何实施自我教育呢？首先是激发学生自我教育的动机。通过引导学生发现自己的优点和寻找自己的缺点，让学生了解自我，认识自我，认识到自我完善、自我提高的必要性，从而产生自我教育的动机，由“要我做”变成“我要做”。其次是引导学生开展自我评价，提高自我评价能力。通过开展自我评价，使学生学会正确地认识自己，知道自己努力的方向。班主任可以通过文艺作品或名人自我剖析的具体例子，引导学生学会自我评价的方法。最后是培养学生的自我调控能力。学生具备了自我调控能力，就能坚持个人有目的的行为和制止个人不文明、不道德的行为。由于技校生正处于生理、心理的发展时期，自我调控能力不强是他们的共同弱点，所以培养技校生的自我调控能力，对于让学生进行自我教育十分必要。

2. 让学生自己管理自己

在班级管理中，一方面班主任要承担起应尽的职责，另一方面还要引导学生开展自我管理。陶行知在《学生自治问题之研究》一文中指出了学生自治的四项好处：第一，学生自治可为修身伦理的实验。第二，学生自治能适应学生之需要。第三，学生自治能辅助风纪之进步。第四，学生自治能促进学生经验之发展。今天的班主任更要放手让学生自己管理自己，强化学生的主体意识和参与意识。应该如何实行班级的自我管理呢？首先是要建立一支得力的班干部队伍，放手让班干部开展班级日常工作。当然，放手不等于班主任当“甩手掌柜”，班主任在放手的同时，要抓大事，要当好班干部的“参谋”和“后盾”。其次是调动每个学生参与班级管理的积极性，做到全员参与管理。

案例1.6

在某技工院校的某些班，班委会的所有职位都实行竞选，每个候选人都有一周左右的实际工作时间以展示才华，然后由学生投票决定正式人选，共选两套班委，每月轮岗一次。这样，在一学期内，有更多的学生担任班级管理的某种角色，获得实践和锻炼的机会。

为了增设班级管理岗位，使“人人有事做，事事有人做”，班里除设立值周班长、值日班长（按学号轮值）、团支书、常务班长、班委会成员（竞争上岗），让他们分工负责班级各种事务外，对班级一些具体用品及各项专门事务，也发动每个学生承包。这样，所有学生都是班级的主角，与班级荣辱与共，人人都有参与班级管理的意识和欲望，形成自我管理的良好氛围，使自我管理成为每个人自觉自愿的行动。

管理班级采用什么策略，具体问题用什么方法解决，是第一次班委会的核心内容。班委们经过热烈的讨论，认为以小组为单位开展“争当文明小组”活动有利于班风的根本好转。班委提出，根据目前各小组的情况，组员要重新调整，先民主推选组长（班委不参与竞争，以便让更多的人管理班级），然后让组长挑选组员，这样形成的小组有利于集体管理，有利于公平竞争。班委的认识统一了，这一方案又得到全班同学的支持。在此基础上，可以趁热打铁，支持同学民主选举小组长。

点评：在班级管理中，让学生轮流担任班干部，是实行班级自我管理的好方法，也是管理民主化的具体体现。通过人人参与班级管理，可以增强同学们的集体荣誉感和主人翁的责任感，让每个学生在参与管理中经受锻炼，增长才干。

三、人人可以成才

美国教育家布鲁姆说：“只要提供了适当的前提和现实条件，几乎所有人都能学会一个人在世界上所能学会的东西。”同样，技校生在班主任和任课教师的正确教育引导下，只要努力学习，每个人都能掌握一技之长，成为国家现代化建设的有用之才。

1. 树立科学的人才观

一提到人才，人们往往就会想到高学历、高职称的技术人员和管理人员，而不把技术工人当作人才。目前，社会上持这种观点的人不在少数，即使在技校，也并不是所有的教师都认为技术工人是人才。胡锦涛同志在全国人才工作会议上的讲话中指出：要牢固树立人人都可以成才的观念，坚持德才兼备原则，把品德、知识、能力和业绩作为衡量人才的主要标准，不唯学历，不唯职称，不唯资历，不唯身份，努力形成谁勤于学习、勇于投身时代创业的伟大实践，谁就能获得发挥聪明才智的机遇，就能成为对国家、对人民、对民族有用之才的社会氛围。胡锦涛同志的讲话阐明了科学的人才观，为人才培养工作指明了方向。班主任应准确把握人才观的科学内涵，树立“人人可以成才”的教育理念，在学生中营造努力学习、立志成才的氛围。

班主任树立“人人可以成才”的观念，对改进班主任工作十分重要。班主任的教育观念对他的教育态度和教育行为有显著的影响。如果一个班主任认为他的学生大都是升学遭淘汰的“差生”，是“朽木不可雕”，那他就不可能满腔热情地教育学生，甚至会放弃对一些所谓“差生”的教育转化工作。反之，班主任对学生寄托着“你能成才”的期望，不仅是当好学生健康成长“引领者”的动力所在，而且也是激励学生成才欲望的“催化剂”。研究证明，教师对自己学生学习行为和学习成绩的主观判断与他们的教学效果密切相关，著名的“罗森塔尔效应”就说明了这个道理。美国心理学家罗森塔尔从一所小学一年级到六年级各选3个班，对这18个班的学生作一番煞有介事的未来发展预测，然后从中随机抽取约20%的学生，将名单悄悄交给校长和有关教师，并告诉他们，这些学生有很大“学业冲刺潜力”，并一再叮嘱“千万保密”，否则会影响实验的正确性。8个月后，罗森塔尔又对全部学生进行第二次未来发展测验，奇迹出现了：这20%的学生与其他同类学生相比，个个成绩进步飞快，性格开朗活泼，求知欲旺盛。罗森塔尔对学生的“美丽谎言”也坚定了教师的信心，激发了教师培养“尖子”的热情，教师的信心和热情又自然而然地传达给学生，使学生充满了自豪和自信。因而就造成了“奇迹”的出现。

2. 增强培养高技能人才的使命感和紧迫感

目前，我国高技能人才缺乏，高技能人才占技能劳动者的比例仅为4%。近年来，国家高度重视技能人才培养，将高技能人才队伍建设列入国家人才队伍建设总体规划。高级技能人才被纳入“双高”人才（高层次、高技能人才）范围，列为人才强国战略的重点。技校班主任，要提高对培养高技能人才工作的认识，增强培养高技能人才的使命感和紧迫感。2005年，温家宝总理在全国职业教育工作会议上的讲话指出：国民经济的各行各业不但需要一大批科学家、工程师和经营管理人才，而且迫切需要数千万计的高技能人才和数以亿计的高素质劳动者。他强调，要在全社会形成有利于职业教育发展的舆论氛围，使新的求学观、择业观和人才观蔚然成风。技校班主任要带头彻底摒弃重学历轻技能的传统人才观，树立高级技工、技师、高级技师都是高技能人才的新观念，树立高技能人才是我国人才队伍重要组成部分的新观念，出色完成加快培养高技能人才和高素质劳动者的历史使命。

案例1.7

徐强是沈阳鼓风机（集团）有限公司增速机车间的制齿工高级技师。高考落榜后，他选择了做一名技术工人。几年过去，徐强创造了许多“奇迹”——齿轮高精度对研、数控机床操作、高标准检查等，都是徐强的绝活儿。他还为解决生产关键问题提出合理化建议50多项，创下的大型齿轮加工4级精度的全国之最，被同行称为“徐强精度”。他本人也获得“辽宁省劳动模范”和“全国十大杰出青年岗位能手”等称号。

徐强的技术令外国专家信服。2001年2月，沈阳鼓风机集团从德国进口了一台数控立式成型磨齿机，这是我国进口的第一台同类设备，徐强成为国内操作该设备的第一人。“1 280万元的设备，我操作不好的话，那会造成多大的损失啊！”徐强感觉到了压力。在去德国验收机器的飞机上，10个小时的行程，徐强整整看了10个小时的资料。在德国停留的两个星期中，徐强仅仅睡了3个整觉。检测时，德国专家的错误调试使得齿形误差增大，但是对于徐强的提醒和质疑，专家们并不理会。“他们很傲慢，有点看不起年轻的中国工人。”徐强回忆道，“我连续几次要他们改变调试方法，有个专家都发火了。”徐强对自己的判断很有信心，坚持要求德国专家按照他的方法操作。拗不过倔强的中国小伙子，专家们重测了一遍，结果让他们大吃一惊，说道："徐，你是对的，我们无条件服从。"这样，当时30刚出头的小伙子在同行业顶尖专家中赢得了支持和尊重。

点评：徐强高考落榜后选择当了工人，经过几年的刻苦钻研和大胆实践，创造了许多技术上的"奇迹"，为沈阳鼓风机（集团）有限公司的齿轮生产做出了突出贡献。他的精湛技术不仅被同行称赞，还赢得了外国专家的佩服和尊重。他的事迹说明，高技能人才是我国人才队伍的重要组成部分，社会主义现代化建设不仅需要科学家、工程师和经营管理人才，而且迫切需要高技能人才，同时也说明，谁勤于学习、勇于投身时代创业的伟大实践，谁就能获得发挥聪明才智的机遇，就能成为国家的有用之才。

四、整体育人

技校生的成长不仅仅受学校的影响，还受到家庭、社会等多方面因素的影响。所以仅仅靠班主任的力量教育学生是不够的。班主任要做好学生的思想教育工作，必须树立整体育人的教育理念，把校内、校外各方面的教育力量协调在一起，联系在一起，形成教育的合力。

1. 协调校内各种教育力量

校内教育力量主要包括任课教师和共青团组织。首先，班主任要加强与任课教师的协调，及时了解本班学生上课、实习的表现情况，与任课教师互通信息，交换意见，协调一致，形成教育合力，共同做好学生的教育工作。班主任要教育本班学生尊重任课教师，树立任课教师的威信，使师生的关系和谐融洽，这样，任课教师才会热心支持班级建设，主动关心和教育学生。其次，班主任要加强与共青团、学生会的协调，使本班开展的各项活动与团委、学生会开展的活动有机结合起来，充分利用各种外部因素，实现对学生的教育引导。

2. 加强与学生家庭沟通

家庭教育是重要的教育力量，家庭影响对学生成长成才起着关键作用，班主任要取得教育的成功，就要积极争取家庭的配合。班主任与家庭沟通的方法有很多。由于技校大部分学生家离学校远，不方便家访和开家长会，所以常用的方法是电话（手机短信）沟通和写信联系。班主任与学生家庭的沟通要做到经常化，不要等学生出了事、犯了错才和家长联系，使沟通变成了告状。对旷课的学生或夜不归宿的学生，班主任应在第一时间告知学生家长，切不可漠然置之。在与家长的沟通中，班主任要尊重家长，耐心听取家长的意见。班主任对学生的评价要客观，既肯定进步，又指出不足。在沟通中，班主任对家长的误解要冷静面对，耐心解释，消除隔阂，引导家长转变教育观念和教育方法，争取家长对学生的配合教育。

3. 充分利用社会教育资源

教育和关心下一代，不仅是学校的事，也是全社会的事。社会的教育与学校一致，形成的教育合力就大。为下一代健康成长营造良好的外部环境，除了政府努力之外，班主任也应该主动争取和利用社会教育资源为学生健康成长服务。戈登·德莱特和珍妮特·沃斯在《学习的革命》一书中指出："整个社区教育应该是一种教育资源。"所以，组织学生参加社区实践活动，做好为社区服务的工作，是班主任整合利用社会教育资源的重要内容。这些活动有利于学生优良品德的培养，有利于巩固和深化学校教育的成果。除参加社区实践活动外，班主任还可以组织学生参观爱国主义教育基地、各种教育展览等，充分发挥社会上健康教育资源的作用，减弱社会上消极因素对学生的不良影响，促进学生健康成长。

案例1.8

某学校的两名学生同属一个街道，暑假街道要举办"手拉手"互助活动。班主任了解到这一情况，根据学生的特点，与街道办主任商量决定：安排其中一个学生帮助小学生，进行义务家教，因为这个学生是家里的独生子女，总是以自我为中心，不喜欢帮助别人，班主任想借此机会引导他学会关心别人。安排另一个学生帮助孤寡老人做家务，因为这个学生不太勤劳，还有点不讲卫生，班主任想借此机会培养他的劳动习惯和文明卫生意识。一个月下来，两位学生在周记里都写道：虽然参加互助活动有点累，但收获颇多，体会到了助人为乐的真正快乐。

点评：两名职校生通过暑假参加街道举办的"手拉手"互助活动，促进了道德品质的提高。所以，班主任除了在校内做好学生的思想教育工作外，还要注意利用校外的教育资源，通过组织学生参加社区、街道开展的各种公益活动，引导学生践行在学校里学到的道德规范，以巩固和深化校内道德教育的效果。

第四节　班主任的角色

当今时代，班主任的角色内涵发生了新变化，班主任的角色由传统教育中的“权威型”向“民主型”转换，由“经验型”向“学习型”转换，由“封闭型”向“开放型”转换。随着班主任工作内涵和外延的改变和丰富，班主任的角色也呈现出多样性的特点。

一、班主任的角色转换

1. 由权威型向民主型转换

在传统的教育观念下，班主任在学生管理中拥有绝对权威，班主任的要求如同金科玉律，学生必须服从。这种“专制式”的管理虽然可以培养学生很强的纪律观念，但也造成了学生主动性和创造性的缺失。这显然不能适应时代对创新人才的需求。今天的技校生大多出生在20世纪90年代，时代的多元化使他们具有较强的自主意识和参与意识，他们不崇拜权威，更不愿意接受“专制式”的管束。教育对象的变化和时代对创新人才的呼唤，向传统的教育方法提出了挑战。新形式，要求班主任摒弃“师道尊严”的传统观念，要在为学生的服务中，得到学生的尊重和信任，成为学生心中的榜样，实现从权威型角色向民主型角色的转换。

要实现从权威型向民主型转换，实行民主管理是关键。所谓民主管理，就是在班主任的引导下，充分发挥学生的积极性和主动性，让学生参与班级管理工作，依靠全班同学的智慧和力量，把班级管理好。班级民主管理的方法主要包括以下几个方面：第一，建立班级管理信息反馈通道。如在班里设立“班级工作意见箱”，让学生随时对班级管理献言献策，接受学生对班级工作的监督。第二，定期召开学生座谈会。班上重要事情的处理，要通过开座谈会的形式，广泛听取同学们的意见，充分发扬民主。第三，班级大家管。例如，让学生轮流当班长、班委、组长，发挥学生管理班级的积极性。第四，班里的规章制度由同学共同讨论制定。因为规章制度是大家定的，大家有遵守的义务，所以执行起来也比较容易。

戴尔·卡耐基在《人性的弱点》一书中讲了一位“权威型”的老师用命令口吻批评教育学生而事与愿违的例子：有一个学生把车停在了不该停的地方，因而挡住了别人的通道。老师冲进教室很不客气地问："是谁的车子挡住了通道?"等车子主人回答之后，这位教师厉声说道："马上把车子移开，否则我叫人把车拖走。"

这个学生是犯了错，车子是不该停在那里。但是从那天以后，不止那个学生对老师心存不满，甚至别的学生也常常故意捣蛋，使那位老师很不好过。如果这位老师用不同的方式处理这一事情，结果会如何？他可以好好地问："谁的车挡住了通道?"然后建议这位学生移开车，以方便别人进出，相信这个学生会乐意这么做，这样也不会引起其他同学的反感了。

2. 由经验型向学习型转换

传统的教育理念强调班主任工作经验的重要，在这种理念的指导下，开展班主任工作经验交流是各所学校工作计划里不可缺少的内容。当然，总结经验和学习他人的经验也确有必要，但是，经验总有它的局限性，不可能"放之四海而皆准"。全国优秀教师李镇西刚当班主任时，也学习过魏书生管理班级的方法，但效果并不理想。学生是活生生的个体，每个学生的性格、爱好和心理特点各不相同，所以教育方法也要因人而异，不能机械地照搬。当今社会，科学技术迅速发展，社会主义市场经济体制逐步建立，在新旧体制转换过程中还存在各种矛盾，社会生活中还有许多消极现象，处于青春期的技校生判断是非的能力比较薄弱，很容易受到社会上种种不良现象的影响，产生一些新问题。例如，道德观念淡薄、热衷于虚拟和虚幻世界、痴迷偶像等。面对学生中层出不穷的新问题，靠工作经验和传统的教育方法很难找到正确的答案和获得满意的教育效果。要解决这些问题，班主任必须与时俱进，积极投身教育理论的学习研究，运用现代教育理论指导自己工作实践，在全面了解学生个性爱好、心理特点、家庭环境和社会环境的基础上教育引导学生，实现由"经验型"向"学习型"转换，对已有的经验，不能照搬照套，要做到与时俱进，从实践出发，加强调查，不断学习，不断提高。优秀班主任不一定是有很多经验的人，但一定是勤于学习的人。

要成为一名学习型的班主任，一是要养成乐于学习的习惯，坚持用先进的教育理念和教育理论武装自己，不断提高理论水平。二是要勤于反思。班主任经常对自己的教育观念和教育方法进行反省和思考，可以总结经验，促进学习，改进工作。三是要重视实践。班主任只有把学到的书本上的先进理论运用到工作实践中去，才能取得教育效果。

3. 由封闭型向开放型转换

在传统教育理念下，班主任工作以校内为主，除了家访之外，与外界基本是隔绝的。班级以班主任独自管理为主，主动与任课教师沟通较少。在新的教育理念下，这种情况发生了改变，班主任由独自管理班级的“单干户”，转变成协调校内、校外各种教育力量对学生齐抓共管的“外交家”。

在校内，任课教师是教育学生的重要力量。按照“三维”的教学目标，他们不仅向学生传授知识技能，还要培养学生健康的情感态度和正确的价值观。因此，班主任要积极依靠任课教师的力量，发挥任课教师教书育人的作用。班主任与任课教师的协调，应注意以下几方面的技巧：一是主动与任课教师沟通，及时向任课教师了解学生的学习表现；二是主动征求任课教师对班级和学生教育管理的意见，争取他们的支持和配合；三是教育学生尊重任课教师，端正学习态度，认真学好各门功课；四是主动协助任课教师解决在学生教育培养中遇到的问题。任课教师与班主任有时由于对学生教育方法不同，要求宽严不同，可能会产生一些矛盾，矛盾一旦出现，班主任应及时妥善处理。

在校外，社区教育和家庭教育对学生健康成长起着重要作用。在社区教育中，班主任是学生开展各种活动的组织者和领导者；在家庭教育中，班主任担负着沟通和指导的重要职责。

案例 1.9

一天下课，数学老师把学生小曹带到班主任顾老师面前说：“顾老师，你这个学生数学作业没有做完，拿别人的作业冒充交上来，课堂上还睡觉。我管他，他还顶撞，真不像话！罚他做 20 道题，做不完不要来上我的数学课。”看到不服气的小曹，顾老师没有马上批评他。经了解，小曹的数学作业没完成，是因为他前一天晚上看完《体育大世界》之后，才开始做作业，等完成物理和化学作业后，已到了凌晨两点半，数学作业刚做了两道题，他就因为疲倦，伏在桌上睡着了。第二天，他怕老师批评，就拿别人的作业来交。弄清情况后，顾老师一方面指出小曹的不是，批评他的过错，又把情况一五一十地告诉数学老师，想请他原谅小曹，不要再惩罚了。可是，数学老师生气地说：“你不要讲了，是不是怪我管严了？以后你们班学生交不交作业我不管了，数学成绩不好，不要怪我！你这样护着班上的学生，这个班的课我没法上了！”顾老师见数学老师如此激动，没说什么。第二天上午，他主动找数学老师作自我批评。下午，他又与物理老师、化学老师就减轻学生负担问题进行协商。过了几天，得知数学老师的父亲生病住院，他为了看护老父亲，无暇顾及家里时。顾老师特意组织班委和几个同学，其中也有小曹，到数学老师家里慰问，帮助打扫卫生。同学们通过这次“家访”，看到数学老师虽然家中有困难，但仍坚持上课，还把学生们的作业带到医院，边看护父亲边批改作业，大家十分感动。小曹诚恳地向数学老师认错，请求老师原谅。顾老师抓住时机在班上召开了主题为“我们的数学老师”的班会。会上同学们纷纷发言，称赞数学老师，并表示要好好学习，认真完成老师布置的作业。数学老师很感动，也在会上向同学们说了自己的心里话。主题班会上，师生感情融洽，气氛热烈，顾老师和数学老师的双手紧紧握在了一起。

点评：案例中的顾老师，很好地化解了一起本班学生和任课教师的感情危机，并加深了学生与任课教师之间的感情。任课教师是对学生进行教育的重要力量。班主任能否与任课教师搞好团结，学生能否与任课教师和睦相处，对做好班级工作起着非常重要的作用。所以，班主任要像顾老师那样，学会与任课教师协调的艺术，共同做好学生的教育工作。

二、班主任的角色承担

在新的历史时期，班主任是班级工作的组织者、班集体建设的指导者，是学生全面发展、健康成长的引领者。班主任在工作中履行着多种职责，承担着多种角色。

1. 心灵的塑造者

“教师是人类灵魂的工程师”，班主任教师更是如此。塑造学生美好的心灵，是班主任的重要职责。要当好这一角色，光靠说教是不行的，塑造学生的心灵要从学生的日常行为抓起。正如亚里士多德说的那样：“道德是一种习惯，是早期生活中养成的，通过个体的持守变成个人的态度，外化为德行。心灵的秩序，并不是高深的哲学和美妙的艺术可以解决的问题，它依赖于日常生活中成功完成的每一个行为。”班主任要扮演好学生心灵塑造者的角色，首先要有一颗爱心，要像关心自己的孩子一样关心学生。班主任只有对学生倾注着真挚的爱，才能把每个学生的冷暖放在心上，只有仔细观察每个学生思想的变化，才能把握学生的思想脉搏，走进学生的内心世界。其次，班主任要和学生交朋友，和学生打成一片，增进师生感情，拉近师生距离。学生和班主任的距离拉近了，关系融洽了，班主任就容易了解学生的思想和情感，并掌握开启学生心灵的钥匙。最后，班主任要以美好的心态塑造学生的心灵。不管遇到什么不愉快的事情，班主任在学生面前都要保持平和的心态和稳定的情绪，绝不能把郁闷写在脸上，更不能在学生身上发泄自己的不快，伤害学生的心灵。

2. 精神的关怀者

德国哲学家雅斯贝尔斯指出："教育过程首先是一个精神成长过程，然后才成为科学获知的一部分。"对学生的精神关怀是"以学生发展为本"教育理念的具体体现。南京师范大学教授班华指出，班主任最根本的教育理念、最重要的教育品质就是对学生的精神关怀。精神关怀是学生成长的需要，学生在成长中由心理原因造成的偏差，只有通过精神关怀才能得到矫正。所以，精神关怀和学生的成长有着密切的关系。尊重、关爱、赏识、理解、信任是班主任对学生精神关怀的主要内容，表达了班主任对学生的情感和态度。在新的教育理念下，作为精神关怀者的班主任，不仅要关注学生职业核心能力的培养，更要关注学生的内心世界，关注学生的精神生活和情感的培养。班主任平时应多关心家境困难的学生，多关心有反常心态的学生，多关心后进的学生，了解他们的精神需求，给予更多的关爱，提供及时的帮助。精神关怀是班主任职业道德的具体表现，一个优秀的班主任不仅要具备班级管理的知识和能力，还应具备对学生实施精神关怀的意识，把精神关怀贯穿于班主任工作的全过程，这也是对班主任专业化的必然要求。

案例 1.10

某技工院校刘同学自入学以来，孤僻不合群，且卫生习惯极差，学习态度冷漠，在同学中显得另类。为此，班主任苏老师尝试如下做法，取得良好效果。

1. 关注。入学以来，保证每天要与刘同学说上几句话，拉近双方关系，但又不显得突兀，不露痕迹地表示出对他的关注。刘同学由开始的沉默拒答到有眼神对视，再到简单回答，无论他用何种态度，苏老师都笑脸相对。入学两个月后，苏老师开始找刘同学谈心，或要求他做一些小事，并及时表达感谢之意。在课余，苏老师发现刘同学有漫画绘画能力，便在班上举办一次漫画人物绘画比赛，他获得第一名，让同学们刮目相看。苏老师要求班干部逐渐接近他，与他交往。

2. 心理疏导。苏老师通过正面、侧面不同渠道了解到刘同学家庭变故很多，其身体状况较差，对前途失去信心。通过多次谈心，苏老师将自己的亲身经历告诉他，达到师生心理相容，并了解到他将来有寻找美术工作的想法。

3. 发挥闪光点。在班上正式任命刘同学为宣传委员，负责黑板报的制作工作，每次墙报评比名次一出来，苏老师就第一时间在班上大力表扬，树立刘同学在同学们心目中的威信。通过与任课老师的联系，每发现他一点点儿进步，就要求任课老师表扬他，予以鼓励。

4. 利用合力。通过与家长的沟通，苏老师转变了刘同学母亲对他的打骂态度，给予他家庭的温暖；他的父亲（再婚）也特地抽空从外地回来与他谈心，带他去深圳欢乐谷游玩了一天。刘同学回来后，整个人的精神状态大不相同，连走路都哼起歌曲来了。

5. 跟踪进展。当刘同学进步了一段时间后，苏老师发现他出现了松懈现象，又有迟到、旷课现象。于是及时找他谈心，制定了更高的目标，提出更高的要求，并以师兄师姐成功的例子鼓励他更上一层楼。

现在，刘同学在一家煤气公司工作，成了一名正式的接线员。由于工作出色，受到了有关部门的表彰。回想在校成长的历程，他多次表示，在他最低迷的时期，是班主任和全班同学及时给了他帮助，使他有了今天的发展。

点评：案例中的班主任在对一个“另类”学生的教育转化中，体现了对学生的精神关怀。正是这种精神关怀，促进了这个学生心理上的成熟和行为上的改变。对学生的精神关怀是班主任的重要职责，是教育以人为本的体现，反映了当代班主任工作的特点。

---

3. 学习的促进者

扮演好学生学习促进者的角色，是技校班主任的一项重要任务。学习积极性不高、学习态度不端正、学习方法不恰当，是技校生在学习上普遍存在的问题。因此，班主任在促进学生学习方面应重点做好以下教育引导工作：一是激发学生的学习兴趣。孔子说：“知之者不如好之者，好之者不如乐之者。”学习兴趣可以

第二章

班主任素质与能力

第一节　班主任基本素质
第二节　班主任的专业能力
第三节　提升班主任素质和能力的途径

班主任是学生健康成长的引领者，班主任的辛勤劳动铺就了一条学生成长之路。俗话说：“三军易得，一将难求”。一支部队，没有一个出色将领的领导、管理和指挥，很可能是一盘散沙，缺乏战斗力。班主任是班集体的组织者和指导者，是一个班级的“将领”，对这个班级的影响很大。做好班主任工作不是轻而易举的事，它需要班主任具有很高的政治思想修养，很丰富的知识，很强的专业能力，“循循然善诱人”的教育技能技巧，还要付出较多的时间和艰巨的劳动。提高班主任的素质和能力，是加强班主任队伍建设的重要任务。本章主要对班主任应具有的基本素质和专业能力及其提升的途径进行阐述。

第一节　班主任基本素质

一个合格的班主任需要具备的基本素质主要包括政治思想素质、科学文化素质、道德素质、身体心理素质。

一、政治思想素质

政治思想素质是班主任素质的灵魂。良好的政治思想素质是班主任必须具备的首要条件，是班主任做好各项工作的前提。前苏联教育家乌申斯基指出："教师的人格就是教育工作的一切。"教育家陶行知先生的名言是："捧着一颗心来，不带半根草去。"矗立在北京师范大学校园的校训是"学为人师，行为世范"。班主任最重要的职责就是向学生进行政治思想教育和道德教育，保证学生的身心健康，使其成长为中国特色社会主义事业的合格建设者和接班人。

1. 政治素质

政治素质主要指班主任的政治立场、政治观点、政治态度和理想信念等方面的品质，它在班主任政治思想素质结构体系中起统率作用。班主任的思想状况和政治素质直接决定着班级工作的成效，影响学生品德的形成。在当今社会，物质丰富，资讯发达，文化多元，学生在复杂的社会环境中成长，会受到来自各方面的负面的或消极的社会影响。在这种情况下，班主任作为学生健康成长的引领者、心灵世界的开拓者，必须凭借较高的政治素质，才能及时发现问题并给予有效的教育和疏导。

2. 思想素质

思想素质主要指班主任在思想认识和思想方法方面的品质，是班主任素质结构体系中的灵魂。

思想素质的核心内容是正确的世界观、人生观、价值观。班主任是班集体的组织者、管理者、引领者，是学生的楷模和榜样，他们在日常生活的言行举止中表露出来的思想境界和精神风貌对学生起着潜移默化的作用。广大的技工院校学生正处在世界观、人生观、价值观的形成、发展阶段，正处在人生发展的关键期，班主任应当在学生思想发展方面起到领路人、培育者的作用。这就要求班主任必须具备较高的思想素质。

班主任要树立科学的世界观，能用辩证的、发展的眼光看待一切，能用一分为二的观点看待学生。如“乱班”往往蕴涵着生机和活力，“差生”“后进生”“调皮生”往往有许多优点，甚至很聪明，关键是采用什么方法启发、引导和转化。作为学生人生道路引路人的班主任要确立正确的人生观，要有正确的人生目的、端正的人生态度和高度的责任感。而人生要有坚定的信仰，才能有明确的目的，信仰、信念永远是一个民族、一个政治集团和个人走向成功的思想基础，是抵制各种诱惑永不颓废的内在精神支柱。海军大连舰艇学院教授方永刚的事迹之所以在全社会引起强烈反响，是因为他身上拥有一种超乎寻常的力量——信仰的力量、信念的力量。因为有了信念的引领、支撑和滋养，他才能始终坚定地走在时代的前列，始终释放着巨大的生命潜能，始终彰显着崇高的人生境界。正是由于方永刚的人生信仰始终不变，人生目的才十分明确，才能二十二年如一日，把三尺讲台当作实践人生价值的大舞台，坚定不移地走有中国特色的社会主义道路，把每一堂课都讲成精品，并取得了丰硕的科研成果，赢得了“科普专家、大众学者、平民教授”的美誉。

丁如许、钱德仁、蒋自立、李镇西、魏书生、任小艾、窦桂梅是我国新时期著名的优秀班主任，他们成功的秘诀之一是责任心和使命感。窦桂梅认为：“所有的孩子生来都是天才，我们千万不要在他们上学的最初六年磨灭了他们的天资。”李镇西最喜欢陶行知先生的话：“教师的成功，是创造出值得自己崇拜的人，先生最大的快乐是创造出值得自己崇拜的学生。”这种教育理念，透露出他们高度的责任感和使命感。正是在他们所具有的责任感、使命感的敦促和驱使下，他们孜孜不倦，全力以赴，不断追求卓越，不断开创出班主任工作的新天地，成为全国班主任的楷模。

价值观对人们生活、学习、工作等各方面的行为都起着支配作用。一个合格的班主任应当摆正物质追求和精神追求的关系，正确处理个人、集体、国家利益间的关系，索取与奉献的关系，使个人的价值取向与主流精神相吻合，并且融会于社会主义核心价值体系中，把自身价值的体现融入社会发展之中，牢固树立为人民服务的思想和为教育事业献身的精神。一个合格的班主任，必须有强烈的责任感、使命感、事业心，要为培养建设祖国的合格劳动者，勇于探索、乐于奉献。

工作作风是一个人在工作中表现出来的较为稳定的态度和行为，是思想素质的重要组成部分。良好的工作作风有利于提高班主任工作的效率，班主任应当具备实事求是、勤奋务实、严于律己、宽以待人、自我批评、艰苦奋斗和民主平等的作风。我们提倡做民主型的班主任，因为班主任的民主工作作风，有助于班干部及全体学生作用的发挥，有助于良好人际关系的形成，有助于良好班风的树立，有助于民主意识、创新精神和集体主义精神的培养。

二、科学文化素质

具有丰富的知识是做好班主任工作的重要因素。心理学家林崇德教授认为，教师知识可以分为四个方面的内容：本体性知识、文化性知识、实践性知识和条件性知识。

1. 本体性知识

本体性知识是指班主任所具有的特定的学科知识，也就是自己所教授的学科知识。技校班主任一般由任课教师担任，班主任应精通自己所教或所指导的学科，其威信很大程度取决于其本体性知识的水平。教育家苏霍姆林斯基认为："一个好教师应精通他所教的科目据以建立的那门科学，热爱那门科学，并了解它的发展情况——最新的发现，正在进行的研究以及最近取得的成果。此外，本人若能热心于本门科学正在探讨的问题，并具备进行独立研究的能力，这样的教师则可成为学校的骄傲。"对于本体性知识的掌握有四个要求：一是对所教学科知识的掌握要精深和广博；二是既懂得本学科的历史，又掌握该学科的最新科研成果；三是了解与本学科相关的知识；四是能把本学科知识变成自己的一种学术造诣或技能，并能清楚地表达或演示出来。教师扎实丰富的本体性知识是其成为一个好班主任的必要条件。

2. 文化性知识

科学文化知识是人类对于客观规律的组织和总结，是人类心智征服物质世界，发现客观真理的记录。科学文化知识不仅能够帮助人们形成智力、能力、生产力，同时能形成人的思想道德和精神品格，促进人的全面发展。正是不断创新积累的科学文化知识，帮助人类在大自然中站立起来，并与动物区分开，走向文明，走向未来。自从地球上第一次出现生命物质以来，亿万物种活跃其间，只有人类有能力摆脱环境的绝对支配，相对自主地决定自身的命运。所有这些，靠的就是人类具有知识，有在知识的积累上形成的高超智慧和认识世界、发展世界的卓越能力。培根说，知识就是力量。科学文化知识是人类进步的阶梯，是国家发展、民族振兴的重要资源。现代科技的迅猛发展，空前加大了科学文化知识转化为生产力的力度和速度。科学文化的力量，越来越深刻地影响着人类生活，全方位地提高着人的素质和能力，成为改造世界、推动历史前进的重要力量。国与国之间的竞争、民族与民族之间的竞争，越来越多地表现在这个国家和民族是否拥有科学文化力量方面。因此，肩负着教书育人重任的班主任，应该具备广博的科学文化知识。班主任和学生接触时间比较长，对学生成长影响较大，如果他们拥有足够的科学文化知识，能紧跟时代步伐，就能唤起学生的求知欲，赢得学生的信赖和爱戴。

3. 实践性知识

实践性知识是指班主任在面临实现有目的行为中所具有的情境知识以及与之相关的其他知识。这种知识是班主任教育教学经验的整合，它受到个人经历的影响，许多方面具有个人特征，如教育风格。班主任的教育活动和管理不同于研究人员的科研活动，它具有明显的情境性。优秀或富于经验的班主任在面对内在不确定性的教育教学情景或条件时，能做出快捷的思考、准确的判断，并采取随机应变、因势利导和对症下药的合适行动，具有灵活多变的教育智慧。

《班主任兵法》的作者万玮老师经历过这么一件事：有一天，他去上课时，发现全班大部分同学都在批评指责平时毛病特别多的学生——杨良，而杨良也在百般狡辩。万老师态度缓和地讲了两句，不料意想不到的事情发生了。杨良突然间发起飙来，嘟哝了几句后，向门外跑去。这一突发事件把万老师打了个措手不及，他和全班同学都愣在那里。他反应过来后，首先让两个班长去把杨良劝回来，并要班长不要再批评杨良了。当杨良回来后，万老师对全班同学讲：“首先我们要感谢两位班长，是他们把杨良同学给劝了回来；杨良同学也能及时控制自己的情绪，回来上课。上一节课的事情，我们课后再来讨论谁对谁错，现在请大家考虑的是，如果全班所有人都批评你，你的感觉是怎样？你能承受得了吗？如果你去办公室，所有的老师都批评你，你也会难以接受的。所以，这一次杨良同学虽然犯了错误，跑了出去，但这个错误是可以原谅的，大家说是不是？如果我们欢迎杨良同学回来的话，大家就一起鼓掌表明我们的态度。”在热烈的掌声中，杨良的脸上现出了激动的神情。在杨良最孤立无援并且已经做出不顾后果的事情时，是班主任及时地伸出了援助之手，既保全了他的颜面，也给了他下台的阶梯，更为今后对他的批评教育打下了基础，铺平了道路。

问题就这样理智而巧妙地给化解了，这就是教育智慧。

任何心理科学、教育科学都不能代替教育智慧，但教育智慧又要在心理科学、教育科学的指导下才能减少盲目性和狭隘性。教育智慧是个人心理行为的体验，属于经验形态的范畴，受到个人实践的广度和深度的局限，具有个别差异性，是班主任工作的实践性知识。

4. 条件性知识

条件性知识是指班主任做好工作的专业性知识。包括教育科学，心理学，学校卫生学，公共关系学和相关法律、法规等方面的知识。

（1）教育科学知识。包括教育学、教育社会学、教育哲学和班主任工作方面的知识。教育社会学是从社会学角度研究各种教育现象、教育问题及其与社会之间相互制约关系的学科。它运用社会学的原理和方法，研究社会结构与教育的关系、教育与学生社会化过程的关系等。在加强教育与社会的联系方面具有重要的作用。教育哲学是一门用哲学的观点和方法研究教育基本问题的学科，对教育的基本内容，用哲学观点给予理论上的探讨和阐述。班主任工作方面的知识目前有两大类：一类是实践性、操作性较强的知识；另一类是理论性相对较强的班级管理方面的知识。

（2）心理学知识。包括普通心理学、教育心理学、学校管理心理学和心理卫生等方面的知识。教育心理学主要研究学校教育过程中的心理现象，学校管理心理学则是研究学校管理活动中的心理现象及其规律的科学。班主任掌握了学生的心理规律，如学生的个性差异、学生心理特点，就可以提高管理效能。技校生正处于青春期，又来自不同的地域、不同的家庭，心理问题甚至心理疾病的出现在所难免，这就需要班主任掌握和运用心理卫生、心理健康、心理咨询等方面的知识给予开导和教育，使他们健康成长。

（3）学校卫生学知识。学校卫生学是探讨研究如何保护和增强学生健康，促进学生身体健康发育成长的一门学科。其根本目的是创造一个良好的教育环境，以保护学生健康，增强学生体质，促进学生发育，以确保教育和教学任务的完成。《中共中央国务院关于加强青少年体育增强青少年体质的意见》强调，广大青少年身心健康、体魄强健、意志坚强、充满活力，是一个民族旺盛生命力的体现，是社会文明进步的标志，是国家综合实力的重要方面。体育对青少年的思想品德、智力发育、审美素养的形成有着不可代替的重用作用。高度重视青少年体育工作，使广大青少年在增长知识、培养品德的同时，锻炼和发展身体的各项素质和能力，成长为中国特色社会主义事业的合格建设者和接班人。

（4）公共关系学知识。当今社会是个开放的社会，学校也是开放的学校，班主任应和学校、家庭、社会建立广泛的联系，形成学校、家庭、社会立体化的教育网络。班主任是沟通学校、家庭和社会的桥梁，是创建学习型班级、构建和谐班集体的主角，理应掌握和运用公共关系学知识，更好地协调各种教育力量。

（5）相关法律、法规知识。班主任要学习和掌握相关的法律知识，用法律规范自己的行为，依法施教，依法维护学生和自己的权益。

三、道德素质

班主任的道德素质是班主任素质结构中极为重要的内容，是师德的重要体现。班主任的职业道德是班主任在履行自己职责过程中，在思想和行为方面应遵循的行为准则和应具备的品德。

良好的道德素质是班主任的立身之本，是班主任开展工作的前提。以身立教、为人师表，“学高为师，身正为范”，受教育者才能“度德而师之”。

班主任的道德品质主要体现在忠诚于人民的教育事业。2008年修订的《中小学教师职业道德规范》，同样适合于技工院校班主任，内容包括：

1. 爱国守法

热爱祖国，热爱人民，拥护中国共产党领导，拥护社会主义。全面贯彻国家教育方针，自觉遵守教育法律法规，依法履行教师职责权利。不得有违背党和国家方针政策的言行。

2. 爱岗敬业

忠诚于人民教育事业，志存高远，勤恳敬业，甘为人梯，乐于奉献。对工作高度负责，认真备课上课，认真批改作业，认真辅导学生。不得敷衍塞责。

3. 关爱学生

关心爱护全体学生，尊重学生人格，平等公正对待学生。对学生严慈相济，做学生良师益友。保护学生安全，关心学生健康，维护学生权益。不讽刺、挖苦、歧视学生，不体罚或变相体罚学生。

4. 教书育人

遵循教育规律，实施素质教育。循循善诱，诲人不倦，因材施教。培养学生良好品行，激发学生创新精神，促进学生全面发展。不以分数作为评价学生的唯一标准。

5. 为人师表

坚守高尚情操，知荣明耻，严于律己，以身作则。衣着得体，语言规范，举止文明。关心集体，团结协作，尊重同事，尊重家长。作风正派，廉洁奉公。自觉抵制有偿家教，不利用职务之便谋取私利。

6. 终身学习

崇尚科学精神，树立终身学习理念，拓宽知识视野，更新知识结构。潜心钻研业务，勇于探索创新，不断提高专业素养和教育教学水平。

祖国，是神圣而亲切的字眼，热爱祖国，是崇高而圣洁的感情。爱国主义是中华民族伟大民族精神的核心，是中华民族团结统一的精神纽带，是中华文明几千年发展和进步的重要力量源泉。在数千年的历史中，中华民族灾难频仍，艰苦备尝，正是因为有爱国主义这一强大精神支柱，才能历经磨难而生生不息。特别是近代以来，中华民族为了实现民族独立和国家富强，进行了英勇的抗争和艰辛的探索，谱写了一曲曲感天动地的爱国主义壮丽诗篇。

爱国主义是中华民族道德的核心，也是教师职业精神的核心。作为教师，班主任应该始终站在爱国主义精神的最前沿，高举爱国主义大旗。因为只有具备爱国主义精神的教师，才能培养出具有爱国主义精神的学生。一旦爱国主义的思想感情成为学生的精神支柱，他们的道德情感、个性品质，都会随之得到健康的发展，并在风霜雨雪中挺立起勇敢的脊梁，为中华民族的伟大复兴而奋斗。

古人云："师者，人之模范也。"教育是植根于爱的，在心与心的交流中，道德的力量具有不可忽视的作用。师德是教师职业之魄，而爱国主义精神更是师德之魂。全国德育标兵、特级教师霍懋征，全国模范教师孟二冬，"执教 40 年，跪教 36 载"的贵州教师陆永康，他们的事迹之所以感人，就在于他们都带着强烈的爱国主义情感从事教学活动，把爱国主义教育渗透在日常的教学之中，把爱国视为做人行事的根本准则和自身人格要求，用强烈的爱国主义情感打动和影响学生，培养出一批又一批合格的社会主义建设人才。教师，因品德高尚而美丽；教育，因爱心和奉献而崇高。

师爱是师德的关键和核心。没有爱就没有真正的教育，没有爱也不会有好的教育成果。爱是打开学生心灵的钥匙，爱是培养高尚人格的感化力量，爱是师生共同进步的内在动力。如果一个教师爱他的学生，师生感情融洽，教师的表扬，学生会认为是肯定和鼓励；老师的批评，学生会认为是关心和爱护。如果一个教师不爱他的学生，师生关系紧张，表扬，学生会认为是在利用和哄人；批评，学生会认为是在故意找碴儿整人，根本听不进去。所以，爱是教育的基础和支柱，热爱学生是教师的天职，是班主任道德素质的表现。爱学生就是期望学生成才，通过仔细观察学生在各种活动中的成长和变化，主动为学生的成长开辟可实现的途径。爱学生还表现在对学生诲人不倦，循循善诱，用心血培养其才干，陶冶其情操，养成其高贵的品质。

爱生，尤其要珍惜爱护学生的生命。在汶川大地震中，不知有多少老师在地动山摇的那一刻，把生的希望留给学生，把死的危险留给自己，谱写了一曲又一曲感天动地的师德师爱的生命赞歌。

德阳市东汽中学教师谭千秋的遗体在废墟中被找到时，是双臂张开趴在课桌上的，身下还死死护着4名学生。谭老师心中的爱，正如他的名字那样，千秋流芳，光耀后人。在灾情极为严重的北川中学，有40多位老师，他们的讲台离门口最近，本来可以逃得最快，但是在生死关头，他们都义无反顾地把学生的生命放在第一位。物理老师张家春，用双肩死死扛住门框，让一个又一个学生从他的臂下穿过。最后关头，他一手推出一个男生，一脚又踢出一个女生。46个孩子得救了，而张家春却再也没有走出废墟。

当救援人员在什邡市红白镇中心学校二楼第三间教室发现张辉兵老师遗体的时候，被废墟掩埋着的他，手仍然指向逃生的通道——二楼楼梯口。地震发生时，他距离门口咫尺之遥，跑出去就可以活下来，但是他把逃生的机会给了孩子。“张老师手指楼梯口，睁大双眼，张着嘴，冲我们大喊的一幕，像用刀子刻在我的脑海中，那么清晰，永远也忘不了，我甚至看到了他睁大双眼时，额头上出现的皱纹。”学生詹新月动情地说。“同学们，快跑！”这是张辉兵老师留给学生的最后一句话。

共和国的历史将永远铭记着这一连串平凡而闪光的名字：谭千秋、张米亚、杜正香、张家春、向倩、张辉兵……他们是教师的楷模，师德的典范。

四、身体心理素质

班主任的日常工作面临着许多复杂的情况和难以想象的困难，每天的工作需要消耗大量的精力和体力，因此，班主任应该具备良好的身体素质和心理素质，这是从事复杂的教育活动的基础。班主任的身心素质不仅直接影响着班级工作的成效，也影响着学生的成长和发展。

1. 身体素质

身体素质是形成和发展其他素质的物质基础。良好的身体素质是班主任开展工作的基本条件。

身体素质是指人的体态、体质、体能等方面的素质以及生活、卫生、锻炼的习惯。身体素质可分为体态素质、体质素质和体能素质。体态素质是指站、走的姿态，要求“站如松、行如风”，给学生一种精神抖擞、斗志昂扬、意气风发的感觉。体质素质是指人体各器官发育及对疾病的免疫力等。体能素质是指肌体器官的生理功能、身体基本活动能力，以及对各种刺激的适应和耐受力等。班主任要有广泛的适应性和较强的耐受力，以强健的身体和旺盛的精力应对各种情况。为此，班主任要经常锻炼身体，合理安排工作、生活和休息，养成良好的生活习惯和卫生习惯，保持良好的心态，不断提高自己的身体素质，为班主任工作的开展提供最基本的保障。

2. 心理素质

除了健康的身体，班主任还应具备健康的心理素质。在有关部门对班主任心理素质情况的调查中，只有 32.2%的人具有较好的心理素质，只占班主任的三分之一左右。由此看来，努力提高班主任的心理素质是一个亟待解决的问题。

健康的心理主要包括以下几个方面：健康的精神和乐观的心态、稳定的情绪和高尚的情感、宽容的态度和坚强的意志品质、健康的性格与和谐的人际关系。心理健康的班主任，能用平等、信任、友爱、宽容等积极的心态与别人相处，有宽广豁达的心胸，对生活抱着积极乐观的态度。这种生活态度对己对人都有好处，并能提高工作效率。大量的实践经验表明，班主任的心境会影响班级教学的环境气氛，会对学生产生巨大的影响。在学生面前，班主任的喜怒哀乐都躲不过他们的眼睛，学生会根据自己的观察，做出相应的反应。

一位女生在日记中写道：“今天上数学课，教师拿着教案，一副怒气冲冲的样子走了进来，我看了都害怕。旁边的同学悄悄地告诉我，老师下课时在办公室里发火了。今天可糟了，千万别惹他。”

可以想象和推测，这位女生将怎样上这位老师的课，班中同学将怎样挨过那战战兢兢的几十分钟。很显然，没有教师的健康心理，就很难有学生的心理健康。心理专家曾测试过北京某校三个班学生的心理状况，结果发现，有一个班的学生，其情绪等指标与另外两个班有明显的差异。经了解发现，原来该班班主任自身的心理健康状况不佳。科学研究表明，教师的心理健康水平与学生的心理健康水平成正比：心理健康水平高的教师，他们的学生心理健康水平也高；心理有障碍的教师，他们的学生产生心理障碍的比例也较高。

班主任应特别注重培养自己良好的意志品质和个性心理。

意志是在实现自己确定目标的过程中，支配、调节自己行动的心理过程。意志是任何人完成任务、成就事业所必须具备的主观条件。班主任面对繁重的工作和诸多困难，只有迎难而上，不畏艰险，不怕挫折，克服困难，抵制诱惑，释放压力，经过顽强拼搏，才可能取得成功。有一位全国优秀班主任，在夫妻离异、年仅6岁的独生子又突然不幸夭折的情况下，强忍内心的悲痛又站在学生们面前。中年丧子是何等的悲伤，家庭解体又是何等的苦楚，然而事业需要坚毅、刚强，学生需要教师的教育、爱抚，这位班主任硬是挺过来了。她说："事业就是生命，失去了事业，就失去了生命。必须让生命每时每刻都燃烧，才能让事业发出光辉。如果火焰灭了，事业也就暗淡了。我决心用生命之光去点燃事业之火。"

个性心理是指人的态度和行为方面的较为稳定的心理特征，它是在个人生理素质的基础上，在社会实践活动中逐渐形成、发展和变化的。对班主任而言，应特别强调学会自我调适，自我减压，提高自控能力，保持健康的情绪和理智。

班主任面对的是处于成长发展期的学生，班主任的情绪特征越是接近他们的特征，就越容易理解他们、了解他们，赢得他们的信任。班主任具有开朗、豁达、快乐、热烈的情绪，就容易和学生打成一片，达到心灵的沟通。反之，班主任的情绪特征是孤僻、猜疑、萎靡、冷漠的，学生就会敬而远之，避而远之，师生关系就会不融洽甚至处于对抗状态。虽然个性心理的情绪特征，受先天遗传因素的制约，但后天在实践中的锻炼和改造是可以使之转变，使之适应教育工作之需的，关键在于认识上的提高和工作中的磨炼。

个性心理中的理智特征也是班主任工作十分重要的方面。良好的理智特征主要表现在稳健、深入、严谨、理性、耐心等方面。现在的技校生，有不少存在诸如懒散、无心向学、上网成瘾、讲究享乐、孤独抑郁、缺乏自理能力等问题。对这种种问题，需要班主任用理智去分析、去思索、去探讨。在解决这些问题的过程中，常常会遇到意想不到的难题，或者是一个难题解决了，又一个难题出现了。是急躁、狂暴还是冷静、稳健，是粗疏、厌烦还是严谨、耐心，这对工作的成败影响极大。正如教育家乌申斯基所讲的："在教育中，一切都应以教育者的个性为基础，因为教育的力量仅仅来自人的个性这个活的源泉。只有个性才能影响个性的发展和定型。"

健康的心理是班主任从事复杂的教育教学活动的基础。只有保持健康的心理，班主任才能以乐观的心态、稳定的情绪、宽容的态度和坚强的意志，充满信心地开展工作。班主任的日常工作是非常辛苦的，每天工作需要消耗大量的精力和时间，每天都可能遇到意想不到的难题。因此，在心理素质方面，班主任要有自我调节和自我完善的能力，要以正确的态度和方法对待矛盾和压力，以平和的心态和方法对待生活和工作中的挫折，以理性的态度正视自己、他人、学校和社会，要做入世的努力，又要有出世的心态，要善于释放压力。

遭遇压力和不良情绪，应该如何进行自我调适呢？现推荐以下几种方法：

（1）深呼吸放松自己。当感觉情绪激动，就要大发雷霆时，能做的一种最简单、最有效的努力就是控制自己的呼吸，通过控制呼吸来缓解压力。可以先进行几次深呼吸，先用鼻子慢慢地吸足一口气，大约数 4 个节拍，然后慢慢吐气，也用 4 个节拍，每次连续做几次，就能达到放松自己的效果。如果能闭上眼睛，边做深呼吸边想象一些美好的情景，效果会更好。

（2）进行自我剖析，保持理智。为了减轻自己的紧张感，可以用自问自答的方式和自己交谈："究竟是什么问题在困扰着我？出现这些问题的原因何在？有哪些可行的方法能帮助我解决这个问题？什么是解决这个问题的最好方法？"

（3）进行"三思"。当自己处在不良情绪当中的时候，需要"三思"：第一思考自己心情不好是否有道理？发火是否有原因？第二思考其后果，坏心情的后果是什么？发火能够产生什么后果？第三思考一下是否还有其他的安全可靠的办法。

（4）读书转移压力。孔子曰："学而时习之，不亦乐乎。"学习是一件快乐的事，可以让人摆脱烦恼，忘记忧愁。读书学习不仅仅意味着获取人类积累的知识和经验，更重要的是谋求个体发展和心理健康的一种手段。读书，能使我们从中享受无限乐趣，冲淡工作中的烦恼，缓解压力。

（5）感受大自然。大自然是慷慨的，苏东坡在《前赤壁赋》中表达过，人应该懂得珍惜自然所赋予自己的美景，他写道："天地之间，物各有主，苟非吾之所有，虽一毫而莫取。唯江上之清风，与山间之明月，耳得之而为声，目遇之而成色；取之无禁，用之不竭。"大自然总能够让心境低落的人找到生活的乐趣。

（6）培养业余爱好，给心情放假。轻松的《蓝色多瑙河》《匈牙利舞曲》《紫竹调》等，如一缕清泉注入心田，可以消除精神紧张。实际上，音乐放松、朗诵放松、运动放松等，都是缓解压力的好办法。

（7）适当地打破常规。试用各种不同的新方法，做一些不常做的事情，如给一位久违的朋友打电话；逛一逛街，买些自己喜欢的物品；陪家人看电视、聊天，跟孩子做游戏等。总之，换一种活法，换一种心情面对生活，总会有不一样的收获。

第二节　班主任的专业能力

班主任的专业能力，是班主任素质中的核心部分。班主任的专业能力直接关系到班级工作的实效性，关系着学校素质教育的有效实施。而班主任的专业能力不是文凭和资历所能替代的，它需要班主任在工作实践中不断培养和提高。班主任的专业能力主要涉及以下几个方面。

一、组织管理能力

组织管理能力是班主任专业能力构成的核心。任何班级活动都离不开组织管理这个基本环节。班主任组织管理能力的高低，直接影响到班主任的工作效能。班主任的组织管理能力是一种综合性的能力，主要包括如下几个方面：

1. 计划能力

计划能力是班主任首要的组织能力，是指根据班级的实际情况、教育方针的要求、社会环境等因素，选择和确定班级目标以及制定、实现目标的能力。"凡事预则立，不预则废。"班主任对班级的学期目标和学年目标必须心中有数，对班级要提出具体的发展要求和活动方案，不仅要制订班级成长发展的工作计划，而且还要根据学生的特点、个性、特长，为学生的成长制订计划。

2. 组织实施能力

组织实施能力是指班主任按照班级目标的要求，组织指导开展各种教育活动的能力。首先，班主任要有民主平等的思想，善于调动班干部的积极性，发挥每一个学生的特长，使全体学生都积极参加活动。通过开展各种活动，使学生提高觉悟，开阔视野，丰富知识，提高实践能力，建立和谐关系，增进团结互助，共创文明班级。其次，班主任要有鼓动能力，要针对班级活动有的人喜欢参与、有的人不喜欢参与的实际情况，做好宣传发动工作，尽量使更多的人参加，更多的人得到锻炼。最后，要进行周密细致的安排，对所有活动细节要尽可能想得周全一点儿，安排得妥当一点儿，并注意公共安全，制定应急方案。在活动中要注意观察、了解学生，注意培养学生之间的友好合作关系，优势互补，实现双赢和多赢。

3. 沟通协调能力

学校就是一个“小社会”，学校与班级、班级内部或班级之间都可能出现一些矛盾。要解决各种矛盾，处理各种事务，就需要班主任有很好的沟通协调能力。在学校、家庭、社会组成的立体化的教育网络中，班主任是桥梁和纽带。班主任只有具备较强的沟通协调能力，才能协调好学校领导、有关科室人员、任课老师、家长、社区教育工作者等各方面的教育力量，把不同的教育力量凝聚到一起，共同发挥作用。

4. 创建班集体的能力

是否善于建设班集体，是班主任组织管理能力的重要标志。有的教师担任过几年，甚至十几年的班主任，但从来没有带出一个像样的班集体；个别的教师，带一班乱一班。而有的教师却能带出朝气蓬勃、团结向上、全面发展的优秀班集体。绝大多数的班主任工作起来都十分努力，然而投入的时间和精力与建设班集体的效果并不都成正比，其关键就是班主任创建班集体的能力有强有弱。

班主任提高创建班集体的能力，一靠理性认识的提高，二靠实践中的磨炼，三靠不断反思总结探索。

5. 转化后进生的能力

转化后进生工作，是班主任一个永恒的话题。在一个班级里，后进生人数虽少，但影响却大。要实现“抓两头，促中间”的目的，必须促使后进生转化，跟上全班前进的步伐。

班主任转化后进生，首先要善于了解后进生。特别是要和后进生交朋友，深入到学生的内心深处，找到深层次的问题。某校有一个学生，一贯刻苦勤奋，成绩不错，但突然变得上课不专心听讲，甚至不交作业了。老师找他谈话，他一言不发，而且情况越来越糟。班主任为了弄清原因，亲自把他请到家里，跟他谈心。原来这个学生看了一篇介绍法国影星阿兰·德隆的文章，说他小时候经常逃学，调皮捣蛋，打架滋事，功课极差，可后来却成了大明星。这个学生模仿明星，放松了对自己的要求。班主任为此专门找了一些关于阿兰·德隆的材料进行研究，证实正是由于明星小时候受教育不够，才使他在电影生涯中走了曲折的道路。班主任有针对性、说服力强的谈话，终于使那位学生发生了转变。其次是要能准确地分析研究后进生的心理和动机。站在学生的角度体会学生的感受，找到主要矛盾和矛盾的主要方面，找准症结，然后对症下药，才能收到好的效果。再次是要充分发挥学校、班集体、家庭、社区等教育合力的作用，齐心协力，齐抓共管。最后是要有信心、耐心和宽容心，坚信学生是要求上进的，教育得法就会成功。既然后进生的问题是“冰冻三尺非一日之寒”，班主任就得有“水滴石穿非一日之功”的耐心。后进生在教育过程中出现对班主任沉默对抗、粗暴无礼或顶撞辱骂时，班主任就要有“海纳百川，有容乃大”的雅量和宽容心，心理稳定，善于自控，不记仇、不报复、不挖苦，做到以德报怨，以德服人。

6. 解读学生的能力

班主任只有具备解读学生的能力，才能准确地把握学生的脉搏，真正掌握班级工作的主动权。解读学生的能力实际上就是认知能力，包括敏锐的观察力、清晰的记忆力、丰富的想象力和多维的思维能力。敏锐的观察力，就是班主任能从学生的眼神、表情、姿态及其他一些细微表现洞察到学生的学习、生活、思想等各方面的情况和自己的教育效果。清晰的记忆力使班主任能很快根据学生的外貌和个性认识学生。班主任若能在刚接班不长的时间内就能准确叫出学生的姓名，说出学生的学习、爱好、习惯等，学生就会倍感亲切，班主任的威信会迅速提高，有利于各项工作的开展。班主任还要有多维和深刻的思维能力，才能对学生和班级的情况进行全面、深刻、准确的解读。一个班级有它的内部世界和外部世界，在其内部有组织系统、规范要求、人际网络、运动过程等各项因素，同时，它又和年级、学校、社区等环境因素有关；一个学生有他的内部世界，他是生理、心理、思想、道德、知识技能等多种因素的组合体，而这内部世界与他生活、学习的物质环境、人际环境等外部世界又是密不可分的统一体。因此，班主任必须要有多维的思维能力，深入研究、认识规律、掌握规律，具备探索学生心灵的能力。卢梭说："教育必须从了解人心入手。"实践证明：只有研究人，才能解读人；只有了解人，才能教育人、培育人，才能取得成功。

二、语言表达能力

班主任日常工作的对象是人，而人是有思想、有感情的，对人进行思想工作、说服教育、批评指导，依靠的是知识和语言。因此，语言表达能力也是衡量班主任综合能力的一个重要标准。苏霍姆林斯基指出："教师的语言——是一种什么也代替不了的影响学生心灵的工具。教育艺术，首先包括说话的艺术，同人心交流的艺术。我坚决相信，学校里往往很多不幸冲突，大多数根源就在教师不善于同学生谈话。"如果班主任具有较强的语言表达能力，就能针对学生思想上、学习上、生活上、感情上迫切需要解决的问题，做出有说服力的解答，使学生如沐春风，茅塞顿开。针对个别学生的无理狡辩，班主任还应具备一定的辩论能力；面对学生家长的询问或是责难，班主任应该具备一定的解释、说理能力。因此，班主任必须在实践中不断锤炼自己的语言技巧，提高语言的感召力、征服力、冲击力、鼓动力。班主任日常工作的绝大部分都是靠语言实现的，从某种意义上讲，班主任语言表达能力的强弱直接关系到班级工作效果的好坏。

案例 2.1

学生迟到，低着头默默地站在教室门口。

老师：看看表都几点了，还来上学干吗，还不如在家里养着呢！

学生：老师，公共汽车在半路坏了，我是跑着来上学的。

老师：公共汽车坏了，别人坐的车怎么不坏，单单你坐的车坏了？我看你还是跑着回家吧！

案例 2.2

老师看到学生气喘吁吁地走进教室，问：看，满头大汗的，出了什么事？

学生：半路上公共汽车坏了，没办法，我是跑着来上学的。

老师：为了学习，为了班级荣誉，你能跑着来上学，这种精神非常好。希望你在各方面都像这样严格要求自己。

同样是一件学生迟到的事，班主任不同的语言，会达到不同的教育效果。案例2.1中的老师，居高临下地对学生讽刺挖苦，伤害自尊，这样处理学生当然不会服气。案例2.2中的老师，拥有一颗理解爱护学生的心，能设身处地体会学生的难处，说出的话有人情味，又带鼓励性，让学生感到温暖。教育艺术首先是语言的艺术，准确激励的语言能教育鼓励学生，错误粗暴的语言会伤害打击学生。

班主任语言的表达形式主要有三种：口头语言、书面语言和态势语言。

1. 口头语言

口头语言要合乎规范，具有逻辑性、哲理性。班主任的语言要符合逻辑、修辞的规律，尽量不要出现语法错误。语言要言之有物，包含丰富的思想和深刻的哲理，不仅要让学生听懂，还要使学生回味无穷，受到深刻的教育和启迪。

（1）要富有激励性。在教学教育过程中，班主任要多用激励性的语言，如“很好”“真棒”“有进步”“下次做得更好”“同学们期待着你”等，少用消极性的语言，如“你真笨”“你没希望了”“你等着回家吧”“我已经绝望了”等。消极性的语言有时会像毒刺一样深深扎在学生的心上，使其心灵受到伤害，失去自尊和进取的信心。

（2）要富有情感性和感召力。班主任要善于根据不同对象、不同情况，用充满情感性的语言激起学生的情绪反应。班主任的语言应该具有感召力，号召时，让学生精神振奋，备受鼓舞；抒情时，让学生心旷神怡，温暖如春。语言是情感的载体，情感是语言的灵魂。没有情感的语言是苍白干瘪的，富于情感的语言是绚丽丰满的。

（3）要有针对性。班主任在语言表达时要针对不同对象，在不同时间、不同地点，选择不同的语言表达方式。对性格粗犷、说话直率、心理承受力较强的学生，批评时可以猛烈尖锐一点儿；但对性格温和、敏感自尊、心理承受力较弱的学生，批评时要委婉温和，和风细雨。与学生进行个别谈话时，要注意选择谈话的时间、地点、场合。如果选择得不好，有时候谈话效果会适得其反。一般来说，能不在课堂上当着全班学生批评的，就不要在班上批评；能避开其他教师批评的，就尽量选择一个僻静的环境；能不在其父母面前批评的，就尽量避开其父母。在进行个别谈话时，要尽量让学生多讲，让学生有申述、说明、倾诉的机会，以便班主任掌握更多的情况，谈话更有针对性。班主任的语言方式，在不同场合处理不同性质的事件应是不同的。上课时，语言要严谨简练，富于逻辑性、启发性；班会课，语言要有感召力、鼓动性；课后与学生聊天，语言要亲切随和；学生犯了严重错误，语言要有震慑力；学生犯了小错，语言要平和，点到为止，留给学生自己思考和改正的余地。

（4）要有幽默感。有一位诗人说：“教育家最主要的，也是第一位的助手是幽默。”幽默感创造的既可以是一种轻松的气氛，增添乐趣，也可以振奋精神，鼓舞斗志，还可以化干戈为玉帛，缓解和消除紧张气氛。班主任面对的是朝夕相处的学生，语言在某些时候要幽默诙谐，善于运用比喻、夸张等手段，运用笑话、故事等内容，以幽默的方式营造轻松和谐的气氛，达到师生心灵沟通交流的目的。通过幽默来批评学生，不仅表现了教师的教育智慧，而且能够使学生感受到温馨。有一位班主任，他的班上有几名学生偷偷吸烟，在晨会课上，他幽默地对学生们说：“吸烟有三大好处：一是能防止小偷，因为吸烟能引起咳嗽，如果小偷来到你家，你的咳嗽就能吓跑他；二是节省钱财，吸烟常常能引起驼背，这样你的身材就变得矮小，做衣服时就可以少买些布料；三是减轻子女的负担，不要他们养老，因为吸烟减少寿命，成不了老头。”学生听后哈哈大笑，并明白了吸烟的害处。幽默的批评语言，出人意料又合情合理，使人如沐春风，容易接受。

2. 书面语言

班主任除开展班级活动外，还要制订工作计划，进行工作总结、经验交流、教育教学研究、撰写操行评语等，因此，要求班主任应具备一定的书面语言表达能力。如学生操行评语的写作，文字表达能力不强的班主任可能会千人一面，写些大话套话。而文字表达能力较强的班主任，则可能把每一个学生的评语都写得准确得体，使之成为与家长沟通的桥梁、对学生教育的良机。

3. 态势语言

态势语言是指利用眼神、表情、姿态、手势传递教育信息的一种语言。态势语言能力是班主任修养、风度、气质和能力水平的综合反映，是增强教育效果的有力工具。在很多特定的情境下，态势语言可以起到代替言语的作用，甚至起到比言语更好的效果。态势语言包括面部语言、姿态语言和手势语言。面部语言主要是眼神和表情。班主任要根据教育的内容和具体情况，灵活巧妙地运用和变化目光视角、目光长短、目光软硬，以达到目的。姿态语言主要包括班主任的站姿、走姿、坐姿等。手势语言是指通过手与臂的动作变化传递的信息。态势语言要简明、流畅、协调，切忌夸张、造作。无声的态势语言同样可以发挥沟通的作用，而且往往比有声的语言更便捷、有效，是师生沟通中不可缺少的方式，良好的师生关系也可以在无声的沟通中建立。

三、研究创新能力

当今世界是一个充满竞争的世界，这种竞争，主要是创新能力的竞争。江泽民同志指出：“创新是一个民族进步的灵魂，是国家兴旺发达的不竭动力。”温家宝同志在四川视察时，勉励技校学生要“学会动手、学会动脑、学会做事、学会思考、学会生存、学会做人”。培养具有创新精神和创新能力的创新型人才是技工院校教育的基本任务，因此，富有创新精神是技工院校对班主任的基本要求，也是班主任必备的基本素质。

班主任工作的研究创新，首先要求每位班主任具有勇于创新的个性品质。班主任创新的个性品质主要表现在思想开放、求知欲强、兴趣广泛、自信心强、好奇心重、乐于接受新事物、不因循守旧、善于交流意见、善于进行教育反思等。其次是要具有开展创造性工作的能力。对于班主任来说，完全相同的教育情境是没有的，普遍适用的最佳教育模式也是不存在的。这就要求班主任不断地吸收新的知识，研究新的情况，总结新的经验，与时俱进，开拓创新，努力追求创造性的工作，因时、因地、因事、因人制宜，不断地创造出新的班级工作方法。最后是具有掌握和运用社会信息的能力。在日新月异的信息时代里，现代科技的广泛应用，使信息的传递从来没有像今天这样迅速和广泛。学生的年龄特征决定了他们有充沛的精力、活跃的思维、多彩的生活、广泛的交流，他们每时每刻都会从大众传媒、家长、伙伴、网络中获取信息。因此，班主任要具有掌握和运用社会信息的能力，才能不断开拓创新，才能与学生一起快乐成长。时代呼唤有思想有个性的班主任，时代需要与时俱进、努力开拓创新的班主任。

四、应对能力

班主任面对的是有思想、有感情、有差异且不断发展的学生，又是处于社会之中的学生，因此，班主任工作是一个动态的过程。在这个动态的过程中，常常会发生一些意想不到的突发事件，这就要求班主任必须具备一定的应变能力：

1. 班主任要做到沉着冷静，遇事不慌。不要自乱阵脚，手足无措，举止失当。

2. 要做到随机应变，能根据事件的不同性质和特点恰当地处理问题。陶行知先生“四块糖育人”的故事就是一个很好的例子。

当年陶行知先生任育才学校校长时，有一天，他看到一名男生欲用砖头砸同学，就将其制止，并责令其到校长室。陶行知回到办公室，见男生已在等他，就掏出一块糖递给他：“这是奖励你的，因你比我按时到了。”接着他又掏出一块糖给男生：“这也是奖给你的，我不让你打人，你立即住手了，说明你很尊重我。”男生将信将疑地接过糖果。陶行知又说：“据了解，你打同学是因为他欺负女生，说明了你有正义感。”陶行知掏出第三块糖给他。这时男生哭了：“校长，我错了，同学再不对，我也不能采取这种方式。”陶行知又拿出第四块糖说：“你已知错，再奖你一块糖……我的糖分完了，我们的谈话也该结束了。”

3. 要因势利导。班主任要从学生的需要和实际出发，利用并调动学生自身的积极因素，排除消极因素，巧妙而妥善地处理问题，从而使学生扬长避短，增强克服缺点的内在力量，达到教育、培育学生的目的。

案例 2.3

一次课上，班主任王老师请一名学生起立回答问题，学生答完，王老师示意其坐下。就在王老师回头写板书的一刹那，只听到“哐啷”一声，刚才答问的那位学生重重地摔倒在地下，顿时满脸通红。原来他的凳子被人拉向了一边。王老师回头环顾四周，课室里马上一片寂静，看得出同学们都在等待老师做出处理。此时王老师异常冷静，没有性急地大声呵问，更没有训斥，而是平静地察看他周围的每一位同学的表情。这时，他右边的同学有些坐不住了，主动分辩说：“我看他凳子没放正，就伸手帮他扶了一下。”全班一片哗然。显然同学们是被这个同学的谎言激怒了。这时王老师还是没有说话。而这个同学终于坐不住了，站起身，先扶起那位摔倒在地上的同学，再用手帮他拍打身上的灰尘。其实当时的地面并没有什么灰尘，可他却仍然这么做了。这时王老师说话了：“同学们，这位同学已经深深地自责了，并在努力地用实际行动改正自己的错误，你们看到了吗？看到了他在反省之后要求自我纠错的强烈愿望和行为表现了吗？”（看到了，就是从这一扶一拍的动作之中）。此时此刻、此情此景，实乃无声胜有声。课堂很快就恢复了平静，王老师继续上课。

点评： 面对突发事件，王老师选择的是冷静应对，细心观察，充分利用班中同学正义的力量，促使犯错的同学主动改正，并在关键时刻做出恰当的评价，因势利导，巧妙而灵活地化解了矛盾，取得了比较好的效果。

---

4. 要做到对症下药。班主任在遇到偶发事件时，要了解事件的原因，正确分析问题的症结，并考虑学生的个性特点，采取灵活多样的方式方法，有针对性地对学生进行教育。

第三节　提升班主任素质和能力的途径

班主任作为班级教育的主导教师，其素质和能力的高低直接决定着学校教育水平的高低。因此，在全国职业技术教育蓬勃发展的大背景下，全面提升班主任的素质和能力，是十分必要的。提升班主任素质和能力的途径主要有：

一、善于学习思考

今天，随着科技的发展、时代的进步，学习已成为世界性的热门话题，在这样的大背景下，“终身学习”便成为人们走向未来的一张通行证。联合国教科文组织在其教育丛书《学会生存》中指出：“那种想在早年时期一劳永逸地获得一套终身有用的知识或技术的想法已经过时了。传统教育的这个根本准则正在崩溃。”由此可见，终身学习，正在成为现代人的一种生活方式。而担负着教书育人重任的班主任，显然更应该热爱学习，认真读书，不断给自己充电，以更新理念，拓展视野，丰富知识，增长智慧，提高素质和能力。

1. 班主任应该善于向书本学习

通过书本学习先进的教育理念、先进的教育技术，也可从前人的经验总结中获得知识、启迪思维、获取方法和技巧，帮助我们不断探索研究班主任工作的新路子、新方法、新经验。除了读专业书籍、教育和管理书籍外，还应选读一些有品位的文学、艺术、历史、哲学等类书籍，养成读书习惯，博取各种知识，提高自己的综合素质。

2. 班主任应该善于向同行学习

“三人行，必有我师焉。”每一所学校的教师群体中都有优秀班主任，虚心向这些富有经验的班主任学习和请教，一定会得益匪浅。随着科技的发展、网络的普及，近年来，教育博客的出现和发展也为广大班主任提供了交流平台。这些博客可以拉近原来遥不可及的著名优秀班主任与大众的距离。只要轻点鼠标，班主任就可以走遍教育世界的东西南北，可以与窦桂梅、朱永新、李镇西、张万祥等名师大家对话交流，获取宝贵的经验和教训，同时也可以把自己的经验发到网上，与同行们交流，与同行们对话。正如陶行知所说：“我们要虚心地跟一切人学，跟先生学，跟大众学，跟小孩学，跟朋友学，也跟敌人学，跟大自然学，也跟大社会学，要学得专，也要学得博。”

3. 班主任应该善于向学生学习

班主任以教书育人为天职，教育的过程实际上是教师经验和学生经验对话、交流和提升的过程。教师要对学生的经验施加影响，就必须进入学生的经验系统和话语系统，以学生的经验和话语为基础。而要进入学生的经验和话语系统，教师就必须善于向学生学习。在向学生学习的过程中，班主任可以获得新的经验，新的教育理念，新的人生感悟，从而不断提高自身素质与能力。在信息化社会中，随着新知识、新技术、新方法的不断出现，随着信息传播渠道的不断增多，学生获得知识的途径也越来越多，班主任这一代和年轻学生这一代在思维方式、操作水平和能力上的差异决定了“师未必贤于弟子”，学生在许多方面可能已经超过了老师，这就要求教师特别是班主任要摆正自己的位置，虚心向学生学习。走入学生的心灵世界，缩短师生之间的距离。班主任向学生学习同时也有利于班主任保持纯真宁静的心灵，性情也能在师生互动中得到陶冶。

4. 班主任应在学习中善于进行教育反思

美国心理学家波斯纳认为教师成长的公式是：成长＝经验＋反思。教育反思，是班主任对自己的教育经历进行综合、总结、分析、提炼的过程。教育反思，可以改变班主任的工作方式，可以锤炼班主任的教育思想，可以丰富班主任的教育经验，可以提高班主任的综合能力。班主任在学习中反思工作中遇到的问题，在实践中反思学习到的理论，在创新中反思前人的经验，在失误中反思陈旧的教育行为，在反思中提升教育品质，在反思中成长。

二、善于实践积累

班主任每天都和学生们在一起，每时每刻都在发生着各种各样的教育故事，孕育着大量的教育契机，积淀了不少教育经验。班主任要做一位有心人，拥有发现的眼睛、善思的头脑、勤奋的双手，把每一个教育故事、每一个教育问题、每一个教育灵感都记录下来，日积月累，积少成多，教育经验就会不断丰富，教育素质和能力就会不断提高，就会产生理想的教育效果。《班主任兵法》的作者万玮老师的教龄只有七年，并且曾经有过一段失败的班主任工作经历。但是，他没有在失败的阴影下沉沦，而是在跌倒的地方爬起来，在实践中不断咀嚼、总结、感悟、反思、钻研、积累，积极地思考，勤奋地写作，终于完成了20多万字的《班主任兵法》一书。被人们誉为“中国的苏霍姆林斯基式的教师”李镇西，当了近20年的班主任，也勤奋地写作了近20年，先后出版了《青春期悄悄话》《教育是心灵的艺术》等12部专著，成为全国优秀班主任。而像魏书生、任小艾、窦桂梅、张万祥等优秀班主任，也都善于在实践中积累，在积累中不断提高素质和能力。

三、善于总结提高

班主任工作烦琐、复杂、涉及面广，如果整天沉迷于烦琐事务之中而不能自拔，缺乏理性的反思和条理的总结，提高班主任素质和能力就将是一句空话。要想成为一名合格的、优秀的班主任，既要大胆改革，勇于实践，又必须善于及时总结，从中获取成功的经验和失败的教训，寻找规律和取得成功的途径，以不断丰富教学教育经验，不断形成新的教育理念，适应形势发展的要求。每一位班主任，都有自己成长的经历和故事，有成功、快乐，也有失败、痛苦，更有迷惘、困惑。但其中的酸甜苦辣都有营养，都蕴涵着某种教育哲理，都应当总结、提升。作为负责组织、引导、管理班级学生的班主任，应该善于在实践中探索，在实践中总结，在总结中提高，寻找规律，与时俱进，开拓创新。

思考与练习

1. 班主任应该具备哪些素质？

2. 班主任应该具备哪些能力？

3. 你认为当前班主任工作面临哪些新的挑战？

4. 什么是教育智慧？教育智慧在班主任工作中能够起什么作用？

5. 提升班主任素质和能力的途径是什么？

6. 从下面的例子中你得到了什么启示？如果你在现场，你会怎么办？

案例：1997 年 12 月 5 日 9 时 45 分，陕西省某地发生了 4.8 级有感地震，西安市在同一时间也发生了震颤。此时，在某大学教学楼四楼的一间教室内，一位头发花白的老教授正在给学生讲课。大楼摇晃了一下，所有的学生连同老教授的身体都摇晃了一下。老教授心里一惊："可能是地震。"但他却平静地说："请同学们有序离开教室，到教学楼前的空地集合。"学生有序地鱼贯而出。

另一间教室里，一位打扮入时的女教师正在给学生讲人生哲理课。当大楼摇晃时，女教师大惊，喊了一声："地震啦！"就率先冲向门口，至于她身后的学生如何乱作一团，她全然不顾，只是自己奋力推挤着向下奔跑。

等到大家都集中到了楼前的空地时，学校领导开始清点人数：发现只有老教授还未下来。正在这时，老教授出现在楼门口，镇静得好像什么也没发生过，同学们一齐欢呼着冲上去围住了他。细心的同学发现，他手里还提着一双高跟鞋，原来是那位女教师为便于逃跑踢脱在楼道里的。事后经调查得知，老教授那个班的学生全都安然无恙，而女教师教的那个班有 3 名女生扭伤了脚，1 名女生跑掉了鞋。

第三章

班级管理实务

第一节　班级建设

第二节　组织班级活动

第三节　班主任常规工作

第四节　开展职业指导

第五节　开展创业教育

班级管理是班主任根据学校的培养目标、教育计划，通过组织、指导、协调、控制等，为学生的发展创造环境和条件，提供服务的过程。班级管理实务是班主任日常的工作指引，熟悉班级管理实务是班主任开展班级工作的基础。本章从班级建设、组织班级活动、班主任常规工作、学生职业指导和创业教育等方面，对班级管理实务进行阐述。

第一节 班级建设

班级建设是一个育人的过程，是一项系统的工程，是班主任开展班级工作的主要载体和手段。班级建设主要包括建立班委会、建立班级管理制度、建设良好班风等内容。

一、建立班委会

选拔和培养班干部、建立班委会，是班级集体发挥作用的关键和核心。班级管理工作主要在于建立一支能独立工作的班级干部队伍，通过他们组织同学，引导同学，发挥桥梁和纽带作用。管理之道在于借力，班主任借班长及班委的力量，班委借同学们的力量来完成共同的目标。可以将班主任的工作具体为：深入了解学校及学生情况，确立班级的奋斗方向；正确选拔、培养学生干部，建立班级组织机构；明确各负责人的职层责任、沟通渠道；对班委授予任务，确定班级的奋斗目标；创造良好的氛围，为学生干部顺利开展工作创造条件，同时培育学生干部的责任心及荣誉感；指导、监督班级工作的开展，教会学生干部工作的方法，同时尊重班委的职权。这样，班主任就可以从烦琐的事务性工作中解脱出来，把精力用在考虑班级管理更为实质性、高层次的事情上。例如，组织演讲活动以提高学生的口语表达能力及综合素质，组织讲座或座谈会，引导学生思考人生等一些深层次的问题等。

班干部选拔的基本形式包括：

1. 自荐

班主任通过调动同学们的积极性，采取自我推荐的形式产生班委。自荐主要是为了发挥学生的主观能动性，能够挖掘出愿意为同学们服务、锻炼自己愿望较为强烈的同学。但有些同学可能缺乏群众基础，要通过实践的检验才能获得同学们的认可。

2. 竞任

通过公开竞选的形式产生班委。竞选可以培养同学们的竞争意识，实现能者上、庸者下，有利于班级推陈出新和打造班级活力。

3. 民主选拔

通过同学们投票的形式差额选举班委，票高者当选。这种形式选出的班委具有良好的群众基础，有利于班级工作的开展和同学们的认同，但要防止出现“小集体”和“老好人”。

4. 班主任任命

班主任凭自己的了解和判断直接任命班委，或者在民主投票的基础上，班主任直接任命班委职务。这种形式一般适用于班级集体成立的初期，同学们相互之间不了解，为便于班级工作的开展，班主任只能临时任命班委。

5. 几种形式的组合

在实际工作中，班委的产生形式通常是几种形式相结合的。例如，自荐和民主投票相结合、竞任与民主投票相结合、民主投票与班主任任命相结合、竞任和民主投票以及班主任任命相结合等。

班委组建后，班主任对班干部应予具体指导，培养他们的素质和能力，支持他们的工作，尽快形成班级的核心。

二、建立班级管理制度

科学管理是一种制度管理和人本管理相结合的、刚柔相融的现代管理思想和策略。制度管理的特点是强制和他律，主要运用强制的手段，依靠外力约束人的行为，属刚性管理；而人本管理却强调情感和自律，属柔性管理。因此，班级管理制度的建立，应与人本管理结合起来，刚柔相融，实现和谐管理。为了实现班级的科学管理，班主任要根据学校的规章制度，结合班级实际情况，建立以激励为导向的健全、实用、简洁明确的班级管理制度。班级管理制度的建立，要走群众路线，结合班级实际，以班级存在的主要问题为切入点，不可面面俱到。班级制度一旦建立，就要严格执行，以维护班级制度的严肃性。技工院校班主任在制定班级管理制度时应有对学生操行分的考核内容和方法。

案例3.1

××高级技工学校G高商务0501班级管理制度

为了便于班级管理，维护正常的学习、生活秩序，建立良好的班风，营造良好的学习氛围，创建先进文明的班集体，现制定以下制度：

一、班委会的组成与产生

班级管理委员会（简称班委会）是班级的最高管理机构，由班长、团支部书记、学习委员、体育委员、文娱委员、组织委员、生活劳卫委员、纪检委员及宣传委员共同组成。班委会下设寝室长，负责寝室各项工作。班委会由思想好、学习好、有一定组织能力、热心为同学服务的学生组成。其人选由班主任提名，民主选举产生，每学年改选一次。

二、班委会的工作任务

班委会在班主任和学生会的领导下，把树立良好的班风作为自己的工作中心，带领全班同学认真贯彻落实《学生手册》的各项要求，遵守各项规章制度，积极开展各项班级活动，培养勤奋学习、遵守纪律、热爱劳动、关心集体、尊敬老师、团结同学的好品德，抵制歪风邪气，树立良好学风，努力使本班成为优秀班集体。

三、班委会的工作要求

在班主任的指导下，班委会定期研究本班同学生活、学习情况，制订帮教计划，充分调动同学积极性。每周召开一次班委会，总结上周工作，布置下一步工作。每月根据学校工作或班级具体情况，有针对性地召开一次主题班会。每两周开展一次团支部活动，做到有准备、有记录、有总结。

每学期开学第二周，班委会要制订出班级学期工作计划交班主任，期末写出详细的工作总结交班主任。

四、班委的工作原则

本着为全班同学服务的原则，一切以班级利益为重；多与同学交流、联系，挖掘各方面人才；班干部之间要互相支持与协助，帮助同学做力所能及的事情；以自己作为班委的身份，努力提高自身素质，树立在同学中良好的形象，起带头作用；积极努力做好本职工作，不断创新，不怕吃苦，乐观向上，对工作充满信心。

五、操行评定考核

班主任每学期都要对学生进行操行评定，主要根据学校操行分管理的相关制度，操行评定分为优、良、中、差四个档次，差即为不及格。操行评定记入个人档案，不及格者，取消推荐就业资格，并根据学校学生管理的相关制度予以相应的处理。

1. 考核的主要内容

上课及参加集体活动出勤情况；遵章守纪情况；爱护公共财物情况；参加各种竞赛活动情况；参加室内外清洁卫生情况；关心集体和他人情况；文明礼貌情况。

(1) 操行评定主要项目：升旗及班会出勤情况；上课出勤情况；学生管理部门开出的违纪单；损坏公用财物情况；参加卫生值日情况；宿舍内务情况和值日表现等。

(2) 操行评定奖励的主要项目：一个月全勤者；积极参加学校各项竞赛入围者；参加公益活动并为班级获得加分者；提供班级管理意见并有效实施者；获得文明宿舍称号者；参加体育竞赛者；积极参加班级活动者；任校内各种组织职务获殊荣者等。

2. 考核的主要办法

考核要坚持公平公正，实事求是，以利帮助学生进步和班级良好运行。每项考核专人负责，及时统计并交班主任。

升旗及班会出勤情况由体育委员负责考核；上课出勤情况由学习委员负责考核；学生管理部门开出的违纪单由班级纪律委员考核；损坏公用财物情况、参加卫生值日情况、宿舍内务情况和值日表现由生活劳卫委员负责考核。以上考核每周统计一次交班主任，及时采取措施，确保班级工作的良好运行。

以上制度经同学们表决通过之日起生效。同学们要树立团队意识，维护班级集体利益，为把我班建设成先进班集体而努力！

G高商务0501班委会

2008年6月10日

点评：该案例对班级组织机构的建立、班委的工作任务等进行了具体描述，并对学生操行考核的办法予以了规定，内容完整，具有可操作性和指导性。

三、建设良好班风

班风，是指一个班级稳定的、具有自身特色的集体精神风貌，是班集体形成的综合标志。班风具有教育功能、凝聚功能、约束功能、激励功能。良好的班风环境，一经形成，不易改变。它给班级同学提供了一套无形的，却强有力的价值观念和行为规范，有助于全班同学形成良好的生活、学习习惯，树立正确的人生观。“搞好班风，全班受益”说的就是这个道理。

良好的班风是良好教育环境的重要体现，其表现为：整个班级奋发向上，积极进取，有强烈的集体主义观念；班级学习目的明确，人人勤奋好学，互相帮助，严守纪律，团结友爱；课外活动内容充实，多姿多彩，学生的主动性、积极性、创造性和主人翁精神得到充分的发挥。优良的班风，只有在班级中大多数学生具有优良的思想、品质、作风时才能形成，而且这种班风反过来对形成、巩固和发展班集体，对教育班集体中的每一个成员会产生积极的作用。

班风是在班集体成长过程中逐渐形成的，是通过班级文化建设成长起来的，积极班风的建设一般要经过以下的过程：

1. 统一思想，达成共识

班主任要组织班级围绕什么是班级文化、为什么要建设班级文化、怎样建立班级文化、建立怎样的班级文化等问题展开讨论，通过讨论统一思想，形成共识。

2. 制定方案，全面启动

在充分讨论的基础上，班主任应根据班级的实际情况，制定班级文化建设方案。班级文化建设主要有三个层次，具体为精神、制度和环境。精神建设层面的载体主要有班歌、班训、班旗、班徽等；制度层面的载体主要有校规、校纪、班规和班级制度等；环境层面的载体主要有教室环境的布置、宿舍环境的布置、读书角活动、愿望树等。

3. 组织实施，逐步形成

随着班级文化活动的开展，学生逐步接受、明确班级的目标和要求，自觉规范自己的行为，增强集体主义观念，最后形成自己的习惯和价值取向，内化到内心深处，形成自己的素质。

第二节　组织班级活动

班级活动是集体形成和巩固的条件，也是学生素质形成和发展的基础。通过组织班级活动，可以锻炼学生的能力，培养学生的团队意识，增强班级集体的凝聚力，对培养学生的个人能力、协作精神、职业道德、社会责任感等有促进作用。班级活动形式主要有班务会议、主题班会、课外文体活动、班级生产实习活动、班级社会公益活动、社会调查、参观学习、各种节日庆祝活动，以及社团活动等。下面对组织主题班会、指导学生开展课外活动和参加社团活动予以介绍。

一、组织主题班会

主题班会是班级活动的主要形式之一，是根据学校德育教育的要求、班级存在的问题、社会热点等确立主题，广泛发动，以学生为主体进行主题教育的活动形式。班主任在主题班会中扮演主导角色，主要起策划、指导、督促、协调的作用。

成功的主题班会有如下主要特点：

第一，主题鲜明突出，针对性强，有吸引力。

第二，内容丰富，形式多样，生动活泼，学生喜闻乐见。

第三，符合学生的身心特征和认识规律，能激发学生参与的积极性，使多数学生愿意参加活动，群众性强。

第四，有教育性，有利于提高学生的思想品德，富于班级的特色和特点，能充分发挥班级中学生的兴趣爱好与特长，增进其智慧、才干等。

召开主题班会，通常要经过选定主题、设计酝酿、充分准备、实施深化等阶段。

1. 选定主题

选好主题是开好班会的前提。主题班会的主题好比一支曲子的基调，起到定音的作用。主题的选择要有前瞻性、时效性和针对性，要结合班级的具体实际。选题主要有以下几种依据：一是社会热点，二是技工教育特色和学校教育计划的要求，三是班级存在的问题等。

主题的要求是：一是能够激发学生的兴趣，内容丰富，具有思想性、知识性、趣味性，适于学生用多种方式表达；二是有深度，发人深省，耐人寻味。为此，班主任在设定主题时，应努力做到：广泛发动群众，在主题设计阶段就充分把班上学生的积极性调动起来，以达到培养学生创新能力和培养干部能力的目的。

2. 充分准备

准备越充分、细致，越能收到预期的效果。主题班会的准备，可分为精神准备和物质准备两个方面。精神准备主要是要调动班干部和每个学生的积极性，使每个学生都自觉投入与主题班会有关的各项准备工作中。物质准备主要是把主题班会要用的东西及时准备好。

3. 主题班会的实施

上述工作完成后，要鼓励大家全力以赴去实施。为了保证主题班会的效果，班主任在开会前要亲自或组织班干部全面检查主题班会各项准备工作的进展情况，发现不足之处尽快弥补；要讲究会场气氛，使主题班会的气氛能根据主题情节的要求布置，要事先下一番工夫，把会场环境设计、布置好，让学生一进入会场就能被主题班会的气氛感染。主题班会一般由学生主持，要选敢讲、能讲、敢指挥的学生担任主持人，不可找办事畏缩不前、吞吞吐吐的学生担任主持人。对主题班会中涉及的人和事，事先要仔细考虑。班主任要对主题班会进行画龙点睛的总结，正确引导、启发学生，使主题班会能更好地达到预期的教育目的。

案例 3.2

“成长与交往”主题班会

一、活动目的

1. 使学生认识到人生活在社会中必须与他人交往，这是人类群体生活所决定的。

2. 使学生明白自己交往的主要对象是老师、同学和家长。

3. 使学生掌握正确处理好与同学、老师和家长之间关系的技巧，注意提高自己的交往能力。

二、活动重点

着重启发学生提高交往的技巧，包括在家如何与父母相处，在校如何与老师、同学相处，在校外如何与他人相处。

三、活动形式

小品，讨论。

四、活动准备

1. 确定活动主持人，并认真做好主持的准备工作。

2. 编排小品剧。采取自愿报名的方式，编写好小品内容及表演形式，提前做好排练工作。

3. 请文笔好且擅长演讲的同学准备演讲稿及配乐演练。

五、活动过程

1. 主持人引出话题，主题班会开始。

2. 看画悟理。引出“人为什么要和他人交往”，请大家观看这样一幅画面（投影仪在屏幕上显示出一只孤雁无助地在空中飞翔），然后思考一下画中的含义是什么，请3～4位同学谈个人对画面的理解。

3. 主持人：“此画面说明孤雁难行。我们每个人如同大雁一样，离开了社会群体就会在生活、学习、工作，以及今后的事业等方面遇到许多难以克服的困难，甚至无法生存。”主持人随即引导同学们以亲身经历和身边发生的事例说明这个道理。

4. 经典事例介绍。学生甲、乙、丙分别用自己的亲身经历谈人际交往的重要性，以及通过人际交往取得的收获。

5. 表演小品剧。主持人将话题转入如何与父母、同学、老师交往，观看小品剧：

（1）《母女俩》

主要剧情：母亲生病，孩子不闻不问，只知道向母亲要钱。母亲对孩子进行教育，但是态度简单粗暴。孩子不接受，对母亲大加顶撞，狠狠地甩掉书包，离家而去。

（2）《考场上发生的事情》

主要剧情：考场上，学生甲有一道题目不会做，就偷看同桌学生乙的卷子，乙将卷子合上没有给甲看。考试结束后，甲指责乙，并用讽刺的语言挖苦乙。乙很恼火，认为自己的行为是对的，双方相互指责，闹得不可开交。

（3）《师生之间》

主要剧情：为了加强对班级的管理，班主任制定了严格的班规，导致A、B、C三个同学操行分不及格。三个同学心存成见，决定报复老师。他们故意晚归、无故外宿，违反校规校纪，结果使班级的成绩十分落后，班主任十分苦恼。

六、讨论分析

将班级分成几个小组，分组讨论：在小品剧《母女俩》中，女儿应该如何对待母亲的教育，对分歧该如何处理？在小品剧《考场上发生的事情》中，双方冲突的原因是什么？如何处理才不至于伤害彼此的友谊？在小品剧《师生之间》中，班主任该如何与这些学生进行有效沟通？

讨论后，请每个小组选代表发言。

七、班主任总结

点评活动的情况，总结同学们的观点，陈述自己的理解，引导同学们正确处理成长与人际交往。

案例 3.3

"尊重他人，传递温暖"主题班会[①]

随着学生身体发育的日益成熟，他们的个体意识也逐步增强。当学生过多地关注自我时，往往有意无意地忽视他人，忽视他人的感受甚至忽视他人的存在。本次班会旨在通过话题探讨引导学生意识到尊重他人就是在传递温暖，尊重他人就是尊重自己。

一、游戏导入

师：同学们，这节课我们先来玩个游戏轻松一下，大家都来展示一下自己的创作能力吧。这是一个好些年前发生在日本的故事，在一个除夕之夜……

（投影；故事接龙）

对于面馆来说，最忙的时候要算是大年夜了。北海亭面馆的这一天，也是从早就忙得不亦乐乎……“……唔……阳春面……一碗……可以吗?”那个女人怯生生地问。那两个小男孩躲在妈妈的身后，也怯生生地望着老板娘。

（《一碗阳春面》的开头部分）

师：大年三十，母子三个人就吃一碗阳春面！接下来故事会怎么发展呢？老板娘会怎么说呢？老板会怎么做呢？大家想想看……

① 李平凡. “尊重他人，传递温暖”主题班会案例. 广东教育，2008（3）

二、交流与思想

1. 续写故事

师：请几位同学说说接下来可能会发生的故事。

生1：除夕夜大家都很高兴，我想老板会说："你们三个吃一碗够不够啊？要不要加一点儿啊？"

师：嗯，老板是个好心人。现实生活中还会有哪些可能？

生2：老板可能会说："过一会儿我们就关门。"将他们拒之门外。

生3：老板和老板娘会接待他们，但会用鄙视的眼光看着他们："大过年的，也不给我个好兆，还三个人吃一碗！"

2. 深入讨论

师：如果你是那个老板或老板娘，你会怎么做？

生（大多数）：送两碗！

生4（斩钉截铁）：肯定再送他们两碗！

师：如果你是那个贫穷的顾客，你希望老板怎么接待自己？

生（议论，齐声）：我只要一碗。

生4：我只要一碗。

师：为什么？

生4：刚才我是从老板那个角度说的，怕他们吃不饱，因此，送他们两碗是出于对他们的关心。但如果我本身就是个很穷的人，我不希望别人拿同情的眼光来看待我，所以最好还是就给我一碗吧！

生（纷纷议论）：是啊，谁愿意被别人看不起啊。

3. 展示答案

师：现在让我们看看故事是怎样发展的。

（投影）

师：看完这个故事的结局，你有什么感受？

生：很温暖。

师：是啊，很温暖，不仅温暖了母子三人，温暖了你我这些读者，也温暖了当时处于萧条时期的一代日本人，这就是流传于日本的一个有名的温馨故事——《一碗阳春面》。

（教师简单介绍第二年与第三年除夕时面馆发生的动人的细节。）

4. 探寻意义

师：从这个故事大家得到了什么启示？

生：要保护他人的尊严，特别是弱者的尊严。

师：可是为什么我们会忽视弱者的尊严呢？

生5（沉思良久）：我们只知道不能鄙视、嘲笑弱者，现在才意识到施舍和同情的态度也是不对的，仍是居高临下，对他们不够尊重。

师：让我们换位来思考，你希望别人对你什么态度呢？

生（齐声）：尊重。

师：是的，我们要懂得打心底里尊重别人。我们对任何生命都应该怀有敬意！今天我为什么要举这个例子呢？因为对那些社会精英，我们会油然而生一种敬意，那是由对他们的欣赏与钦佩而产生的敬意，可是别忘了，对于那些生活中的弱者，我们更要怀着一份尊重——不是居高临下的怜悯与同情，而是平等的尊重——给予他们生活的温暖与力量。

（只有当学生对尊重这个话题有了深入思考，才可能对他们的品格完善与行为自省起到积极的作用。）

三、回顾与反思

师：在我们的生活中，是否发生过不尊重他人的事情或自己不受尊重的情况？

1. 学生举例

2. 小品表演

科代表（手拿一叠试卷）：发数学试卷了啊。同学们！

生甲（叹息）：好紧张啊，要发试卷了！

生乙（信心十足的）：有什么好紧张的啊！

科代表（走到甲跟前）：给你。

生甲扫了一眼分数，立即把分数捂住。

生乙（扯甲手中的试卷）：哎，你多少分？让我看一下，看一下！

甲乙正在拉扯，科代表走过来递试卷给乙：恭喜你，考得很好啊！

生乙（展开试卷，兴奋的）：啊！我90分！我90分！（得意地向周围同学扬扬自己的试卷）看到了吗？我90分！（又转向甲）你到底多少？（终于扯出了试卷，嘲笑）啊！你才60分？这么简单的题你才考60分？你脑袋进水啦？

教师引导学生讨论：你会对那位得90分的同学提出什么忠告?

生：我们要尊重他人的感受，尊重他人的隐私，应多给别人鼓励。

3. 教师举例

（1）前两天有位老师对我说，上课时发现有个同学在吃口香糖，她先看了那个同学一会儿，看得他不好意思地低下头，以为他不会再嚼了，就继续上课。没想到过一会儿看到那同学，他居然还在嚼！这个时候老师就叫他起来回答问题，一说话他就露馅了，只好乖乖地不嚼了，大家对这个同学有什么忠告?

生：要尊重他人，也要珍惜他人对你的尊重。

（2）我注意到，上周班长在做一周小结时也提到了一个现象，有的同学在别人发言的时候不认真听，有的还低声交谈，班长最后在批评时说了一句很有哲理的话，大家还记得吗?

生：尊重他人就是尊重自己。

（3）上次我们班与六班的女子篮球队对垒，在球场上有了一点点儿小摩擦，最后我们班输了，但是队员们不但没有抱怨气馁，反而给对方球员写了一封热情洋溢的信，赞扬她们高超的球技和高尚的体育精神。结果六班同学大为感动，还请我们队员去喝奶茶！你得到什么启示?

生：尊重他人的人必定会赢得他人的尊重。

4. 教师小结

现在大家应该明白，我们应该牢固树立尊重他人的意识，并真正做到尊重他人，这样，人与人之间的关系才会和谐美好。

（教师应营造一个深沉的反思氛围，促使学生审视自己的思想和行为。对于青春期敏感而又自尊的孩子来说，这种自省反思往往伴随着痛苦，是那种突然发现自己品质中的劣根性的不安和内疚。课堂上就有好几个学生回忆起曾对父母大呼小叫，曾嫌弃年迈的祖母，声音就不由地哽咽起来。）

四、讨论如何尊重他人

师：有时候并不是我们心里不尊重他人，而是我们不知道如何尊重他人。懂得怎样去尊重他人，不要让他人难堪，这是一种真诚的人文关怀。其实，尊重往往表现在一些细节上，比如着装、语言……

1. 学生分三组来制定“尊重细节”

在家里，尊重父母亲人需要注意什么？在学校，尊重老师同学与工友应该注意什么？走出校门，与社会上的陌生人相处需要注意什么？讨论10分钟，写成条目。

2. 讨论结果交流

第一组（如何尊重父母亲人）：出门和回家都要打招呼。跟父母说话要有礼貌，不要耍性子。看电视不要跟父母抢遥控器。不要嫌长辈唠叨，应该聆听长辈的嘱咐。自己过生日时记得留一定的时间和父母一起度过。做重要决定时应该认真考虑父母的意见……

第二组（如何尊重老师同学与工友）：见到老师同学和工友都要问好。要尊重老师的劳动，上课应认真。不要给别人起侮辱性的绰号。不要去打听他人的秘密。对同学要有包容心。遇到难事要学会换位思考……

第三组（如何尊重陌生人）：注意礼貌用语，“谢谢”“对不起”“没关系”应时刻挂在嘴边。遇到陌生人问路，不要不耐烦。看到路边乞丐在乞讨，若要给他钱，应先蹲下来，再把钱放好。看到长得丑陋的或有缺陷的人，不要指指点点……

五、教师总结

尊重他人就是尊重自己，一个集体往往就靠这种相互支撑的尊重，维系着成员之间的和谐与默契。尊重是一缕春风，可以驱除寒冬，带来花草的芬芳；尊重是一把火炬，能够照亮黑夜，给人前进的勇气。让我们在沐浴春风、享受光明的同时也尊重他人、传递温暖！

点评：以上两个案例完整地展示了主题班会的程序、内容和形式，其选题均是学生存在和关注的热点问题，符合技工院校学生的实际状况，具有较好的参考价值，为班主任设计主题班会提供了很好的参考。

二、指导学生课外活动

学生课外活动要以学生为主体，充分发挥学生的积极性、主动性。班主任在班级课外活动中只是起指导的作用，切不可越俎代庖。班主任在指导班级课外活动时应考虑这样几个因素：社会形势和学校工作的重点；班级专业特色；学生的兴趣、爱好、特长等。

一般来讲，班级需要开展以下活动：结合社会形势，开展社会实践活动；结合学校各项活动，开展班级文体活动；结合班级兴趣和特长，自行组织各项特色活动等。

在开展班级活动时，应要求学生写班级活动策划书，以培养同学们做事情的条理性、规范化，同时锻炼同学们的文字表达能力。策划书的编写因活动内容的不同而有所区别，但一般包括活动的时间、地点、参与人员、活动目的、重点、活动过程等。下面以一次班级团队活动为例介绍策划书的写法。

案例3.4

××高级技工学校高汽车0505班团队活动

活动时间：2008年5月25日。

活动地点：学校篮球场。

参与人员：高汽车0505班全体同学。

活动目的：认识自身潜能，增强自信心，改善自身形象；克服心理惰性，挑战自我，磨炼战胜困难的毅力，提高解决问题的能力；认识群体的作用，增进对集体的参与意识与责任心；改善人际关系，更为融洽地与群体合作。

活动形式：团队参与。

活动意义：通过本次活动的开展，能够有效地拓展班级同学的潜能，提升和强化个人心理素质，帮助同学建立高尚而有尊严的人格；同时让团队成员能更深刻地体验个人与班级之间、同学之间的相依关系，从而激发班级更高昂的学习热情和更强的团队凝聚力。

活动责任人及分工：班长总负责；生活委员负责活动物质的准备；学习委员负责人员的分组，将班分成四个小组，每组选出一名组长；组织委员负责选拔活动项目的负责人；宣传委员负责此次活动的宣传，要求在班内出墙报、在学校出海报；纪律委员负责整个活动的安全工作。

活动项目：翻叶子、有轨电车、百变过街、盲人方阵等。

活动器材：篮球（2个）、短绳（1米×24条）、带数字的纸板（12块）、布（4平方米×2块）、足球（1个）、塑料瓶（40个）、长绳（25米）、布条（1米×12条）、乒乓球拍（2副）、乒乓球（4个）、大气球（1袋）、小气球（2袋）、桌子（1张）、海绵垫（2个）、扑克（1盒）、铃铛（2个）。

预算经费：150元。

活动程序：

（1）班主任讲话，阐述开展此次活动的目的和意义；

（2）团队展示，各团队展示自己的形象和口号；

（3）活动开展，各团队参加各项目的比赛；

（4）活动分享，各团队分享此次活动的收获和体验；

（5）班主任总结，总结各队的收获和体会，提出自己的理解和认识；

（6）活动结束。

××高级技工学校高汽车0505班委会

2008年5月10日

点评：该案例是一份比较规范的活动策划书，内容翔实。案例选取班级团队活动作为主题，题材新颖。

三、指导学生参加社团活动

技工教育阶段有别于初、高中阶段的教育，由于教育对象毕业后将直接走向社会，所以，学生在校期间要完成两方面的储备，一是专业知识和技能的学习，二是自身素质和能力的提升，而参加学校社团活动是增长知识和提升自身能力的重要途径。目前，技工院校校园文化健康和谐，各种学生社团林立，总体可以将社团分为三类。一是以学生“自我管理、自我教育、自我服务”即“三自”教育为主的社团，如学生会、纪检队、学生工作助理等，其职能主要是参与学校学生管理、活跃校园文化、推动校园精神文明建设；二是以学生兴趣、爱好为导向的社团，如文学社、书画协会、跆拳道协会、创业协会等，其主要职能是发展学生的兴趣和专长，从而为校园文化建设服务；三是与学生所学专业结合的专业社团，其主要职能是增强学生的专业兴趣，培养学生的创新精神和创新能力。班主任指导学生参加社团活动主要参照以下几点：

1. 学生的自身素质和能力。学生会、纪检队等社团对学生有较高的要求，一般要经过申请报名、面试、试用等几个阶段，对学生的素质有一定的要求。

2. 学生自身的兴趣和专长。文学社、书画协会等性质的社团要求学生有相应的专长或者兴趣，以求共同切磋和进步。

3. 学生的学习成绩。学习是学生的根本，参加社团活动要充分考虑学生的学习成绩，万不可因为参加社团活动影响了学习，本末倒置。同时，班主任要指导学生正确处理学习和工作的关系，既要学习好，又要工作好。

4. 指导学生建立社团制度，经常了解学生社团活动情况，引导学生社团健康发展。

第三节　班主任常规工作

班级工作是学校工作重要的一环，班主任既要为学生负责，也要为学校负责。对学生而言，班主任是学校规章制度的化身和代表；对学校而言，班主任是规章制度的宣传者和执行者。做好班主任常规工作是班级工作规范、有序、协调进行的有力保证。班主任常规工作主要包括周常规工作、月常规工作和学期常规工作。

一、周常规工作

周常规工作是指班主任每周需要完成的常规工作。在具体实施中，需要根据学校的具体要求和班级的实际状况开展工作。一般情况下，每周有以下的常规工作：

1. 组织全体学生集体参加升旗仪式或集会。班主任要组织好本班的全体学生参加，班主任自己也要出席升旗仪式，并做好签到工作。

2. 主持班会课，并写好班会课记录表及时交学生处（科）。班会课主要内容包括：综合讲评一周情况，包括学生考勤情况、违纪情况、作息情况、卫生情况等，肯定成绩，表扬先进，指出存在的问题，明确努力的方向；传达学校的有关规定和精神，按照学校的要求布置各项工作；了解学生思想状况和存在问题，疏导学生思想，对学生开展思想政治工作，问题较大的应及时向学生处（科）汇报。

3. 组织好每周教室、寝室和包干区的卫生工作。

4. 每周检查2～4次本班学生宿舍就寝情况，本班的宿舍、课室、包干区的卫生情况，以及学生上课的纪律。

5. 组织好每周的班、团活动，指导本班班委会和团支部开展工作。

6. 负责学生1天之内病、事假的审批，超过1天的，报学生处（科）审批。学生半天无故缺席的，应及时了解情况。学生无故缺席1天以上的，应按照学校的《学生管理手册》与学生家长取得联系，并做好处理和上报工作。

7. 关心学生的学习、生活、思想状况，多与学生谈心，了解学生的思想，有针对性地做好学生的思想政治工作。

二、月常规工作

月常规工作是班主任在周常规工作的基础上，每月需要完成的工作。大部分工作是在月末时完成的，是对 1 个月班级情况和班主任工作情况的总结和检查，所以需要班主任认真做好。

1. 每月召开一次班、团学生干部工作会议。听取班、团干部工作汇报，了解班级情况，了解学生干部在工作中存在的问题和困难，指导学生干部开展工作，培养学生的自我管理能力。

2. 学校每月对班级进行综合考评，班主任每月要对班级的考评情况进行分析和总结，指出班级存在的问题，明确下一步努力的方向，采取切实可行的措施。

3. 依据《学生管理手册》和班级制定的《班级管理规定》，对每个学生的操行分进行考核，及时公布。对操行分不及格的同学，要及时进行谈心，帮助他们找出原因，鼓励他们努力改进。

4. 每月有计划地进行家庭联系，并做好记录，与家长共同商量解决对后进生教育的问题。对后进生要制订帮教计划，做好跟进、考察工作，关心、爱护他们，促其转化。

5. 按时参加班主任例会，汇报交流本班学生的思想状况，研究解决学生存在的问题；及时向学生传达学校的有关要求。

6. 按时上交《班主任工作日志》。

7. 积极主动参加学校和班级组织的各项活动。在各项活动（尤其是校外活动）中，要树立安全意识，确保学生的人身安全。

三、学期常规工作

在每学期初和学期结束时，有一些常规工作是班主任必须完成的。

1. 学期初常规工作

（1）熟悉学生姓名，了解学生年龄、住址及家长的姓名、工作单位，了解学生学习基础、健康状况以及爱好、特长等基本情况，认真做好记载并填写《学籍登记表》。

（2）做好学生报到、注册工作，并检查、回收上学期布置的各项作业，如家长满意度调查表、假期实践报告等。

（3）做好本班学费的收缴工作。对未能按时交纳学费的学生，要及时与家长取得联系，了解情况，做好学费的催缴工作。

（4）做好宿舍安排以及课室管理工作，完成班级环境布置和卫生扫除工作。

（5）在开学一周内，对本班学生的思想认识、行为表现、生活状况、家庭环境、学习基础、身体健康进行初步摸底，并根据本班学生实际，制订《班主任工作计划》和《班级工作计划》，确定奋斗目标。

（6）新生班的班主任，还要做好以下工作：配合学校做好新生军训工作，配合学校做好新生的入学教育和专业教育，办理学生胸卡、学生证，编排学生名册，选拔配备临时班委和宿舍长，公布学校的有关管理规定等。

2. 学期末常规工作

（1）组织学生做好期末考试工作，做好考风考纪的宣传工作。

（2）每学期对学生进行思想品德考核，填写“操行评定报告书”，汇总分析本班学生操行情况；在《学生学籍档案》（一式两份）上填写学期操行评语和操行评定等级（操行评语写法见本节链接3.1和案例3.5），对于操行评定不及格的学生，要上报学生处（科），并通知家长。

（3）认真写好班主任工作总结，按时将《班主任工作总结》《班主任工作日志》和《学生操行评定汇总》交学生处（科）。

（4）做好学期末“给家长一封信”的工作，内容包括操行评定报告书、成绩报告单、下学期开学通知和收费通知。同时将学生的其他情况以及班主任需要家长配合的事项告知家长。

（5）做好本班的学期总结，公布本班学费，清点班级财产，并与总务处做好交接工作。离校前清扫本班课室、宿舍和包干区卫生。

（6）布置好假期工作，对学生进行假期遵纪守法和安全教育。

四、学生实习期间的常规工作

技工学校在第三学年下学期一般都会组织学生到企业实习。这种实习是以就业为导向的，实习结束表现良好的学生，一般会有成为企业的正式员工的机会。

这个阶段，学生由学校和企业双重管理，要求班主任做好以下常规工作：

1. 做好暂未推荐下厂学生的管理和思想工作，稳定学生思想，引导学生树立正确的就业观。配合学校就业部门，组织学生报名、面试，为就业部门提供学生的相关信息。

2. 对于已下厂实习的学生，要以企业为单位建立“实习期间工作小组”，指定组长，通过组长定期了解学生在企业实习的状况。

3. 对于已下厂实习的学生，在有条件的情况下，班主任要到企业了解学生的思想状况及实习安全、出勤纪律等情况，继续对学生进行职业安全、职业道德、纪律责任的教育。

4. 做好学生实习期间的实习鉴定和毕业鉴定（毕业鉴定的写法见本节链接3.2和案例3.6）、学生毕业证信息的采集、学生档案的整理、毕业生离校的相关手续。

链接3.1

学生操行评语的撰写

班主任给学生写评语、家庭报告书，涉及如何评价学生的问题。班主任对学生进行评价要写出个人特色，多用激励性的语言，以激励为主，兼顾不足，对学生的评价应因人而异，要人性化、个性化，不可千篇一律。要写出学生的特点，让学生觉得班主任是了解自己、关心自己的，通过真诚与生动的评价语言拉近班主任与学生之间的距离，给学生以鼓励和力量。

案例3.5

学生李某，家庭条件良好，非常聪明好学。由于高考失利，被动选择了一所高级技工学校就读。虽然选择了一条技能型人才发展的道路，但是李某从心里向往大学生活，不能接受技工学校的老师、同学、环境等，所以无心学业，经常夜出上网，对学校的纪律和老师的管理以及班集体漠然置之，没有人生的方向和目标。李某的班主任针对他的情况，写了如下操行评语。

评语：你是一位很有个性的同学，聪明能干。平时看上去酷酷的你，有一颗积极上进的心。由于一时的不如意，看得出你有一些悲观的情绪，以致影响了你的学习和生活。但我们毕竟还是要向前走，不能一直生活在过去，走过去，会有一片蓝天在等着你。送你泰戈尔的一句话：如果你因为错过太阳而哭泣，那么你也将错过星星了。

链接3.2

毕业鉴定的撰写

学生毕业时，班主任要在《学籍档案》和《毕业生推荐表》上为学生写毕业鉴定。毕业鉴定是班主任对学生在学期间全面的评定，是对学生校园生活的全面总结。班主任写鉴定一般从学习、生活、思想、工作等方面进行，要写出学生的特点和个人特色，反映出学生的个性、特长和能力。

撰写毕业鉴定一般采取以下的步骤。

(1) 动员部署：班主任对毕业鉴定工作进行动员和部署，明确做好毕业鉴定的目的、意义、内容和要求。

(2) 个人自我总结：要求学生按照毕业鉴定的内容和要求对自己在学期间德、智、体、能等方面进行认真、全面的总结，写出书面总结报告，归纳自己的优点和缺点。

(3) 学生互评：班委召开专门评议会议，每位学生在评议会上对本人表现做出全面汇报后，同学互相评议，提出意见和建议，找出缺点和不足，明确今后的努力方向。

(4) 班主任鉴定：班主任根据学生个人实际情况和学生互评的意见，结合任课教师意见，用简明扼要的文字，综合概括出每位学生的主要优缺点，对学生做出客观全面的评价，写出鉴定意见。

案例3.6

鉴定意见：李小鹏同学思想上积极追求进步，曾参加学校业余党校的学习；

学习成绩优异，两次获得理论成绩和技能考核优秀，获得一等奖学金；工作踏实认真、精益求精；担任班级劳动委员职务，出色地完成了自己的本职工作。该生具有良好的组织管理能力和较强的责任心，爱好广泛，性格开朗，具有篮球、音乐等特长。望今后注重对自己语言表达能力的培养，全面提升自己的综合素质。

链接 3.3

基础教育对学生评价的具体要求①

基础教育课程改革纲要指出："评价不仅要关注学生的学业成绩，而且要发现和发展学生多方面的潜能，了解学生发展中的需求，帮助学生认识自我，建立自信。发挥评价的教育功能，促进学生在原有水平上的发展。"新课程评价不仅仅是评价体系的变革，更重要的是评价理念、评价对象、评价方法与手段等方面的转变。

1. 评价理念：重视发展性，关注学生整体素质

从传授知识为主转向注重培养学生积极的学习态度、创新意识、实践能力，以及健康的身心品质等。评价的功能不再是为了选拔和甄别，不是"选择适合教育的学生"，而是通过评价的诊断和激励作用，关注学生的成长与进步，帮助学生找出发展中的问题，提出改进建议，从而"创造适合学生的教育"。

2. 评价标准：关注整体发展的多维标准

承认学生发展水平的差异性，强调用多种标准评价学生，使得每个学生都能在不同的水平和位置上体会到进步与收获。

3. 评价重心：从结果转向过程

先对被评价对象现有发展水平做诊断性评价，然后在学生学习过程中随时进行多维评价，包括学习方法、态度等，通过学生在实际情境中应用知识的活动、作品、笔记、设计等第一手资料，来评价学生的发展过程及其成果。同时结合学生自我评价与学生之间的相互评价做好形成性评价，最终在此基础上对被评价对象的各方面发展做一个终结性的评价。

---

① 《基础教育课程改革纲要（试行）》，2001年6月8日教育部印发。

4. 评价方法：多样性，尤其强调质性评价

改变传统的量化评价方法，采用质性评价（如成长记录袋、学习日记、情景测验等），全面考察学生的综合素质，对学生的学习和发展进行全面评价。

5. 评价主体：走向多元

评价主体多元化，强调教师、学生、家长、管理者、社区甚至专业研究人员在评价中共同参与的交互评价模式，尤其强调被评价者对评价过程的主动参与，关注被评价者的地位和感受。

第四节　开展职业指导

职业教育就是就业教育，对学生进行职业指导，帮助学生顺利就业是班主任的重要工作。职业指导，就是使学生主动瞄准未来职业对人才素质的要求，积极地完成专业学习任务，并学会依据社会、自身条件与需求选择职业，最大限度地实现“人与职业的合理匹配”。由于技工学校学生年龄偏小，对社会的认识比较肤浅，所以班主任配合相关老师对学生进行职业生涯设计指导、就业指导和创业指导是十分必要的。

一、职业生涯规划设计

职业生涯规划是指一个人对其一生中所从事的职业和职务相继历程的预期和计划，以及实现的路径和措施。职业生涯规划并不是一个单纯的概念，而是学生确立的职业理想，它和个体所处的家庭、组织及社会存在密切的关系。随着个体价值观、家庭环境、工作环境和社会环境的变化，每个人的职业期望都会有或大或小的变化，因此，职业生涯规划又是一个动态变化的过程。一个完整的职业生涯规划应以人为本，充分体现设计者在做人、求知、做事、生存与发展方面的愿望与追求。因此，职业生涯设计要将目标和现实结合起来，确定自己想要的是什么，即确立自己的职业目标；清楚认识自己能做什么，适合做什么，即自己的职业素质和职业取向；找出一条行之有效的途径去实现它。

图3—1是职业生涯规划图。图中：（1）一个良好的目标；（2）清楚了解自

己现在的情况；（3）需驱除的障碍；（4）需添加的能力和资源；（5）找出一条行之有效的途径去实现目标。

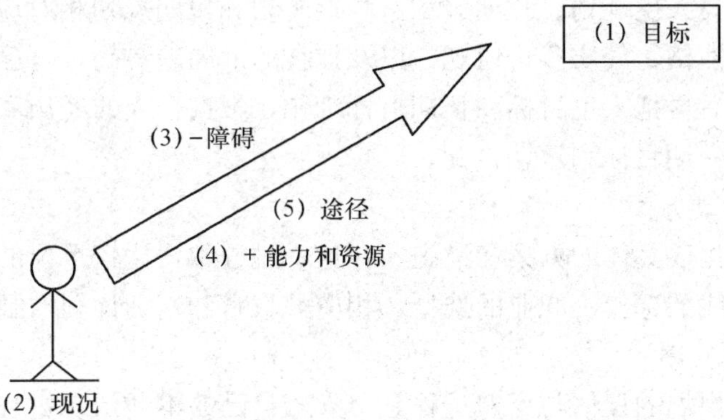

图 3—1 职业生涯规划图

技校学生由于职业起点要从基层做起，所以在帮助他们制定职业生涯设计方案时，班主任要指导他们根据自身条件和社会环境提供的可能性，设计个人职业发展方案。对于他们来说，制定“一次设计，分步实施”的职业生涯规划，也许更实际一些。职业生涯的设计的主要内容包括：

1. 自我评估

主要包括对个人需求、能力、兴趣、性格、气质等的分析，以确定什么样的职业比较适合自己和自己具备哪些能力。自我评估的内容有助于解决职业生涯设计中的一些问题：

个人需求：你想做什么？

能力（知识和结构）：你能做什么？

兴趣、性格和气质：你适合做什么？

2. 组织与社会环境分析

短期的规划比较注重组织环境的分析，长期的规划要更多地注重社会环境的分析。环境分析主要解决“社会允许你做什么？”的问题。

3. 生涯机会评估

生涯机会的评估包括对长期机会和短期机会的评估。通过对社会环境的分析，结合本人的具体情况，评估有哪些长期的发展机会；通过对组织环境的分析，评估组织内有哪些短期的发展机会。

4. 生涯目标确定

职业生涯目标的确定包括人生目标、长期目标、中期目标和短期目标的确定，它们分别与人生规划、长期规划、中期规划和短期规划相对应。首先要根据个人的专业、性格、气质和价值观，以及社会的发展趋势确定自己的人生目标和长期目标，然后再把人生目标和长期目标细化，根据个人的经历和所处的组织环境制定相应的中期目标和短期目标。

5. 制定行动方案

把目标转化成具体的方案和措施。在这一过程中，比较重要的行动方案有职业生涯发展路线的选择、职业的选择，相应的教育和培训计划的制订。

6. 评估与反馈

职业生涯规划的评估与反馈过程是个人对自己的不断认识过程，也是对社会的不断认识过程，是使职业生涯规划更加有效的手段。

二、就业指导

早在1908年，美国职业指导的代表人物帕森斯在其著作《职业选择》一书中就指出，明智的职业选择有三个主要的因素：一是清楚地了解自己，了解自己的态度、能力、兴趣、志向、限制及其原因；二是了解社会各种职业所需要的知识、各种职业中成功的必备条件、各种职业的利弊、报酬以及晋升的机会；三是对上述两个方面做出明智的思考。技工院校就业指导亦应该从此入手，帮助学生了解社会和职业，树立正确的择业观；帮助学生了解自己，确立自己的职业目标；培训学生掌握必要的面试礼仪和技巧。

1. 先就业、后择业，先生存、后发展，树立正确的就业观

帮助学生认清当前的就业形势，引导同学们树立为经济社会发展需求服务的观念，树立先就业、后择业，先生存、后发展的就业思想。由于缺乏工作经验和知识储备不足，技工院校学生走向社会要从最基层的岗位做起，只有踏踏实实从基层做起，不怕苦和累、扎实工作、勇挑担子、善于学习、不断积累经验和储备知识，才能有所发展。班主任要做好学生的观念转变工作，要使他们既对未来充满信心，又能脚踏实地面对现实。要使学生对社会的职业状况有一个比较全面的了解，了解产业、行业、职业的历史、现状以及发展趋势，了解产业、行业、职业对人员共同的基本要求和不同的具体要求；要帮助学生了解不同专业所对应的

职业群，了解这些职业的工作性质、工作环境、工作条件、待遇及其从业人员的发展前途，了解这些职业对从业人员的素质要求等方面的条件。只有通过对社会和行业的了解，技工院校学生才能够建立正确的就业观。

2. 确立职业目标

技工院校学生要根据自己的个性特点、能力倾向，明智地选择职业，就要对自己有一个客观、正确的评价。帮助学生了解自己，是就业指导的基础。

首先，帮助学生全面认识自己的生理和心理特点。生理特点主要包括性别、身高、体重、体质、相貌等，认识生理特点主要是认清自己存在的职业限制（自己不适宜从事的工作）。心理特点主要包括兴趣、能力、气质和性格、道德品质等，认识心理特点主要是认清自己的职业取向、职业目标。其次，帮助学生认识自己的身心特点、学识能力与未来职业需要之间的差距，积极鼓励学生朝着未来职业要求的素质标准，发展自己、完善自己，形成竞争力，最终实现自己的职业理想。

3. 开展职业道德教育

职业道德是指人在所从事的工作岗位中应遵循的道德规范和应具有的道德品质。职业道德建设的主要内容包括职业理想、职业态度、职业责任心、职业良心、职业技能、职业纪律、职业荣誉感等。对技校生进行职业道德教育的重点是职业精神的培养，即敬业、爱岗、执著。技校生要想在工作岗位上有所作为，不仅要埋头苦干、任劳任怨，更要依赖于对事业的不断追求和执著的爱，对工作恭敬严谨、尽职尽责的精神和态度，以及兢兢业业、一丝不苟的职业行为。

4. 帮助学生掌握必要的面试礼仪和技巧

面试技巧和礼仪主要包括自我形象设计、沟通的技巧、个人简历和求职信的写作技巧、面试答疑技巧等。对学生礼仪和技巧的培训侧重于面试的准备、如何回答面试中遇到的问题、面试中的礼仪、沟通的效果等。因此，学生参加面试前，班主任应尽可能与学生交谈一次，目的是给学生减压，增强信心，提醒学生应注意的礼仪、与人交谈和回答问题的技巧、带齐所需资料，让学生能更充分地展示自己的形象和才能。

5. 做好学生就业后的跟踪服务

学生到企业工作后，由学生到一名劳动者的角色转换需要一个过程，常出现的问题有劳动强度的不适应、心理负荷的不适应、人际关系的不适应、劳动技巧的不适应。所以，班主任要提前对学生加强吃苦耐劳的劳动观念教育、为人处世的能力教育等，使学生有充分的心理准备。同时，班主任要对走向社会后的学生进行跟踪服务，为学生提供长期的就业援助，以达到“促进学生就业，帮助学生就业稳定，帮助学生实现职业生涯发展”的最终目标。

就业指导应向职业指导转变。目前的就业指导一般都是职介式（帮助学生找工作）和传授式（泛泛讲授就业形势、就业政策和技巧）的，而职业指导可包括就业指导培训、职业技能培训与鉴定、职业咨询等，其最终目的在于让学生能正确认识自己，明确职业定位，掌握某一领域技能，找到与自己个性、职业兴趣相匹配的工作，发掘自己潜能，实现自己的职业目标。因此，除班主任自身努力外，应联合其他人员共同努力。

第五节　开展创业教育

创业是经济社会发展的需求，是一种新的就业形式，它不仅可以解决就业问题，更能够体现创业者自身的价值。创业是一种自强、自立的精神，是一种追求、一种实实在在的行动。当今，创业的环境越来越成熟，创业已成为社会发展的一种趋势。班主任要对学生进行创业教育，鼓励、帮助学生走创业就业的路子。在创业教育中，应以创业意识为动力、创业心理为条件、创业能力为核心。

一、技工学校开展创业教育的必要性和可行性

1. 技工学校开展创业教育的必要性

（1）政策的需要。《教育部关于进一步深化中等职业教育教学改革的若干意见》（教职成〔2008〕8号）明确提出：改革教学内容、教学方法，增强学生就业和创业能力。要在职业生涯教育和职业指导中加强创业教育，突出对学生创业精神、创业意识和创业实践能力的培养。学校应开设创业教育和创业实训相关课程。要通过案例剖析、知识讲座、企业家现身说法、宣传中等职业学校学生创业事迹等多种方式，增强创业教育的针对性和实用性。要加强创业教育师资的培养和配备，提高创业教育水平。

（2）现实的需要。中国职业技术教育学会会长王明达在中国职业技术教育学

会2006年学术年会闭幕式上提出，“国外职业学校毕业生自己创业的比例达到30%，而我国的数字还不到1%，差距很大，职业学校要特别加强创业教育”。王明达表示，创业其实就是更广泛的就业。职业学校的毕业生即使有10%或者5%的创业，也就有50万人创业，一个人带动几个人，就增加了上百万个就业机会。另据2009年《社会蓝皮书》显示，我国大学生创业比例只有1.2%，而广东作为第一经济大省，大学生创业比例不到0.4%，这也从侧面反映了广东教育领域对创业教育的缺乏。可见，在职业学校加强创业教育已经成为政府、社会和学校的共识，意义重大。

（3）职业教育自身的需要。技工学校，尤其是高级技工学校都将培养高技能人才为己任。国务院《关于进一步加强人才工作的决定》明确指出：工人队伍中的高技能人才，是推动技术创新和实现科技成果转化不可缺少的重要力量。高技能型人才具有创新意识和创新思维，可以推动科技成果向现实生产力的转化。因此，培养高技能型人才的前提是培养其创新能力，使其具有强烈的创新精神。创业教育以培养学生的创新能力、创业精神为主旨，符合党和国家对高技能人才培养的要求，与技工学校培养目标一脉相承。

（4）就业的需要。目前，就业的任务仍然十分艰巨，关系国计民生和千家万户。而创业是一种积极的创造性的就业模式，不仅可以解决创业者自身的就业，更能带动其他人的就业。通过创业带动就业，是社会和经济发展的必然趋势。

2. 技工学校开展创业教育的可行性

（1）学生创业意识逐步增强。近年来，技工教育得到突飞猛进的发展。在此发展过程中，越来越多的高中毕业生进入技工学校高技班学习。他们不再将自己封闭在学校里，思想比较成熟，关注社会发展和信息交流，创业意识强。

（2）学校条件日益成熟。目前，技工学校越来越重视创业教育的开展，培育创新型人才，以创业带动就业已成为技工教育新的关注点。许多学校已经在师资储备、教材编撰、创业模式等领域开展探索，进行创业教育的条件日益成熟。

（3）党和教育部门的引导和支持力度加大。政府、社会等从多个层面鼓励学生创业，为技工院校学生创业营造了良好的外部环境。“十七大”更是提出了全民创业的理念。胡锦涛总书记提出：实施扩大就业的发展战略，促进以创业带动就业。

链接 3.4

《广东省人民政府办公厅关于鼓励创业带动就业工作的意见》指出：鼓励大中专和技校毕业生创业。除国家限制的行业外，大中专和技校毕业生毕业两年内从事个体经营的，自其在工商部门首次注册登记之日起3年内，免交登记类、证照类和管理类等行政事业性收费。政府及其部门所属的人力资源公共服务机构要为创业大中专和技校毕业生提供劳动保障（人事）事务代理，并免收两年代理费。

（4）不少技校毕业生已经成功创业。

案例 3.7

致力通信　众志成城

——记志众通信工程公司董事长、韶关高技毕业生张志林[①]

一、欣然读技校

张志林，广东惠州市人。1984年7月，张志林在红岭矿高中毕业后，毫不犹豫地报考了技工学校。经考试合格，被录取在韶关市高级技工学校钳工专业读书。3年的技校生活很快就过去了。1987年8月，张志林拿到了韶关市技工学校毕业证，被分配到韶关市的一间国有无线电厂机修车间工作，迈出了他到更广阔空间施展才华的第一步。

二、独闯珠三角

一天，早到车间上班的张志林，从车间主任的办公桌上拿起了一张《南方日报》，一组“改革开放顺德人”的标题吸引了他。这篇文字不多的报道，简述了顺德大量吸引外资、招揽人才、开发新产品的情况。报道的事迹开启了张志林心灵的窗户，激发了他“广阔空间闯世界”的愿望。

---

① 张明德主编. 技能人才创业精萃（1）. 广州：中山大学出版社，2002

张志林来到顺德特种变压器厂应聘，凭着技校所学的专业技能和理论知识，他面试成功了，成为该厂安装车间的一名技工。张志林意识到自己只是技校毕业，学历不高，只有老老实实做人，勤勤恳恳做事，才能取得厂领导和老师傅的信任，他给自己立下一条规矩：每天上班必须提前10分钟到车间，少说话，多干事，苦活累活不要嫌弃。

汗水不是白流的。3个月后，厂里提升他担任总装班的班长。

三、勇当推销员

20世纪90年代初，厂里变压器产量大增，但社会上对特种变压器还不够了解，产品一度积压。于是，他辞去班长职务，主动请缨，当上了产品销售员。他走南闯北不辞劳苦，连续3年创造了销售量、货款回收率最好的成绩，得到了厂领导的信任，被提升为厂部销售经理，还得了不少提成奖。他初次尝到了成功的喜悦。

四、自己办公司

1996年初，张志林看到当时中国电信行业突飞猛进的发展势头：仅仅几年时间，电信控制从步进制、纵横制发展到模拟数字程控交换控制，通信业中的技术、设备状况都发生了巨大变化，早期投资建设的电信设备需要改造和更新。

经过一番努力，他摸清了市场底细，断定了“前景看好”。

“干！”张志林看准了市场，瞄准了时机，并说服兄弟、朋友一起筹集资金，连父母亲也被动员了。一时间大家都毫不犹豫地拿出了自己多年的积蓄。“顺德市志众通信工程有限公司”的招牌挂上了！张志林实现了自己当老板的愿望，迈出了他发展实业的步伐。

张志林经常对员工说：“我们是‘志众’公司，志众者众志成城也。‘三人’为‘众’，‘二人’为‘从’，‘一人’虽是‘人’，却是孤家寡人。所以我们要以诚为本，‘诚招天下客，信铸金字牌’。只有众人一条心，黄土才能变成金，这就是‘志众’。”志众通信工程公司的发展，印证了张志林在创业初始的预见，公司发展势头很好，先后在深圳、广州、珠海等大城市承接了大型电信工程。

规模初具，更待发展。公司要发展，人才是关键。张志林深知人才是企业的资本，便利用顺德市经济发达、意识超前、人才济济的优势，招贤纳士，集聚人力资源。几年内先后吸引了20多名本科毕业生，并多次回到母校招收技工毕业生，不断充实员工队伍。目前，公司拥有70多名具有丰富实践经验的优秀通信工程设计人员、工程施工人员、工程售后服务人员，形成了完整的经营体系和可持续发展的实力优势。

点评：技工院校学生创业受到资金、资源和渠道的制约，该案例创业者的经历为技工院校学生创业提供了参考。即先就业、后立业，先生存、后发展，在工作中积攒力量，积累资源，最终成功创业。

二、创业者需要具备的能力

1. 敏锐的观察能力和预测能力

对创业者而言，要能够审视周围的环境，在平凡的事物中捕捉到不易为人注意的机会，并且根据现实的情况推测未来发展的趋势，发现别人没有发现的机会，从而为创业抢占先机。

2. 获取信息和加工信息能力

现代社会充斥着各种信息，谁掌握的信息多，谁拥有的机会就多，这就要求创业者要具有获取信息的能力，并且能从浩如烟海的信息中检索出对自己有用的信息。

3. 善于合作的社交能力

创业绝不是仅靠一个人就可以完成的，创业的过程就是人与社会、人与人互动的过程。所以创业者要善于与人合作，善于听取别人的意见，才能与企业和员工一道向前发展。

4. 创新能力

创新是企业的灵魂，是运用自己的知识和信息打破常规、创造新事物的过程。企业的生存发展、经营环境的不断变化、市场竞争的加剧等因素都要求创业者要具备创新的能力，墨守成规会导致创业的失败。

5. 管理能力

学习和掌握科学管理方法，创业者要善于把制度管理和人本管理有机地结合起来。

创业者除了要具备以上的基本能力以外，还要具备一些特殊的能力，包括顽强的毅力、控制情绪的能力、旺盛的精力、吃苦耐劳的精神、对经营企业的浓厚兴趣等。

三、创业指导的主要内容

班主任对学生进行创业指导，主要包括以下内容：

1. 帮助学生转变就业观念，树立创业意识。

2. 指导学生进行创业素质和创业能力的自我评估，帮助学生分析创业面临的挑战和机遇。

3. 向学生介绍企业的主要类型，如贸易企业、制造企业、服务企业、农林渔牧业企业等，以及各类企业创业成功的关键因素和注意事项。

4. 帮助学生掌握市场调查、评估创业市场的基本方法，如收集和分析顾客和竞争对手的信息、制订市场营销计划等。

5. 引导学生学习相关法律知识，树立法制观念，了解企业的法律形态、法律环境和责任，包括让学生了解个体工商户、个人独资企业、合伙企业、有限责任公司、股份合作制企业等各种企业形态成立的条件和承担的责任，了解创业涉及的法律、法规，如企业法、民法通则、合同法、劳动法，以及要依法进行工商行政登记、依法纳税等。

6. 指导学生预测启动资金和制订利润计划，让学生了解资金筹措、管理和使用的基本原则。懂得启动资金，包括流动资金和固定资产投资、筹资的主要渠道和方法。懂得制定产品价格的方法，如成本导向法、市场导向法、顾客心理导向法等。

7. 帮助学生掌握《创业计划书》的撰写方法。创业计划书主要内容包括企业概要、企业构思、市场评估、企业组织、企业财务、附件等。

总之，创业是一项富有挑战性的事业，需要创业者具有诚实守信、坚忍不拔、积极向上的品质，具备管理、法律、经济等各方面的知识，具有良好的素质和开拓精神。班主任要引导学生树立创业的意识，提高创业的能力，更要做好面对困难的准备。

四、创业计划书编写方法

1. 创业者和创业计划

（1）创业者简介。重点介绍创业者的业务专长和已取得的业绩。

（2）创业机会概述。对产品（服务）和市场机会进行简要描述。

（3）创业计划。包括创业规模、赢利模式、运作机制等。

（4）创业目标。

2. 市场分析

（1）市场现状综述。详细描述顾客、市场的现实需求，市场的容量和成长潜力，市场的细分及其特征。

（2）市场发展趋势。详细分析市场发展趋势，各影响因素及其对市场的具体影响。

（3）竞争分析。详细分析所有现实和可能的竞争对手的情况，包括他们的产品、销售额、市场份额、经济实力，以及各自优势与劣势。

（4）市场定位。详细说明本产品（服务）的目标顾客、目标市场和市场竞争力，可能的市场地位和市场份额。

以上内容应说明资料来源与选择的预测方法。

3. 产品（服务）

对产品（服务）介绍，主要包括产品（服务）的技术原理、技术水平、新颖性和独特性，主要用途和应用范围，经济寿命和所处阶段，未来发展预测等。另外，应介绍产品（服务）的市场保护措施、产品（服务）研发计划，以及产品（服务）生产计划。上述内容应注明资料及信息来源。

4. 市场营销

包括营销方式和渠道、营销队伍、促销计划，以及价格策略。

5. 财务计划

主要是对创业前三年的财务情况进行预测、分析。包括资金需求和使用、预计销售收入和经济效益，以及财务分析，包括对投资额、经营成本和销售收入发生变动的影响分析。

6. 风险与对策

包括技术风险、市场风险、管理风险、环境风险及相应对策。

7. 创业团队

（1）主要成员。重点介绍成员经历和背景、能力与专长、拟任职务。要注意分工和互补。

（2）组织结构。包括企业的组织结构图、部门的功能、作用与职责，部门的负责人及主要成员。

（3）欠缺与对策。

思考与练习

1. 作为班主任，你在班级建设的过程中采取了哪些措施？有哪些经验和心得？

2. 作为班主任，请你总结曾经组织、开展过的班级活动对班级集体建设起了什么作用，以及对学生个人的进步起了什么作用。

3. 请结合你班的实际情况，制定班级管理制度。

4. 目前，许多技工学校学生对创业教育不感兴趣，他们认为读技校的目的就是为了找份工作，创业距离他们很遥远，请问该如何对他们进行创业教育？

第四章

班主任工作的基本方法与技巧

第一节　了解与研究学生的基本方法
第二节　开展班级工作的基本方法
第三节　班主任工作的基本技巧

方法和技巧是为达到一个目的而采用的手段和途径。如果说目的是过河，方法和技巧就是解决桥的问题。班主任工作的方法和技巧，是为完成班主任工作任务和实施班主任工作内容所采用的具体手段和途径。班主任工作的复杂性和学生的多样性，决定了班主任工作方法和技巧是多种多样的，而且会随着环境和时代发生变化，班主任要积极探索适应新形势、新情况、新要求的新方法。本章着重介绍：了解与研究学生的基本方法、开展班级工作的基本方法、班主任工作的基本技巧。

第一节　了解与研究学生的基本方法

了解与研究学生是班主任工作的重要方法。不了解学生的教育是盲目的教育，而了解与研究学生又与方法紧密相关，方法正确则事半功倍，方法错误则事与愿违。

了解与研究学生是做好班主任工作的前提，班主任工作的成功与失败，很大程度取决于对学生的了解是否全面深入。了解与研究学生有以下意义：

一是全面了解学生，才能调动每一个学生的积极性，让学生的特点、特长在班级中发挥作用，才能充分挖掘学生的潜能，逐步形成良好的班风，才能使班主任工作有条不紊、游刃有余。

二是了解与研究学生的过程是建立良好师生关系的过程。班主任与学生的接触越多，对学生的了解和理解就越深入，和学生的关系就越密切，学生也就越愿意向班主任敞开自己的心扉，从而为班主任开展工作创造较为有利的条件。

三是了解学生的过程也是班主任自我完善的过程。在了解与研究学生时，班主任总是尽力去寻找学生身上的闪光点。这既是培养学生健康发展的基础，也是班主任树立工作信心的基础。同时，班主任实事求是地了解和分析学生身上的问题及其原因时，不仅可以使工作更有针对性，而且能加强工作的责任心。掌握学生各种表现，可促使班主任进一步改进工作方法，加强工作的针对性，提高教育效果。

俄国教育家乌申斯基曾说："如果教师想从一切方面教育人，他应从一切方面首先了解人。"班主任如果对自己的班级和学生情况不甚了解，遇事想当然，就要经受挫折，甚至失败。因此，班主任必须切实做到经常、及时、全面地了解与研究学生，这既是做好工作的前提，也是教好学生的基础。

一、观察

观察是班主任用感官直接了解学生行为的一种方法。班主任要通过察言观色，观察学生的举止行为变化，了解学生的个性特征和内心世界。

班主任观察学生有多种途径。在上课时，可以观察学生的学习态度、情绪、口头表达能力、听课注意力，还可以了解学生对各科学习的兴趣、对待学习成功与失败的态度。课外活动是观察发现每位学生个性特征的有效途径，从中可以了解学生的集体观念、爱好、特长、友谊、情感等，可以发现一些在课堂上难以发现的东西。例如，有的学生在老师面前显得很拘谨，在其他场合却十分活跃；有的学生在老师身边不露锋芒，离开老师却能表现出十分惊人的组织能力和号召力。此外，还可以把学生放在某些特定的环境里进行观察。例如，让学生完成义务劳动，观察他对指定的任务是否有独立完成的能力；让学生负责组织一次主题班会，观察学生是否有组织能力；让学生出一期黑板报或办一期小刊物，观察学生是否有责任感，是否具有宣传工作方面的能力。班主任通过一系列活动，可以掌握学生许多真实客观的信息，可以提高教育的针对性，有利于发挥学生的特长。

案例 4.1

某技工院校新生入学时，班主任有目的、有计划地安排了一些活动，物色班干部的人选。在新生自我介绍会上，班主任要求新生利用1～2分钟介绍自己的姓名、年龄、爱好、特长，在过去的班级中担任过何种工作，对新班级的希望等；班主任组织义务劳动，注意观察学生在劳动中的表现，哪些学生在劳动中有号召力等；组织班级文娱联欢，观察哪些学生的组织能力比较强，哪些学生有文艺方面的特长等；组织班级体育活动，以便发现体育活动积极分子和体育尖子。在此基础上，挑选出班干部的合适人选。

点评：由此可见，班主任要做有心人，有目的地安排一些活动，把学生放在特定的环境里观察，用心去发现，可以掌握学生许多真实客观的信息，可以提高教育的针对性，有利于发挥学生的特长。

二、开座谈会

座谈会是教育信息反馈的重要形式之一。座谈会的目的是通过信息反馈了解教育工作的得失，了解学生学习、思想、生活状况，有针对性地解决教与学中存在的问题。因此，开好座谈会，首先要根据教育需要准备好调查提纲，也就是这次座谈会需要了解什么。其次是要选好代表。参加座谈的人是知情者，有一定的代表性，能够提供比较可靠的情况。例如，召开学生代表座谈会，在挑选学生代表时，既要有成绩好的学生，也要顾及成绩差的学生；既要有班干部，也要有普通学生。来自不同层次的学生能够提供多方面的情况。召开座谈会时，班主任要善于引导，让参加座谈会的学生能畅所欲言，但是又不能离开主题。最后，座谈会结束时，班主任要进行归纳与小结。

案例 4.2

某技工院校机电班半数同学未能通过电工考证，班主任和任课老师为查找原因召开学生座谈会。为了开好座谈会，班主任精心挑选学生代表，有班干部，也有普通学生；有成绩好的，也有成绩差的；有考证通过的，更多的是考证没有通过的，特别挑选敢讲话的学生。座谈会围绕为什么半数同学未能通过电工考证展开讨论，学生代表畅所欲言，从不同的方面谈看法、说体会，查找了原因，总结了教训，明确了努力方向，座谈会取得预期效果。

点评：召开学生座谈会要有一定的代表性，挑选不同层次的学生参加，让学生畅所欲言，才能开好座谈会。

三、访谈

访谈是班主任通过与被访问者的交谈，了解各方面情况的一种方法。访谈的内容包括对事实情况和学生心理动机的了解，以及意见的征询等。

班主任在访谈时，应把握好三点：一是要有准备地谈。班主任切不可随心所欲，信口开河，要在谈话前做好充分的准备，明确需要了解哪方面的情况，做到心中有数。二是轻松愉快地谈。与学生谈话，不可忽视情感的作用，因为情感是教育信息通向学生内心世界的“桥梁”，因此，要为学生创造愉快、宽松的谈话氛围，这样才能引起肯定性的情绪反应，使学生愿意回答老师的提问。三是因人而异地谈。班主任要善于针对不同的访谈对象，采用不同的谈话方式，并要以亲切温和的语气，选择适宜的环境，抓住最佳时机进行访谈。

案例4.3

某技工院校班主任发现本班一位男生上课无精打采，晚自修经常缺席，有时夜不归宿。班主任多次找这位学生谈话并进行家访，从访谈中了解到该生由于父母长期在外地打工，爷爷、奶奶又管不了，经常打游戏机，还有早恋现象。班主任在了解到这位学生无心向学的原因后，组织班干部关心、帮助他，并耐心地鼓励他从过去的阴影中走出来，改正错误，努力学习，取得理想的成绩，成为对国家、对社会有用的人。从此，这个学生逐渐改掉了不良行为和习惯。

点评： 班主任从访谈中及时地了解到该男生无心向学的原因，并采取措施帮助教育学生。教师对学生的情绪、心理、情感、行为的变化，应该具有一种近乎本能的敏感性，及时地了解学生，并有效地帮助教育学生。

四、问卷

问卷是班主任根据一定目的要求，用书面形式搜集材料，了解情况的一种方法。问卷的问题按需要了解的内容编制而成。为了提高问卷的可信度，要做好学生思想动员工作，选择恰当的问卷形式；问卷内容要简明，数量适当；问卷设计要新颖，回答问题能简明扼要。班主任通过问卷调查，分析研究，能把握学生的思想脉搏，更准确地从实际出发，开展教育工作。

案例4.4

以下是一份针对技工院校新生的调查问卷：

1. 你是否自愿报读技工院校？

A. 是　　B. 否

2. 你是通过什么途径了解技工院校的？

A. 新闻媒体宣传　　B. 招生简章　　C. 网络　　D. 其他人介绍

3. 你对所学的专业是否了解？

A. 了解　　B. 了解一点　　C. 不了解

4. 你对所学的专业是否感兴趣？

A. 是　　B. 否　　C. 无所谓

5. 入学后你最想干什么？

A. 熟悉学校环境　　B. 学习专业知识　　C. 交朋友　　D. 目标不明确

6. 希望学校在课余时间开展什么活动？

A. 体育活动　　B. 娱乐活动　　C. 人文讲座　　D. 社团活动

7. 你觉得在学校里较难适应的是什么？

A. 环境　　B. 人际关系　　C. 学习方法　　D. 生活方式

8. 你准备怎样度过你的技校生活？

A. 学好专业课　　B. 多参加社会实践，提高个人综合能力

C. 同时打工，挣学费　　D. 无所谓

9. 你打算在技校毕业后做什么？

A. 就业　　B. 创业　　C. 继续深造

10. 你目前的学习积极性如何？

A. 学习积极主动　　B. 一般能完成学业但学习比较被动

C. 对学习采取应付态度　　D. 不能完成学业，学习放任

11. 你想在学校中学习到什么样的技能？

A. 专业的技能　　B. 专业外的一些技能　　C. 无所谓

12. 你有什么兴趣爱好与特长？

A. 唱歌　　B. 文学　　C. 体育　　D. 其他

13. 课余时间，你喜欢做些什么？

A. 上网　　B. 看书、学习

C. 参加学校组织的文体活动　　D. 其他

14. 你对学校的环境是否满意？

A. 满意　　B. 比较满意　　C. 还可以　　D. 不满意

15. 你认为学校在哪方面有待改进？

A. 校园文化　　B. 教学活动　　C. 校园环境

16. 当你遇到困难的时候，你愿意向家人求助吗？

A. 不求助，也拒绝家人帮助　　B. 不愿意，除非迫不得已

C. 不太愿意求助，但愿意接受家人帮助

D. 很愿意，有困难就向家人求助

17. 你与同学之间的关系如何？

A. 很密切　　B. 一般　　C. 有时会有矛盾　　D. 从不交流

18. 在你心情不好的时候，你常常会怎么做？

A. 情绪化，不经意得罪他人　　B. 郁闷，不向任何人诉说

C. 如果朋友询问，会说出来　　D. 主动倾诉烦恼，获得支持和理解

19. 每到一个新的场合，遇到陌生人，你常常会怎么做？

A. 缄默，不喜欢陌生人　　B. 缄默，期望别人主动交谈

C. 与他们简单寒暄，表面交往

D. 主动交谈，很快记住他们的名字

20. 当你遭到别人误解时，你常常会怎么做？

A. 生气，立即反击　　B. 生气，暂时忍受

C. 委屈，独自难过　　D. 没什么，找个机会解释

点评： 这是针对技工院校新生的一份调查问卷，问卷的问题按需要了解新生的有关情况编制而成，问卷设计新颖，用选择题的问卷形式，内容简明，数量适当。

五、建立和正确运用学生成长档案

班主任建立学生成长档案，记录学生成长轨迹，有助于全面了解和帮助学生。通过查阅和分析学生成长档案资料，有助于了解学生和班级的基本情况和发展情况。班主任要全面和客观地查阅和分析已有的学生成长档案资料。资料记录的是学生过去的情况，只能说明过去。班主任既要注重资料的了解和分析，又要注意学生是在不断发展变化着的，不能把资料作为了解、研究学生和制订工作计划的唯一依据，尤其不能受资料的束缚，以先入为主的观点看待学生，特别是对那些遇到挫折，包括犯过错误的学生。此外，要有全面的观点。资料所记录的只是学生某一时期、某些方面的情况，而有些情况，一般书面资料是反映不出来的。资料记录常常有其局限性，有的内容还有待核实，或有待做必要的更正和补充。除此之外，班主任要注意情况的收集和记载，不断积累丰富、有价值、较全面的材料。班主任不仅要查阅已有的资料，还应及时、准确地记录学生的成长变

化，建立学生的成长档案，才能加强教育的针对性和计划性。

案例 4.5

某技工院校一位班主任偶然发现，班里有一位女生在与一位年长自己 10 岁的社会青年谈恋爱。班主任通过查阅学生档案资料，了解到该生是单亲家庭。经进一步了解发现，该生父母在她很小的时候已经离异了，她从小就缺乏父爱，之所以与社会青年谈恋爱，是因为她希望有人能像父亲一样关爱和保护自己。班主任掌握情况后，主动与该生的父亲联系。在班主任和家长的教育启发下，这个女生也意识到了自己错位的恋爱观，重新把精力投入到学习中。

点评：学生出现早恋，是很多老师面临的棘手问题。这位班主任发现班里有女生与一位年长自己 10 岁的社会青年谈恋爱，没有简单地批评指责，而是细致地查阅学生档案资料，了解到该生早恋的原因，并取得家长的配合，帮助这位女生意识到了自己的错误，并及时作了改正。

第二节　开展班级工作的基本方法

开展班级工作的基本方法有目标激励、榜样示范、活动体验、信息调控、环境陶冶和教育惩罚。

一、目标激励

目标激励指班主任在班级工作中，科学地确定班集体目标，并激励学生为达到此目标而努力，从而推动班集体建设。激励的过程主要是把外在的刺激内化为个人的自觉行动，从而发挥每位学生的聪明才智，以实现班集体的目标。在目标激励的过程中，班主任应确立正确的奋斗目标，使学生及集体朝着既定的目标前进。那些需要学生付出一定的努力实现的目标，才具有激励作用。心理学的有关研究表明，让学生“跳起来摘桃子”，有利于促进学生的发展。目标激励的方法如下：

1. 掌握班级实情，了解班集体现状及发展趋势，找到班集体的最近发展区，使班集体发展的最大可能与目标相一致。班主任应指导学生制定切实可行的目标。目标过高，容易使学生感到高不可攀，望而生畏，丧失自信心；目标太低，又难以达到激励的目的。

2. 班主任要做好思想动员，调动学生的积极性，激发学生的创造动机，积极讨论实施目标的行动计划，提出可能出现问题的预防策略。每个同学都要有实现班集体目标的个人计划和措施，要使集体目标的各项要求指标落到实处。

3. 根据目标进行活动，要求各项活动都指向目标，克服主观随意性。统一教育力量，协调教育行为。

4. 重视评价系统，将评价措施贯穿整个目标的实施过程，及时反馈，调整行为偏差，使学生朝着既定的班集体目标前进。

案例 4.6

某技工院校一位班主任接手计算机应用高级班。为了带好这个班，班主任首先从查阅学生的档案入手，了解到该班学生填报该专业都是第一志愿，而且入学分数较高，看得出他们的学习愿望很强烈。然后，班主任根据学生参加军训的表现，认为该班学生整体素质较高，可塑性强。于是，新学期开始，班主任就把目标激励作为班级工作的大事来抓，通过动员全体学生，集思广益，共商班级近期和中期目标。

1. 近期目标

（1）做文明学生。全体同学要团结友爱，文明待人。

（2）创文明班级。全体同学要严格要求自己，自觉遵守法纪法规和学校的规章制度，共创文明班级。

（3）创文明宿舍。住宿生要积极参加创文明宿舍活动。

2. 中期目标

（1）人人争当三好学生。

（2）班级争当校级、市级优秀班集体。

（3）前三年学好基础，掌握一技之长，后两年争取拿到双文凭。

集体的目标设定后，班主任要求每位学生制定个人的目标。班主任召开主题班会，让学生把个人目标在主题班会中宣读，让学生互相学习、互相督促。班主任指导学生把目标化为具体行动，分期检查评价达标效果，每月、每学期全班进行小结和评价。通过对照个人和集体设置的目标进行评价，学生可找到自己的差距，从而为继续达到目标而努力。学生有了奋斗的目标，就有了前进的动力，又由于是学生自己参与制定的目标，所以在实施过程中，班主任对学生要求很严，学生都毫无怨言，不管是班团干部还是普通学生，都能接受管理，形成了良好的班风。

班主任指导班级制定了较合理的班级目标，将近期与中期目标相结合，集体目标与个人目标相结合，学生容易接受，同时及时反馈信息，做出小结和评价，因此收到了良好的激励效果。

点评：这位班主任把目标激励作为班级工作的大事来抓，通过动员全体学生，集思广益，制定了较合理的班级目标，用班级目标激励学生，并指导学生把目标化为具体行动，分期检查评价达标效果，形成了良好的班风。

二、榜样示范

榜样示范是指班主任在班级工作中，为班集体提供学习榜样。榜样的力量是无穷的，榜样具有生动性和感染性的特点，它与学生思维的形象性和行为的模仿性相吻合，使学生易于理解、模仿和学习，用以对照自己的言行，自觉学习先进，向榜样看齐。榜样示范的具体做法有：

1. 利用学生中的榜样进行示范

在班级的教育活动中，总会有一些学生走在前面，他们的表现恰恰是班主任要求其他同学做到的。班主任应及时给予他们肯定性的评价，介绍他们的事迹，鼓励同学向他们学习。经常从同学中提出某个人、某件事，作为学习的榜样，学生容易接受。作为榜样的学生，可以是素质比较全面的学生，可以是具有某一特长或优点的学生，也可以是在某方面、某项活动中表现突出的学生。

2. 利用先进模范人物为榜样进行示范

新中国建立以来，我国各条战线涌现出了一大批先进模范人物，他们是时代精神的体现者，是社会主义职业道德典范。他们不仅以自己的出色劳动，为社会做出了巨大的贡献，而且以高尚的品德为我们这个时代留下了宝贵的精神财富。

班主任宣传和推崇先进模范人物，应让学生从模范人物平凡而感人的事迹中吸取丰富的精神营养，用他们高尚的人格力量感化和陶冶学生。

3. 利用本校毕业生成才的典型为榜样进行示范

优秀毕业生的成才之路昭示学生走上社会后应该怎样生活、怎样工作、怎样处理个人和社会的关系、怎样做一个合格的社会主义劳动者。班主任要引导学生以优秀毕业生为榜样，克服职业偏见，树立正确的择业观，帮助学生树立敬业意识、创业意识、服务意识、协作意识、质量意识、开拓意识等先进的职业意识，培养良好的职业道德，提高自身的综合素质，立志成才。

案例 4.7

某技工院校一位班主任针对本班部分学生认为读技校没有前途，不安心学习、不认真学习的现象，召开了一次“技校学生的成才之路”主题班会。会上，班主任请了一位校友介绍自己的亲身经历。这位校友是96届毕业生，在校是优秀学生，学习勤奋，训练刻苦，品学兼优。毕业后到了一家企业工作，勤勤恳恳，任劳任怨，不计较个人得失，从普通维修工干到机械加工部部长。他把在学校学到的知识和技术运用到生产实践中，开动脑筋搞技术革新。在10年时间里，他的技术革新成果为企业节约了生产成本，累计创造经济效益800多万元。他本人也先后获得技术革新能手、先进工作者、劳动模范称号。他说：“技校学生只要有理想，执著追求，勤奋学习，掌握本领，毕业后能爱岗敬业，无私奉献，敢于创新，一定能大有作为。”他的事迹在同学中引起强烈反响，同学们在讨论中谈了自己的认识和感受，表示要认真学习，刻苦训练，像这位师兄一样走技能成才之路。

通过事迹报告，本校优秀毕业生成才的事迹深深感染了学生，使学生明白了今天应该怎样学习、毕业后应该怎样工作。

点评：这位师兄亲身经历的技能成才之路，具有示范性、生动性和感染性的特点，与学生思维的形象性和行为的模仿性相吻合，使学生易于理解、模仿和学习。

三、活动体验

活动体验是指班主任在班级工作中根据技工院校学生日常行为规范精心创设各种实践活动，尤其是综合性的实践活动，使学生在活动中自我体验，逐渐形成良好的道德行为习惯。开展经常性的班级实践活动是培养班集体的重要途径，例如，通过各种学习活动培养学生良好的学习习惯，勤奋学习，刻苦训练。通过校内课外活动和社会实践活动，帮助学生养成团队意识、纪律意识和合作意识。活动越丰富多彩，班集体越团结，越朝气蓬勃，越富有吸引力、凝聚力。要引导学生，使他们的能量得以充分发挥，让更多的学生得到锻炼和施展才能的机会，充分发挥全班学生的聪明才智，让活动的成功喜悦激发学生的热情。活动体验要做到：

1. 形式要生动活泼，坚持学生可接受性。活动形式为表现主题服务，要让学生乐意接受，符合学生心理发展的需要，做到适时、适量、适当。

2. 要让学生全员参与，坚持群体性。班主任要充分调动学生的积极性，多给学生锻炼的机会，以增强他们的勇气和信心。

3. 组织过程要严谨，坚持教育的完整性。在活动的设计、准备、实施、总结过程中，要做到组织有序。班主任要充分发挥指导作用，要有具体的要求和检查督促，及时评价和总结。精心设计活动过程非常重要，活动的过程，是学生受教育的过程，而且其效果往往体现在活动过程之中。设计活动过程要考虑学生的特点及兴趣，注重综合性和实践性，设计由近及远的活动范围、由易到难的活动形式、由浅入深的认识过程。

4. 活动中要注意安全，规范操作。

案例 4.8

某技工院校一位班主任针对部分学生不珍惜父母提供的学习、生活条件，特别是不珍惜读技校的学习机会的状况，组织了“我的成长”主题班会活动。第一项内容是让学生回忆自己的成长历程。第二项内容是让学生算一笔账，计算自己从出生到15岁，父母为自己在吃饭、穿衣、读书、玩具、交通、零食、零用等方面的支出总共是多少。学生惊讶地发现，原来最少的也要花费父母5万多元，最多的要花费父母13万多元。看到学生有所感触，老师趁势叫学生做第三项内容，用各种形式表达对父母多年来养育之恩的感激之情。同学们有的唱歌，有的朗诵诗歌，表达对父母的感激之情。班主任趁热打铁，在此基础上提出第四项内容，要求学生把感激付诸行动，每人都规划自己的未来，把自己在技校3年和毕业以后想做的事写出来。结果同学们个个都有好想法。最后是班主任总结，老师肯定了学生的想法，鼓励学生从现在开始努力学习，用实际行动实现自己的理想。

通过精心设计主题班会活动，班主任让学生在活动中接受了一次生动具体的感恩教育。

点评：这位班主任组织的“我的成长”主题班会活动针对性强，使学生在活动中自我体验，活动联系学生不经意的日常生活实际，让学生回忆自己的成长历程，体会父母为自己成长的巨大付出，用各种形式表达对父母多年来养育之恩的感激之情，启发学生把感激付诸行动，每人都规划自己的未来，鼓励学生从现在开始努力学习。

四、信息调控

信息调控是指班主任在班级工作中，善于收集信息、分析信息，对各种信息进行有目的的选择和提炼，放大积极信息，抑制消极信息，为班集体舆论和班风建设提供积极的教育影响。班集体及学生从不同的渠道接受社会影响，这些影响有的是积极的，有的是消极的。由于学生缺少分辨的能力，各种信息就不可避免地影响班集体舆论和班级的建设。因此，班主任必须对来自各方面的信息进行调节控制。信息调控的目的与方法：

1. 帮助学生树立正确的是非观和荣辱观

通过摆事实、讲道理，让学生明辨是非；抓住班级当前的热点和难点问题，通过开班会、办墙报、演讲等形式开展讨论、评论、辩论，提高学生辨别是非和分析问题的能力。

2. 树立良好的班风

班主任要善于发现学生中的好思想、好品德，及时给予表扬。同时，又要注意观察，及早发现学生中出现的某些错误的看法或不良行为的苗头，及时给予批评教育，抑制不良言行的萌发和蔓延。

3. 树立正确的班级舆论

正确的舆论要经过长期的努力，经过量的积累，逐渐发展为质的变化，逐步形成正确的班级舆论。班主任要以正确的舆论导向，联系当前社会上所宣传的先进人物及其事迹，推动正确舆论的形成和传播。

案例 4.9

某技工学校一位商品业务与英语专业的班主任，发现本班部分学生对所学专业不感兴趣，认为将来无前途，学与不学无所谓，产生厌学情绪，课堂纪律差。针对这种消极情绪，班主任及时进行信息调控，控制消极信息，放大积极信息，决定在班上召开一次题为“我的专业我成才”的演讲会。班主任提前一周把演讲的题目告诉学生，要求学生提前准备，并找几个厌学又能说会道的同学谈心，希望他们能到台上去演讲。在这几位同学的带动下，同学们踊跃发言，演讲会气氛热烈。通过学生演讲和讨论，他们看到了本专业的就业优势，有的认为通过努力可以考取会计证；有的认为本班学了专业英语，口语表达能力强，可考英语等级证；也有的认为，只要自己愿意学，可考几个其他专业职业资格证，就业的机会更多……经过讨论，大家的认识基本达成一致，谁都不认为自己比别人差了。

班主任运用演讲的形式提供积极的教育影响，提高了学生的分析和判断能力，起到了调控的作用，转变了学生消极的想法。此后，学生的学习风气好了，学习劲头大了。

点评：班级信息管理很重要，对各种信息进行有目的的选择和提炼，放大积极信息，抑制消极信息。班主任运用演讲的形式提供积极的教育影响，提高了学生的分析和判断能力，起到了调控的作用，转变了学生消极的想法，为班集体舆论和班风建设提供了积极的教育影响。

五、环境陶冶

环境陶冶是指班主任在班级工作中要重视班级文化建设，并利用环境中积极的教育情境，对学生进行潜移默化的影响，使学生的思想行为日益完善。环境陶冶的特点是在人与人、人与环境的日常接触中，让学生不知不觉地接受影响，产生情感共鸣，从而自觉地约束自己的行为习惯。

环境陶冶的具体做法有：

1. 创立良好的人际环境

建立班内良好的人际交往环境，班主任要关心学生，建立民主平等的师生关系。班主任既是学生的良师，又是学生的益友，班主任良好的品行学识、言谈举止都会给学生以潜移默化的影响。班主任要引导每个学生具有主人翁的责任感，引导并帮助每一个学生在集体中找到一个既符合集体期望，又让他们自己感到满意的位置，并担当好这满意的角色。

2. 创造良好的教学环境

为了落实环境育人，各学校努力改善办学条件，美化校园环境，让学生可以在心旷神怡的环境中学习和生活。班主任要教育学生珍惜和爱护，而不是随意破坏。班主任可以组织学生开展“用我们的双手净化、美化学习环境”活动，对包干区、教室、宿舍的卫生工作实行责任制管理，要求学生做到每天一小扫，每周一大扫，以净化校园环境。在此基础上，进一步要求学生加强教室、宿舍文化建设，开展文明教室、文明宿舍等竞赛评比活动，让学生自己动手，美化自己的学习生活环境。

3. 创设良好的文化环境

班主任利用墙报、阅报栏、广播和电视等宣传工具，组织学生阅读诗歌、散文、戏剧和小说等文学作品，组织学生欣赏美术、音乐作品，创设良好的文化氛围，让学生受到潜移默化的影响。

案例 4. 10

某技工院校一位班主任，为了发挥环境陶冶对学生的教育作用，决定在班级文化建设方面下工夫。班主任带领学生净化、美化教室，在教室的前方墙上挂上国旗，教室的左右墙上贴上名言警句，在教室后面办了“书法栏”和“心得栏”。为了办好这两个宣传栏，班主任要求学生每天写好30个字，每周写一篇学习心得。每天写好的30个字交给学习委员，由班委会挑选出优秀作品贴在书法栏内展示，供全班同学欣赏。每周的学习心得交给班主任，由班主任挑选出优秀的学习心得贴在心得栏内供同学学习。这样的做法大大提高了学生参与的积极性，学生天天可以练笔，又可以观赏好的作品，取长补短。

班主任通过净化、美化教室，办好学习宣传栏，给学生创设了一个良好的学习环境，让学生受到良好的环境熏陶，形成良好的学风。

点评：这位班主任在班级工作中重视班级文化建设，带领学生净化、美化教室，在教室的前方墙上挂上国旗，教室的左右墙上贴上名言警句，在教室后面办了“书法栏”和“心得栏”，利用环境中积极的教育情境，对学生进行潜移默化的影响。

六、教育惩罚

教育惩罚是指班主任在班级工作中对个人或群体的戒责，以控制某种不良行为的发生和发展。教育惩罚可以使学生分清是非、善恶，以达到克服不良行为、形成良好的行为习惯的目的。用鼓励的方式培养学生的自信固然是一种主要的教育方式，但在教育中正确运用教育惩罚，也会产生积极作用，没有惩罚的教育是不完整的教育。教育惩罚不仅是制止违纪现象的手段，而且还应该是有助于培养学生的民主意识与法制精神的途径。也就是说，教育惩罚不应该只是来自教育者，而是来自包括教师和学生在内的集体意愿。在一个集体中，班主任和学生都应该遵循共同的规则，而不能有任何凌驾于集体规则之上的特殊成员。

教育惩罚的方式主要有：表示否定的语气与表情，口头指责，施以某种强制性的措施，给予警告、记过、留校察看等处分。教育惩罚实施时应注意：

1. 尊重学生的人格。不损害学生的身心健康；要公正合理，统一标准；要缜密考虑惩罚效果，做好惩罚后的疏导教育工作。

2. 对于可预见的错误要在教育提示之后再惩罚。惩罚不是目的，而是为了预防犯错的一种手段。必要的教育可以减少惩罚的次数，还能让受惩罚者心服口服。

3. 惩罚不能代替教育，惩罚是教育中不得已而为之的行为，应坚持以罚促教，做好惩罚的跟进教育。

4. 要讲清楚惩罚原因，应说明行为当与不当的标准和惩罚的理由，让受罚者知道遭罚的原因，明确改正的方向。

5. 处罚要依法依规，做到公平、公正、适度，惩罚应避免太重也要防止太轻或累进式惩罚。这样做，使学生不会因惩罚太轻而无动于衷，也不会因惩罚过重而破罐破摔，使惩罚具有教育性和可行性。

案例 4.11

某技工院校一位学生A，由于在初中阶段认识了一些社会上的人，染上了抽烟的陋习。开学初，班主任在一次宿舍巡查中发现了A正在抽烟，班主任马上给予制止并没收了香烟和打火机。班主任没有一味地责怪A，而是从吸烟的危害和造成的安全隐患方面给他做思想工作，并安排宿舍的同学继续帮助和监督他。在以后的几天里，宿舍里的同学都反映他没有再吸烟。

然而，在一个月后，宿舍管理员发现A一个人躲在宿舍里吸烟，而且将烟头扔在床底下，差点引燃杂物酿成火灾。班主任了解事情经过后，将情况反映到学生处，该生受到警告处分。事后，班主任再次找A谈心，并让他反省："抽烟已经违反校规，而且差点酿成火灾，如果由于你的烟头发生火灾，后果将是怎样?"接着，班主任把因吸烟而造成的事故案例讲给A听，并展示了事故的照片。A听完班主任的讲述后，脸色都变了，并当场对班主任保证说以后绝不吸烟。同时，他还对班主任说："对不起，我知道你是为了我好，相信我，我这次一定能说到做到。"经过这件事后，A真的从此戒了烟，而且在学习方面也有了明显进步。

点评：教育惩罚可以使学生分清是非、善恶，以达到克服不良行为、形成良好的行为习惯的目的。这位班主任的可贵之处在于他对学生晓之以理，动之以情，循循善诱地做好疏导教育工作。

第三节　班主任工作的基本技巧

班主任工作的基本技巧有善于关注、善于沟通、善于转化、善于批评、善于赏识和善于利用现代网络。

一、关注技巧

关注细节是班主任工作的基本技巧。关注学生的行为细节，可以及时获得学生思想变化的信息。为什么某个学生上课无精打采，心不在焉？为什么某个学生突然情绪偏激？为什么有一小群学生聚在一起，见到有老师来就散了？这些现象，看似平常，但往往就是发生问题的迹象和征兆。班主任要以敏锐的观察力发现问题，以便抓住时机，采取有效方法及时指导、教育学生，把问题处理在萌芽状态。关注细节的具体技巧如下：

1. 关注学生细微的变化，了解学生心理活动

从对学生的动作、表情、语言、声音的感受来判别他们的思想动态，捕捉他们在瞬间展示出来的情绪变化。

2. 注意在与学生交往中进行观察，在活动中进行观察

在各类活动中，学生反映出来的性格、爱好、特长、思想品德、组织纪律、人际关系等都比较真实自然，更有利于班主任了解、分析他们真实的内心世界。

3. 在任教学科的教学全过程中对学生进行观察

班主任可从中了解学生的学习常规表现，了解学生学习的兴趣、态度、方法，学习的自觉性、积极性，分析问题、解决问题的能力，以及解决学习中困难的意志品质等。

4. 关注学生的异常变化

对成绩突然下降、情绪萎靡不振的学生，要帮助他们找出原因；对家庭生活困难的学生，要多给以关爱；对心理异常的学生，更要加以特别观察，找出心理异常原因；对于性格内向、沉默寡言的学生，要多加关注。

案例 4.12

某技工院校一位班主任注意到本班一位女生，平时性格开朗，有说有笑，喜欢和同学交往。最近，这位女生突然变得沉默寡言，情绪萎靡不振，有一回上自修课不请假突然跑到教室外面去了。班主任意识到这个学生的变化后面一定有原因，因此没有简单地指责她，而是主动地去接近她，热情地关心她，鼓励她把内心的烦恼说出来。在班主任耐心、诚恳的劝导下，这位女生终于说出了原因。原

来她父母离异，她跟了父亲，而她父亲正在忙于找后妈，冷落了她。她感觉被抛弃了，缺乏家庭温暖，曾经有轻生的念头。班主任清楚情况后，进行了家访，把她的变化告诉了她父亲，并提出了关心帮助她的建议，她父亲检讨了自己没有顾及女儿的感受，表示今后对女儿要多关心爱护。班主任又多次细心地对这位女生进行了引导，鼓励她战胜挫折，恢复自信。这位女生终于又重新振作起来。

点评：这位班主任善于关注学生的行为、细节、情绪的变化，以敏锐的观察力发现问题，抓住时机，采取有效方法及时帮助、教育学生，把问题处理在萌芽状态。

二、沟通技巧

班主任为了做好教育工作，要善于与学生、任课教师和家长沟通。沟通的技巧有：

1. 善于倾听

班主任要让学生在自己耐心的倾听中感觉到被重视，并在这种鼓舞下尽情地表达、倾诉自己的想法。当学生陷入激动状态，发表过激言论时，班主任要沉着冷静，耐心听取，让学生感觉到班主任是尊重、关心自己，值得信任的。在倾听过程中，班主任要能够理解诉说的内容，发现问题的症结所在，能够把握学生的思想脉搏。学生说话时，班主任要注意对方说话的心境、内在含义，注意对方的感情及变化，并做出积极的反馈，减少误会和冲突，增加实现愿望的机会，增进师生感情。当学生说话不具体时，教师可以建议学生讲得更详细，学生讲完话时，教师可以亲切地问："还有其他吗?""再想想。"这样就会使学生的谈兴更浓，把更多想法告诉老师。教师在听学生说话时，回馈要具体、明确，并经常交换回答方式，如"是的""嗯""很好""请继续"等。在回答时最好不要对学生所说的话进行直接评论或否定，而应用心体会对方的感情，真诚地理解对方，并适当地用一些肯定的语言作为回应，如"我理解你的想法""我支持你的做法"等。

2. 善于表达

班主任与学生的沟通，是通过语言表达来实现的，表达有多种方式。

（1）口头语言。口头语言是班主任最常用的沟通手段。班主任利用口头语言的通俗性，借助声音的刺激性和冲击力，运用抑扬顿挫的语音艺术，对学生形成强烈的语言感染，进行思想和情感的交流。班主任要善于针对不同的学生，采用不同的谈话方式。要避免使用伤害学生人格和自尊心的口头语言。班主任忌讳说的话包括：

你简直不可救药，来学校混日子！

到哪里鬼混去了？

就你特殊！

对你一点儿办法都没有，你怎么这么坏！

干坏事就有你！

说什么说，你以为你是谁?!

上课时你干什么，你简直居心不良！

你不想读就回家去！

你懂什么，我走的路比你过的桥都多！

(2) 形体语言。形体语言是班主任的一种沟通手段。班主任将表情、神态、动作综合成一种视觉形象，对学生形成强烈的具体形象感染，更能创造出一种直观生动的视觉效果。与学生谈话时，表现鄙视、厌烦，手势紧张、失态、生硬，或带着不屑一顾的冷漠表情……都能给学生排斥、拒绝的感觉，这些都是教师在谈话时应尽力避免的。

(3) 书面语言。书面语言是班主任的一种沟通手段，具有其他表达方式不可替代的作用和功能。书面语言在沟通时具有间接性，能避免面对面的诸多不便，可以字斟句酌，反复推敲，内容更具针对性，更具有感染力，对学生的影响更加深远。班主任要善于表达，应遵循以下原则：

有趣原则：语言诙谐，表述风趣，态度和蔼。

有据原则：分析可信，举例无疑，引证确凿。

有数原则：区别对象，明确目的，预期效果。

有度原则：掌握时机，恰当表述，控制情绪。

3. 善于换位思考

换位思考是通过转换角色或位置来思考问题，增进彼此了解。它能够改善沟通双方的关系，直接影响沟通过程的畅顺程度。在与学生的交往中，班主任应将自己置换到学生的角色，来体验学生的感受，这样更容易接近学生的思想、情感，开展教育工作更能使学生产生共鸣。班主任要经常站在学生的立场来考虑问题，多理解、少指责。学生的需求是多种多样的，有正当合理的，也有不正当不合理的；对于不正当的需求要通过充分的说理加以有效的限制和引导，让学生感受到老师理解他们，从而支持班主任工作，服从管理。

案例4.13

有一学生平时比较顽皮，上课常有迟到、早退的现象。在一次例行检查中，班主任发现，这位同学在上课铃响后，才匆匆忙忙跑向教室，心想：她刚向我保证上课不迟到、不早退，怎么又犯了？忙上前拦住这位学生大声责问："你为什么又迟到？真是不可教了！"但这位同学好像很委屈，满脸通红说："老师，我不是故意的。"就急急忙忙跑回了教室。班主任看到这种情况，隐约感觉到这次迟到可能有缘由，就再次找到这位学生，听她述说迟到的原因。原来前一天晚上，这位同学的父亲不在家，母亲发烧，她通宵陪同母亲到医院打吊针，刚忙完就赶回学校。知道原因后，班主任很内疚，由于这位同学平时表现一般，上课有迟到、早退的毛病，所以自己产生了一些偏见，这次还未详细了解迟到的原因，就生硬地批评了她。班主任就这件事对学生表示道歉，并表扬她在母亲生病的情况下承担了做女儿的责任。这位学生表示今后将克服困难，坚持按时到校上课。

倾听是一种艺术，对有缺点的学生更应耐心听听他们的心声，让学生感觉到被重视，并从中了解到一些真相，减少一些不必要的误会。

点评：由此可见，班主任对有缺点的学生更要沉着冷静，耐心听取他们的心声，让学生感觉到班主任是尊重自己、关心自己的。班主任在倾听过程中要理解诉说的内容，发现问题的症结所在，把握学生的思想脉搏。

三、转化技巧

转化后进生是一项艰巨而细致的工作，更要重视技巧，细致工作。转化后进生的具体技巧如下：

1. 关爱后进生

班主任要用爱心去感染、感动、感化后进生，从而取得良好的教育实效。班主任要发扬陶行知先生的“爱满天下”的精神，把爱洒向学生，要深信每一个学生都能教育好，每个学生都有闪光点，都能得到发展，要对后进学生满怀爱心，充满信心。

2. 从心理上进行疏导

班主任应加强与后进生的交往，建立心理上的认同，达到心理相容。只有尊重人格、平等相处，建立起良好的师生关系，消除后进学生的心理障碍和对立情绪，他们才会讲真话，才会说出自己的打算和要求，才会使班主任了解真实的原因，班主任才能对症下药、因材施教。

3. 从思想上进行引导

班主任要通过摆事实、讲道理，对后进生进行思想引导。班主任说理时要民主，不可以势压人。说理不仅要辅之以感情，更重要的是要把事情的条理与感情有机地结合起来，做到情中有理，理中有情，情理交融。班主任要对后进生反复讲清道理，提高他们辨别是非的能力，找出其不良行为产生的动机及原因，分析其产生的根源是错误思想的支配、外界环境诱发还是心理障碍，使其从原有的思想意识和社会关系中解脱出来。

4. 发现闪光点

当班主任发现后进生愿意改变不良行为时，要不失时机地予以鼓励，同时要创造条件，发挥其一技之长，建立其自信心，使其体验成功的愉悦，从而迸发向上的积极性与内在力量。同时，班主任也应严格要求，正确引导，注意启发，使其向积极的方面转化。

5. 发挥教育合力作用

转化后进生需要学校、家庭和社会的共同教育帮助，取得各方面的配合。各种教育力量对后进学生既要热情关心，又要严格要求，尽可能消除其环境诱发因素，并培养他们与诱因作斗争的意志力。班主任要发挥班集体和团队的作用，体现集体的温暖，使后进生在集体关爱中吸取营养，锻炼意志力，改变不良行为。

案例 4.14

某新生来校后纪律散漫，学习不认真，经常旷课、迟到、早退，有一种“破罐破摔”的味道。班主任采用了批评教育、家访等方式，但收效甚微，该生仍然我行我素。在一次学校举行的艺术节中，该生却表现出前所未有的热情，积极参加歌唱比赛并拿了奖。当发现了这位学生的闪光点，班主任马上在班会课上给予表扬，并推选该生担任班里的文体委员，充分发挥该生的兴趣与特长。尝到成功的乐趣，有了自信心，该生表现明显好转，还能积极组织全班同学开展文体活动。

点评：这位班主任善于发现学生的闪光点，不失时机地予以鼓励，该生有了自信心，表现明显好转。

四、批评技巧

批评可以使学生认识错误，改正错误，只有批评得当，才能产生良好的教育效果。批评技巧有：

1. 激励式批评

学生的成长需要激励，班主任在批评学生时要注意激励。可以用激励代替直接批评，委婉地指出学生错在什么地方，今后的努力方向。这种富于建设性的恰当批评，学生乐于接受，认为班主任在帮助和鼓励他，明白了自身的不足，而且自尊心得到了保护。

2. 启发式批评

借助学生身边的事例以及故事，引起学生的联想和对照，举一反三，从而在反省中受到启发，对错误有正确认识，自觉地改正错误。

3. 幽默式批评

班主任把批评巧妙地寓于幽默中，用风趣的语言表达观点和道理，指出不足，学生就能消除紧张的心理，在笑中明白错误，从而乐于改正。

案例 4.15

某技工院校有一名学生性格活跃，好动，还经常在课堂上把这种性格表现得淋漓尽致，经过多次的批评教育不见好转，任课老师头痛不已。在一次上班会课时，班主任正兴致勃勃地讲课，这名学生又闲不住了，开始做小动作，班主任看到这种情况，本来想停下课来，好好批评一下他，但就在一瞬间，班主任来了灵感：他朝这位同学做了一个眼神并笑了一笑，这位同学好像知道了什么，马上停了下来，安静地听课。课后这位学生对班主任说："老师，你的笑容好灿烂，我这次表现还行吧?"学生从老师的眼神与微笑中得到了启发，对不良行为有了醒悟，教育收到了良好的效果。

点评： 只有批评得当，才能产生好的教育效果。这位班主任善于把批评巧妙地寓于幽默中，风趣地指出不足，学生就能消除紧张的心理，在笑中明白错误之处，从而乐于改正错误。

五、赏识技巧

学生渴望得到尊重与欣赏，赏识好比是学生精神生命中不可缺少的阳光、空气和水，学生的成长没有赏识是不可能健康的。赏识教育是用全面、发展的观点看待学生，使学生看到光明，充满自信，进一步明确继续努力的方向。

1. 赏识教育是注重学生的优点和长处，充分肯定，不断强化，让学生在"我是好学生"的心态中成长。

2. 赏识教育承认差异，允许失败，符合教育规律。

3. 赏识教育是一种积极的心态，是一种永远坚信学生"行"的信念。

赏识技巧有：向学生伸出大拇指；通过点头或身体微微前倾来表示赞扬学生；给学生鼓掌；用心去赏识，善用自己的双眼去赏识学生；用语言赞扬："你行！你一定能行!"

案例4.16

某班主任：我们班吴××同学基本上是天天迟到，上课就睡觉。对老师的批评无动于衷。我是第二学年接手当他的班主任的，我多次与他交谈，特别是及时赏识他的优点。例如，他穿着打扮整齐干净，谈吐得体，我就夸奖他，从心理上消除了与他的隔阂；一星期他有两次不迟到，我就在班上表扬他。渐渐地，他迟到次数少了，上课睡觉的次数也少了。我只要给他一个眼神，他就马上坐好。他一天天地在进步。他参加校园歌手比赛时，我到现场为他加油，他发挥出色，获得了第三名。我在班会上又肯定他取得的成绩。他发短信给我："你是我这辈子最尊敬的老师。"

点评：赏识教育是用全面、发展的观点看待学生，使学生看到光明，充满自信。这位班主任善于赏识学生的优点和长处，充分肯定。学生在班主任的赏识下，有了积极的心态，一天天地进步。

六、利用现代网络技巧

网络是应用先进的信息技术，在用户关系基础上，构建一个信息分享和传播的平台。网络有一层神秘面纱，对于好奇心极强的技校生来说，无论通过哪种方式，他们都会努力进入其中。对此，班主任既不能禁止，也不应旁观，而要主动介入。网络时代，技工院校的学生管理理念、方法、手段都面临新的挑战。班主任必须更新观念，正视网络，采取转变教育观念、加强思想引导、畅通沟通渠道、弥补管理漏洞等方法，如用微博引导微博，用现实引导微博，帮助学生有度、合理、正确地使用网络，以适应当前社会的人才培养需求。网络同时也为技校生教育和管理工作提供了更为先进、科学而便利的条件。因此，班主任应根据班级实际情况，灵活运用，采取切实有效措施，加强引导，关注网络给学生带来的冲击问题，充分发挥其育人作用。

1. 网络有利于学生真实意愿的充分表达，为班主任对学生动态的准确把握提供了渠道。技校生在虚拟的网络空间里可以随时就生活、学习中的事情发表看法，这种表达是不受限的，与传统的谈心、座谈等比较起来能够更充分，更真实。班主任可以通过浏览“微博”、论坛、QQ群等学生参与积极性较高的网站，及时、准确地把握技校生的心理状态和思想动态，并在合适的时候，用合适的方法进行疏导。也可以在网上展开关于某专题的讨论。这能充分体现学校管理中“以人为本”的理念，更能够及时发现和解决技校生管理中存在的问题苗头。

2. 网络利于增强学生主体意识，为班主任进行科学决策提供帮助。人是社会关系的总和，是社会的存在物。人只有通过和他人的联系，才能在社会关系中确立自己的主体地位，实现自己的价值。因此，一个有作为的技校生不仅要具有自主、自立、自强的优秀品格，而且要有高度自觉的社会责任感，要使个人的主体意识自觉地同整个社会的共同利益和发展趋势相一致。网络技术的发展使学生心意可以直达管理层，有利于学生增强主体意识，为科学决策提供更大帮助。

3. 网络广泛应用促进班主任不断探索新途径，寻找新方法，采取有效措施约束不良风气，提高管理透明度，提升德育工作实效性，利于技校学生管理工作在公开、公正、透明的环境中进行，利于“阳光工程”的推进。

案例 4. 17

中山市技师学院在班主任工作中，要求各班主任做到班级建设进网络，努力做到：

1. 建立班级博客，对学生进行潜移默化的教育

班级博客的主页内容丰富多彩。成立班级博客小组，每天都有同学值日，进行维护更新。博客完全是学生自己管理，自己参与，维护这个博客，也等于维护班集体。博客开设了以下专栏：

“班级的日记”专栏。记录班级的点点点滴滴，记录课堂内外。除了指定专人分组投稿外，其他同学也可以投稿。

“班级的荣誉有你有我”专栏。班级或成员有获奖情况的，将奖状图片放上去，写出每一次获奖的经过，参加的同学有哪些，他们具体的付出是怎么样的。下面有班主任的评价和同学们的留言鼓励等。这样既激发了学生参加各种活动的热情，又增加同学们的集体荣誉感。

“同学的心声和愿望”专栏。这里记录每个同学的目标和愿望是什么，让学生明确了目标，学习也有动力，同时全班同学也可以在网上看到，起监督作用。

“相集与视频”专栏。相集中有全班的合照，将集体照作为博客的头像，营造了大家庭的气氛。相集中还有每一个同学的个人照，班主任在相应的相片下做简短的说明或评价。每一次活动都有相片的记录，有视频的见证。相集与视频为大家留下美好的回忆，也能调动大家参加活动的积极性。

“老师我想对您说”专栏。这个专栏具有留言板的功能，让学生将要与老师说的话写在上面，老师也可以做回复。做到师生互动，增进师生之间的交流。

“班主任工作日记”专栏。班主任在此专栏写了自己的工作日记，将自己内心世界适当展示给学生，让学生了解班主任，知道班主任所做的原来都是为自己好的。

“一日一事例”专栏。该专栏主要由班主任或几个得力的班干部负责，每天有针对性地上传一些有教育意义的案例，案例紧扣时代和学生的特点，以案例对学生进行潜移默化的教育。同时，为了鼓励学生参与，发表相关的看法，对于回帖的学生进行记录，在德育评分上进行不同档次的加分。

2. 利用即时聊天工具，对学生进行集体和个体教育

让班级里每个上网的同学都开通一个或两个以上的聊天账号。尤其是 QQ，可以以班的名义开一个群，名称如“我们的 123 美容 221 班，我们的家”。把所有同学都拉进来。每个星期，班主任要坚持发一到两条信息，平时发布一些即时性强的信息，对学生进行教育。同时，对学生进行本行业的职业道德教育。学生生日，班主任发信息祝贺，同时说些鼓励的话语，让学生感觉原来班主任也知道我的生日，第一条祝福竟然是班主任发过来的。

对于个别学生，添加他为好友，以私聊的形式，进入学生的内心世界。例如，某班一位内向的学生，平时不怎么爱说话，但是班主任加了他之后才知道，原来他在网上无所不谈，只是平时与人面对面时比较害羞。这样一来，班主任了解了学生，学生也了解班主任。

3. 利用邮件，保护学生隐私

班上部分学生有学习上、生活上、情感上的问题，他们想找老师聊，但又害怕老师知道。如果班主任公布自己的邮箱，让学生可以发匿名的邮件进行交流，相信会取得不错的效果。

4. 利用微博，让学生关注社会，让老师关注学生

微博是一个基于用户关系的信息分享、传播以及获取的平台，以 140 字左右

的文字更新信息，并实现即时分享。无论是在电脑上，还是手机上，阅读和发布信息都很方便。微博的影响巨大、联系性强、交互性强等特点与技校生年轻活跃、参与性强等特点相契合，深受他们的喜欢，同时也满足他们被人关注的愿望。

班主任要成为学生的忠实粉丝，多关注学生的微博，及时给予帮助和教育。

总之，班主任要善于应用网络，变堵为疏，加强引导，切实改变思维，创新办法，建立一套良好的信息化管理机制。要注重更新观念，从传统的管理模式中解放出来，用开放的、鲜活的思维面对新问题、新情况，切实纠正负面认识，引导学生主动进网，让学生跟着积极的事物走，而不是被网络牵着鼻子走。举办讲座激发学生对网络文化的理解，使学生较为深刻地了解网络，了解网络时代对他们健康成长的影响，使学生明确网络的作用和上网的目的、意义。班主任要争取教育的主动权，善于利用网络资源，引导学生有效使用网络资源。

思考与练习

1. 某新生班 52 名学生，分别来自不同地区和学校。开学初，班主任为了了解学生的思想、学习和家庭生活的基本情况，拟召开学生座谈会进行调查。请你为这位班主任写一份调查提纲。

2. 某班主任发现本班学生有的纪律松散，有的不讲卫生，有的抽烟，有的集体观念差，有的不爱学习。针对存在的问题，班主任决定用活动体验的方法来教育转变学生。请你帮这位班主任设计活动体验教育方案。

3. 讨论：某班有三位学生向班主任提出退学申请，其中有两位学生退学理由是对所学专业不感兴趣，另一位学生退学的理由是学习基础差，想放弃学习。假如你是这位班主任，你用什么方法来挽留这三位学生，让他们继续学习下去。

4. 大家谈：在工作实践中运用班主任工作技巧的体会。

第五章

生命教育

第一节　生命教育概述
第二节　生命教育的特点和内容
第三节　生命教育的实施

教育是生命对生命的唤醒，是以生命营养生命的事业，“抚慰心灵、善待生命”是教师的重任。班主任作为学生健康成长的指导者和引领者，应该牢固树立生命教育理念，加强对学生进行生命教育。

本章主要从生命教育概述、生命教育的特点和内容、生命教育的实施三方面来阐述如何加强对学生进行生命教育的问题。

第一节 生命教育概述

一、生命与生命权

生命是地球上最珍贵的财富。世界因生命的存在而变得充满活力和希望，变得生动和精彩。

1. 生命

生命是生物体所具有的活动能力，而法律意义上的生命仅指自然人的生命，是人体维持生存的基本的物质活动能力。生命一般被认为是人体维持其生存的基本的物质活动能力，是不可以替代和不可逆转的，是人得以存在的体现，是公民享有权利和承担义务的前提和基础，是自然人的最高人格利益，具有至高无上的人格价值。

2. 生命权

生命权是指以自然人的生命安全利益为其权利客体的人格权。《中华人民共和国民法通则》第 98 条规定："公民享有生命健康权"，这里的生命健康权，实际上是生命权、健康权与身体权的总称。生命权是自然人的一项根本的人格权，它在维护自然人的生命安全的同时，也成为自然人享有其他人格权的前提和基础。公民的各项人格权均以公民的生存为前提，一旦公民的生命权遭到侵害而丧失生命，则其他人格权也将不复存在。

3. 生命的独特性

人类是地球上最高级的生命形式，与其他动植物、微生物相比，人的生命的独特性突出表现在：人的个性品质、人生道路、实现人生价值的方式和途径具有多样性，世界因生命而精彩。因此，我们要学会根据自己的个性，发挥自己的优势，选择一条适合自己的、独特的人生之路，为社会贡献自己的才能，提升自己的生命质量。

二、生命教育概念

生命教育要让学生懂得生命的意义。生命的过程就是一个人赤裸裸地来到这个世界体验生活的全过程。这个过程是否精彩、有意义、有价值，取决于我们对生活的态度和认识。每个生命都是珍贵的，不管是强大还是弱小，杰出还是平凡，最终都会绽放花朵。生命因有了春、夏、秋、冬的四季更替而丰富了内涵；因有了风、霜、雨、雪的浸染而绚丽，因有了悲、喜、苦、乐才更具意义；因有了赤、橙、黄、绿、青、蓝、紫的各种奇妙重叠才显得无比灿烂与美好。有了失败的磨砺才会有成功后的欣喜，不断奋斗和攀登的历程，让每一个人都拥有自己的精彩，体现人生自身的价值。

案例5.1

最需要帮助的时候，突遭重创的少女却以她依旧明亮的目光和灿烂的笑容向人们诠释了珍爱生命的信念。从跌倒的那一刻起，便不再有体操冠军，不再有平静轻松的生活，甚至也很难再有无拘束的奔跑和行走，可17岁的桑兰却坦然擦去父母亲友的泪水，她说："别难过，我会做个对社会有用的人。"似乎，只用一个"坚强"还不足以形容这个女孩子的超凡之处，因为这个词里多少夹杂着些被动和无奈的成分，而"勇气"则不同，它能让人产生更坚定和更富挑战的联想。面对突然的变故，不放弃生活、不放弃希望、不放弃追求，绝不仅是说一句简单的"热爱生活"就能轻易做到，而这力量的唯一源泉就是极大的勇气。桑兰的勇气让所有的人感动和震撼。

点评：桑兰本来的梦想是体操明星，而不是坐在轮椅上的名人。但她的勇气使她远离了怜悯和同情，她因此而成为一种精神的代称，也因此而成为真正的明星。从此后，人们将记住中国少女桑兰的故事——她有好听的名字，她有非凡的勇气，她告诉我们：珍爱生命，是尊重别人，也是坚守尊严。于是，从中我们也明白了生命的意义。

生命教育是旨在帮助学生认识生命、珍惜生命、尊重生命、热爱生命、提高生存技能、提升生命质量的一种教育活动，即生命关怀的教育。关怀学生的生命实质是关怀学生个人的生活经历、经验、感受和体验。每个学生的生命都是独特的，这种独特性以其独特的遗传因素与环境相互作用，并通过其经历与经验、感受与体验体现出来。而人又是通过以其经历而形成的自我经验来感受生活、感受他人、感受世界的，即基于他的生命感受和自我经验来理解生活、理解他人、理解世界。

学校教育的一项主要任务就是帮助每一个学生清醒地意识到自身的生存与发展的需要，并促进他们这种需要的满足。关怀学生个体生命，实质是关注每一个学生每一天的健康成长，帮助每一个学生过好每一天。班主任要面对的是学生真实的生活，面对学生生活中的尴尬、压力、恐慌。所以，班主任要关怀学生在真实的生活中所面临的诸多问题，帮助他们适当地解决问题，从而培养、提高他们的应对能力。

生命教育含三大主题：一是珍爱生命，培养良好人生观，充分认识生命的价值，尊重生命；二是守护生命，要掌握避灾的常识和技巧，提高战胜自然灾害的能力；三是激扬生命，坚持以人为本，弘扬生命的意义，挖掘生命潜能，激发生命素质，提升生命事业，最大限度地激扬生命个性，实现生命价值。

三、生命教育原则

1. 对学生生命的尊重

尊重每个人的生命就是要尊重并合理引导生命的个性、差异性。班主任要走进千差万别的学生的生命世界，不仅要用自己的眼睛，更要时刻用学生的眼睛去观察，用学生的心灵去感受他们的世界。

2. 重视学生的体验和感受

关怀始于班主任的关怀行为，完成于学生的被关怀感受。如班主任要通过发掘学科与生活的关联来激发学生的兴趣，打消其对学科的隔膜感和无用感，促进学生的理解，增强知识的亲和力。学习成绩差的学生渴望得到教师积极的鼓励，从中获得平等感和信心；学业成绩优秀的学生则更看重教师进一步促进自己学业成长的能力和耐性。

3. 教师榜样的作用

教师要培养学生关怀之心，不能空泛地复述关于关怀的大道理，只有关怀的行动才是建立师生间信任关系的基石，只有关怀的行为才能给予学生温馨的感受。

4. 突出教育的实践性特征

关怀是教师职业的基本特点，关怀先于、重于做事和职业技能。班主任在与学生建立起来的关怀关系中，必须开放性地、非选择性地、不怀功利目的地接纳学生，设身处地为学生的发展和需要服务。

5. 消除师源性的心理障碍

心理障碍主要是由于个体对环境中的刺激不能适应，不能调整自己的心理和行为，以取得与外界积极的平衡而产生的。学生不良情绪的80%来自于身边的长者，主要是家长和教师。教师在教育教学过程中不恰当的教育方法和手段，会直接或间接地对学生的心理造成伤害。据调查，四成以上的学生怕老师、不爱上学、在学校不快乐，超过五成的学生在老师请他去办公室谈话时会感到紧张。这些不良情绪，包括自卑、退缩、厌学、紧张、焦虑、恐惧、抑郁等心理疾病，相当一部分是师源性的。

6. 让学生学会与自身的和谐

人类最大的痛苦往往源于自身的不和谐，世界不和谐的根本也源于个体生命。个体生命的不和谐主要表现为人格的分裂状态。当今社会竞争激烈，压力剧增，脆弱的心理容易导致心态的扭曲、人格的分裂。所以，生命教育要着重培养学生健康而坚实的心理，指引学生做到如下和谐统一：

（1）身心健康和谐统一。一个和谐的生命个体，一定是身心健康的统一体。心理健康教育应成为生命教育的一个重要的组成部分。教育要塑造一颗高尚的心灵，首先要培养一个健康的心理，因为心理健康是心灵高尚的必要前提。生命教育要让学生学会正确地认识和评价自己，既不因自己的优点而狂妄自大、骄傲自满，也不因自己的不足而妄自菲薄、自暴自弃，而是善于正确地“自我接纳”，并努力自我完善。生命教育应让学生学会管理自己和自我调节，对自己既不放纵，也不苛求，而是乐观自信，积极进取，能够充分感受到自己存在的价值和意义。生命教育还要培养学生具有一种在任何境遇下都能寻找到积极因素的心理机制，让学生能自如地应对生命中的无常与困境，并能把生命进程中的危机转化为自己成长的契机。

（2）与他人和社会、国家和谐统一。生命教育应当是自我与他人、权利与责任统一的教育。每个个体生命都是人类这个生命整体中的一分子，是社会关系网中的一个点。人一生的成长、发展、成功、幸福，是与他人的交往和关系密切联系的；人一生的快乐、烦恼、悲伤、爱与恨的情感，也同样与他人的交往和关系分不开。生命教育必须开展人际交往教育和社会道德教育，一方面使学生掌握交往的规则，学会尊重，学会关爱，学会宽容，学会共同生活；另一方面，培养学生的人文关怀、社会关怀，学会接纳他人，欣赏他人，与他人、与世界共融共在。陶行知先生曾精辟地指出，教育的目标是培养人中人，而不是人上人、人下人，更不是人外人。

生命教育还要开展感恩教育，让学生明白，若要活得幸福、活得愉快、活得满足，就要学会感恩。感恩祖国、感恩父母、感恩老师、感恩同学、感恩校园。只有这样，学生才有可能坦然面对经历的痛苦和灾难，才会把一个个微小的幸福连接成一生一世的幸福。班主任必须把“孝心献给父母、爱心献给他人、热心献给社会、忠心献给祖国、信心留给自己”的教育融入生命教育的各个环节中。

（3）与大自然和谐统一。和谐意识的教育应包括社会生活教育和生态环境教育，要使学生明白在满足自身需要的同时，还要保持必要的克制，同时也应当对其他生命保持尊重和关照，以维持自身和大自然之间的动态平衡。因此，生命教育应让学生学会尊重自然、爱护自然，像善待自己和家人一样善待自然。只有这样，人类与自然才能长期共存。

第二节　生命教育的特点和内容

人本主义教育理论认为，学生是涌动着无限活力的生命体，是教育的起点和归宿。这就要求我们尊重生命主体，将生命发展的主动权还给每一位学生，为其创设生动活泼、充实丰富的环境和条件，以促进生命主体全面、和谐、主动、健康地发展。

一、生命教育的特点

杜威曾说：“教育即生活，生活即成长。”学生品德的形成源于他们对生活的体验、认识和感悟，教育从最根本的意义上说，是为人的生命（尤其是精神生命）的发展服务的。班主任必须尊重生命主体，将生命发展的主动权还给每一位学生，从而为其创设生动活泼、充实丰富的环境和条件，以促进生命主体全面、和谐、主动、健康地发展。生命教育不仅要贯彻于学校教育全过程，还应遵循其规律和特点。

1. 关注生命，要敬畏生命

教育关心的不仅是人可以经由教育而获得多少知识、认识多少事物，而且在于人的生命意义可以经由教育而获得彰显和扩展。班主任要让教育充满人性、充满人情。一个真诚的班主任应该是一个真诚的人道主义者，一个受学生喜欢的班主任也应该是一个充满人情味的老师。因此，班主任应该具备真正的学生意识、童年意识和敬畏生命意识。

2. 关注生命，要尊重学生的个性

一颗流星、一点流萤，在广袤的夜空，都是亮丽的，都让我们感受到该个体的独一无二和与众不同。同样，每个学生都有不同的认知特征、兴趣爱好、欲望渴求、价值取向和创造潜能，从而铸就了千差万别的个性。教育的根本任务就在于挖掘学生的潜能，发展学生的个性，让个性由依附走向独立，由封闭走向开放，由内敛走向凸显。

（1）关注生命的个性，要创设宽松氛围。宽松的氛围对学生个性自由的发展有重大意义。教师任何时候的严厉训斥、冷嘲热讽，都会扼杀一个个创造的萌芽，使学生丧失表现的信心和勇气，无故地产生自责和恐惧心理，使个性发展陷入依赖、封锁、禁闭的尴尬境地。相反，教师对学生亲切的交谈、信任的注视、宽容的微笑，以及融入尊重、关爱的举手投足，都可以构成一种宽松的教育氛围。置身于这种氛围，学生才会产生如沐春风的愉悦感受，使自己的个性彰显光彩。

（2）关注生命的个性，要进行多元沟通。个性的健康发展离不开沟通，学生的个性必须在沟通中得以协调。教育应走出“自我封闭”，拓展沟通交流的时间和空间，协调和整合各方面的教育力量，努力与家庭、社区建立多元沟通机制。

（3）关注生命的个性，要开展丰富多彩的活动。发展学生的个性，要利用丰富多彩的活动，使学生有更多的机会获得成功。班主任要努力创设积极进取的学习环境，鼓励学生在思想品德、知识水平、日常生活、人际交往、特长培养等方面都满怀信心地去进取，让学生有发展个性的机遇，有成功的体验。例如，班主任可以创设学生个性特长展示的舞台，开辟“你在这点行、我在那点行”“今天若不行、明天还能行”等个性展示擂台，让更多的学生参与进来，以达到弘扬个性、实现自我的目的。

3. 关注生命，要关注学生的发展

关注生命的发展，最重要的就是要关注生命的和谐发展。关注生命的和谐发展，要求班主任要着眼于学生的全面成长，促进学生认知、情感、态度与技能等方面的发展。班主任在关注学生学习、做事的同时，绝不能忽视学生的心理健康，要关注学生的成长历程。

技校生的智能及生命要素都处在发展之中，他们的可塑性很强，班主任切不可凭学生的现时表现和自己的主观臆断静态地评价学生。为保证每一个学生都得到良好的发展，班主任需要在班级制度、目标、措施、方法上做到“一切为了孩子，为了孩子的一切，为了一切的孩子”。班主任要民主、公正、平等地对待每一个学生，设身处地为学生着想，尽自己所能，向他们提供最合适的教育，使具有不同天赋、潜能、性格、文化差异的学生都能得到最充分的发展，真正使全体学生全面发展。

4. 关注生命，要追求创造

培养具有创新精神和实践能力的创新型人才是技校教育的基本任务。教育既是一门科学，也是一门艺术，而艺术的生命在于创造。由于班主任工作的对象是不断发展变化着的未成年人，对他们的培养没有固定的模式可循，必须通过班主任创造性的工作去寻求适合自己教育对象的方式方法。

案例 5.2

这是某技工院校一位班主任的心里话：小雯的基础很是薄弱，她的懒惰，她的不思进取，她的顽固不化，让我既生气又为她担心。我常想：她的将来可怎么办啊？无计可施，随她去吧！挫败感时常缠绕于我的心头！离开这个班级的时候，我对她的一举一动依然不自觉地关注着，心境反而平静了下来。一次，我加进来一个QQ好友，就是她。师生在网上的交流也变得与平时不同起来，忽然间觉得自己就是她的朋友、父母、姐妹，谈话也掺进了别样的味道。小雯始终困惑的问题就是：老师，我以后能干点儿什么呢？我为她思想上的负荷惊异，也为自己曾经的判断而后怕：一个这样的孩子都在为自己的将来而思考，我该为她做点儿什么？经过深深的思索，我说：其实，你很有灵气，你最大的问题就是浪费了很多宝贵的时间。然而，世上的路有千万条，三百六十行，行行出状元。只要你努力了，总有你生存的空间。最后，在她惊讶的语气中，我强调说：我相信你，你也要相信我。知道吗？当时我的心是既轻松又沉重。轻松于我终于能站在孩子的角度去想问题了，沉重于我怎么现在才去做这件很简单的事。不知道是因为我对她说的话起作用了，还是其他什么原因，以后的她见到我是那么的阳光，就如一缕久违的春风，而且，无论是老师还是同学都对她的转变赞赏有加，一扫我心底的阴霾。

点评：班主任要把对学生的生命教育与学生的个人生活、社会生活和学生发展结合起来，以正确的价值观引导学生在生活中发展，在发展中生活，使学生健康、安全、愉快、积极地生活，有责任、有爱心、有创意地生活，引导学生积极探索生命的意义，努力提升生命价值。正因如此，一个后进生就在教师的关注、关爱、关心的目光中找到了方向。在学生找到生命意义的同时，教师也找到了自己生命教育的意义。

二、生命教育的内容

对学生进行生命教育的内容包括生存意识和生存能力、生活态度与健全人格、理想信仰与真善美、科学文化与创新精神等方面。班主任要指导学生学习并掌握必要的生存技能，认识、感悟生命的意义和价值，培养学生树立尊重生命、爱惜生命的理念，学会欣赏和热爱自己的生命，进而尊重、关怀和欣赏他人的生命，树立积极的世界观、人生观、价值观。具体内容可归纳如下：

1. 指导学生学会正确认识和评价自己

既不因自己的优点而狂妄自大、骄傲自满，也不因自己的不足而妄自菲薄、自暴自弃，要学会正确地“自我接纳”，并努力自我完善。

2. 指导学生学会管理自己和自我调节

对自己既不放纵，也不苛求，坚持乐观自信、积极进取，并充分感受自己存在的价值和意义。

3. 指导学生乐观面对生活

培养学生在任何境遇下都能寻找到积极因素的心理机制，让学生能够自如地应对生命中的无常与困境，并能把生命进程中的危机转化为自己成长的契机。指导学生积极充实自我、把握现在所拥有的一切。通过尊重、关怀、珍惜生命的反思教育，摆脱死亡恐惧的阴影，构建一个充满喜乐的内心世界，过好生命中的每一天。

4. 指导学生学会与他人、与社会的和谐

一方面使学生掌握交往的规则，学会尊重，学会关爱，学会宽容，学会共同生活。另一方面，培养学生的人文关怀和社会关怀理念，使他们学会接纳他人，欣赏他人，与他人、与世界共融共在，并逐步成为既尊重自己也尊重他人、既悦纳自己也悦纳他人、既肯定自己又成全他人、既全力服务社会又得到社会充分肯定的人。

5. 指导学生懂得如何提高生命的质量

让学生体验、感悟到自我生命的存在与珍贵，认识、体验个体生命的力量，了解这种力量产生于人的智慧；让学生懂得人生的意义与生命的价值决定于个体的质量，而个体的质量又很大程度地取决于对他人、对社会的奉献，从而自觉地将自己生命中最美好的情感、最出色的智慧奉献给同学、亲人与社会，并以此作为一种快乐，使生命的价值得到不断的提升。

6. 指导学生懂得感恩

要让学生学会感恩，明确自己的责任，并在履行责任中表达出对生命的眷恋，对提高生命质量的追求，健康地走完人生。

第三节　生命教育的实施

生命教育的形式很多，这里主要讲心理生命教育和活动生命教育两种形式。生命教育的实施应根据技校生的生理、心理特点采用多样化的教育活动形式，倡导学生自主探究、实践体验、合作交流的学习方式。班主任要充分利用课外活动、班集体活动、节日和纪念日活动、仪式教育、社会实践活动等多种载体，为学生提供真切的活动情景或场景，增强学生对生命现象、生命活动的体验。在生命教育的活动中，班主任要用爱心、耐心和责任心帮助学生走出成长、交往、发展中的困惑，用爱去育爱、用人格去塑造人格、用生命去唤醒生命，为学生的终身幸福奠定基础。

一、法制教育

近年来，学生弑父母、杀同学、参与校园暴力等故意伤害违法案件频见报端。在众多原因之中，学生法制观念薄弱甚至缺失，是一大重要原因。所以，实施生命教育，不可不首抓法制教育。

班主任要通过对学生进行法制观念教育，特别是进行预防未成年人犯罪教育，增强学生的国家意识、权利义务意识、守法用法意识，使学生明辨是非，增强自我约束和自我保护能力，预防和减少违法犯罪行为。具体方法如下：

1. 抓常规，促普及，提高法制教育的实效性

知、情、导、行是德育过程的四个基本环节。其中，知是基础，把纪律教育和普及法律知识紧密结合起来，切实加强学生养成教育。

2. 抓倾向，帮“后进”，增强法制教育的针对性

校园中偶发的一些违法违纪事件，如果处理不当，往往会在学生中产生一定的负面影响。班主任要利用具有典型性的事件，就事论理，借题发挥，举行主题班会，结合有关法律条文，组织学生对事件加以剖析，使学生从中接受生动的法制教育。

3. 勇实践，重体验，探索法制教育新途径

要培养学生自我教育能力，积极探索自主性教育模式，并把这一模式在法制教育过程中认真实施。

二、感恩教育

人只有有了感恩的思想，才能焕发出无穷的力量。

古人说：滴水之恩，当涌泉相报。感恩不仅是中华民族的传统美德，还是一种处世哲学，是一个人对自己和他人以及社会关系的正确认识。感恩也是一种责任，一种情感，更是一种人生境界的体现。感恩还是一种精神风貌、工作作风和生活态度。只有用感恩之心回报他人的帮助，才会使我们所处的社会更和谐。但是，在当前的社会，学生感恩缺失是一个不争的事实，部分学生由于后天教育和当代社会的影响逐渐形成了一种社会责任感淡薄，缺乏自立、自强、自尊的意识状态，形成了他们“事不关己，高高挂起”“有回报才奉献”等心态，造成了不少负面效应。因此，加强对学生进行感恩教育是每一个教育者迫在眉睫的大事。

感恩教育是通过一定的感恩内容对学生实施的识恩、知恩、感恩、报恩和施恩的人文教育；是一种晓之以理、动之以情的情感教育；是一种以人性良知唤起学生觉悟的人性教育；是一种加强责任意识、自尊意识，健全人格培养，提高追

求人生成就的教育。

通过感恩教育，应使学生懂得“知恩图报”和“施恩应当”的道理，做到既有报恩之心，更有感恩之行。在家庭尽孝心，在学校献关心，在社会献爱心。时刻做到“心中有祖国、心中有集体、心中有他人”，立志报效祖国。做到爱护集体，孝敬父母，尊敬师长，关爱他人，把学生培养成知恩图报、立志报效、诚实守信、道德高尚的社会主义合格建设者和接班人。

班主任应结合学生实际情况，侧重从下列几个方面开展感恩教育：

1. 感激祖国和人民的关怀

以每年的党的生日、国庆为契机，组织学生走进工厂、农村、博物馆、爱国主义教育基地等进行广泛的社会调查。并通过服务社区活动、志愿者活动、劳技活动等形式，使学生了解和感受我们国家的历史和改革开放所取得的伟大成就和家乡的巨大变化。开展爱祖国、爱人民、爱劳动、爱科学、爱社会主义的教育活动，使学生体会到社会对他们的关怀和爱护，引导他们感受今天的幸福来之不易，树立正确的人生观、价值观和世界观，激发和增强学生“报答社会、感恩社会、报效祖国”的深刻情感。

2. 感激父母的养育之恩

通过鼓励和动员学生开展为父母多做事，对父母多说知心话，为父母过生日，为父母揉揉肩、捶捶背、洗洗脚，帮父母做饭、洗衣等，使学生懂得父母的艰辛和不易，培养学生感激父母的养育之情。

3. 感激老师的辛苦教诲

以学校的名义动员学生向老师献真情活动，如通过写一封信、谈一次心、做一张贺卡、献一束鲜花、送一句话等真挚朴实的方式，来表达对老师的感激之情。

4. 感激同学的真诚相助

通过开展以“同学如手足”“牵手同学、共同进步”等主题活动，以及给身边同学做一件有益的事，给班级（团支部、中队）做一件有益的事等活动，掀起同学之间互帮、互助、互学、互进的热潮，增进同学之间的友谊和感情。

5. 感恩自然的伟大赐予

开展爱护自然、爱护环境的活动。结合创建国家森林城市和中小学校园文化建设，美化、绿化校园，组织每一个学生主动植一棵树、养一盆花、保护一片绿地，自觉成为爱护环境、保护环境的志愿者。

三、青春期健康教育

青春期是人的生理、心理发展的关键时期，正常的男女交往是必需的。但异性交往如果处理不好，对学生的学习与生活都会产生消极影响。

1. 早恋教育

处于青春期的学生，渴望接纳、寻求伙伴，伴随着性发育和“激起新情感”时期的来临，在他们身上出现了一系列从未有过的现象，内在的冲动往往使他们陷入迷惑、恐惧和焦虑之中，使得其行为不知所向。由于家庭教育、成长环境，以及学生自身的差异，有些同学会出现爱慕班上的某个男生或女生的现象。表现为爱看反映少男少女之间感情的书籍、传纸条、打电话或发短信、在网上聊天、约会，甚至有“老婆、老公”等成人化的称谓。

一位学生自己这样描写：青春的爱只是我手中的一只纸蝶，遇见风会吹走，遇见雨会沉沦，遇见火会燃烧。有经验的班主任常说：推一推，可能催成早恋；拉一拉，拉回友谊。技工院校教师，特别是班主任，必须了解技工院校学生的这一生理和心理特性。对学生的早恋问题要提前教育，预防在先，善于观察。现在的学生生活条件好，身体发育较早，再加上社会、家庭、网络、广播电视等的影响，思想也成熟较早。如确实发现学生有早恋现象，怎么办？

（1）提倡正常的男女生交往。正当的学生异性交往应当是怎样的呢？四个字概括：顺其自然。要让学生懂得男女生交往的好处，如智力上的取长补短、情感上的互相交流、个性上的互相丰富、活动中的互相激励等，而这些是绝对有利于学生增进心理健康的。

（2）给予合理建议供学生参考。如与异性交往不过分拘谨，不过分随便，不过分冷淡，不过分亲昵，不过分卖弄，不违反习俗等。

（3）对早恋问题应坚持正面疏导。要做到理解、尊重、宽容相结合，帮助学生正确处理好男女同学之间的交往：一是分清友谊与爱情的区别。二是转移注意力。三是树立远大的目标和切实可行的近期目标，把时间和精力放在对目标的追求上。四是多参加集体活动，在活动中充实自己。五是为对方的前途和自己的前途着想。六是多交一些朋友，多看一些优秀的文艺作品，从中得到解脱。

（4）在征求学生同意的情况下，和家长沟通，共同进行教育。

2. 性教育

青春期的性欲及个人在两性问题上的情绪体验，在技校学生生活中占有重要的地位。一方面，他们的性意识已经萌发，渴望体验性爱；另一方面，他们又迷惘焦躁，不知怎样获得性爱，怎样处理两性关系。特别是高职学生，处于青春期后期的接近异性期，男女中学生由于情窦初开，双方有一种情感的吸引，有彼此接近的需要。男女生相互吸引是性心理发展的一个重要阶段。但是异性吸引并非就是恋爱，好感也不等于初恋。处在青春期的学生，往往分不清好感与初恋的区别，造成精神烦恼。如果家长和老师一看到男女生在一起，就断然认为是在谈恋爱，教育的方法欠妥，往往会给学生心理带来创伤，并可能激发他们的逆反心理，反而迫使他们真的谈起恋爱来，而这时他们并未真正成熟，这种恋爱也就难以成功，却又进一步增加了他们的烦恼、迷惘、焦躁。

目前，我国青少年性知识来源于书刊、网络的占 30%，来自母亲的只有 3%，来自父亲的仅有 1%。在我国，10～24 岁的青少年占人口的 1/6，他们通常被认为是社会最健康的人群。但如今，他们的健康特别是生殖健康，正在受到自己的生殖行为，包括艾滋病在内的性传播疾病、非意愿妊娠和人工流产的威胁。特别是进入青春期后，人体会发生很大的变化，这些变化有人体外形的变化，也有生理、生化、内分泌的变化，还有心理、智力和行为的变化。而对性的好奇和冲动，使一部分学生过早涉足性行为。

然而，现在各学校对青春期性教育认识不统一，或认为可有可无，或认为不好进行，应属家庭教育的范畴。青春期性教育科学性不足，内容不足，没有理想的教材，教育内容狭窄，强调知识的灌输，缺乏特色，而且教育方法和手段落后。除单纯知识讲授外，较少参观展览，观看标本、录像等，缺少超前教育的意识。

中国性心理专业委员会有关专家指出，由于我国对青少年性教育的长期缺失，致使相当多的青少年对性的认识直到成人（18 岁）时还是一知半解。生理上强烈的神秘感增加了偷尝“禁果”的冲动，使遭受诱骗的可能性大大增加。而且，异性交往过密是青少年释放性冲动、满足性需要的方式之一。但他们刚从天真的世界中跨出，并逐步进入自我所能控制和调节的世界中，应该说，这时的他们还都是孩子，虽然性功能等生理方面已经成熟，但心理各方面都还不成熟，如生活还不能自立，思想、能力水平还缺乏经验，还无法处理好异性交往偏差中出现的问题，不能充分理解自己对爱情所应承担的重大责任。

目前，性教育急需克服观念上的束缚，需要彻底改变那种“性教育说不得”的旧观念，将性教育放到桌面上来，扎扎实实地进行性教育改革工作，使大、中学生不仅拥有较高的专业文化知识，也拥有健康的性意识和性道德，进而成为拥有高尚人格的社会群体。

案例5.3

某技工院校一女生到妇科看病，大夫告诉她怀孕了，这个女生并没有什么惊讶的反应。她出了诊室，3个背书包的男生在等她，这个女生很骄傲地对他们说：“大夫说我怀孕了。”3个男生竟然异口同声地说：“啊！怀孕了，那就生了吧。”

点评：性行为是一种具有后果的行为，本身带有一种责任和互相给予的性质。从以上案例可见，技工院校学生因在心理和阅历上尚未成熟，往往不能清楚地意识到性行为的后果，也没有能力承担性行为可能带来的责任和义务，更不能正视过早性行为会给自己、他人、社会带来的负面影响。因此，班主任要善于引导，通过性教育课等途径，不仅让学生掌握科学的性知识，更重要的是培养他们的性道德情感，认识过早性行为的危害性。

案例5.4

某技工院校女生B本来是个好学生，不仅人长得漂亮，而且学习也不错。情窦初开的她与本班一个男生谈恋爱。但是，她被男友强奸了。事情一发生，痛苦万分的她把事情告诉了的母亲。原本，她想从母亲那里获取解决的措施，得到母亲的安慰而减少内心的痛苦，但让她没有想到的是，原本温文尔雅的母亲听后却勃然大怒，还骂了许多难听的话。B绝望了，彻底对自己的清白和未来绝望了。后来，B开始在社会上流浪，有一次她对自己的一个好友说：“我想到酒楼当三陪小姐。”幸亏她的好友及时告诉老师，在老师和同学的帮助下，悲剧才没有发生。

点评：在我国，青少年学生一旦发生性行为，往往会被老师、家长和社会

“一棍子打死”，被视为不良少年或者品德有问题。有的学生因此自杀，或走上犯罪道路。因此，班主任应从生理和心理上多关爱学生，加强对学生进行性道德、性责任、性安全教育，应让他们懂得婚前性行为严重影响青少年身心健康，避免婚前性行为。

（1）帮助学生提高自我控制能力。班主任可从以下三个方面致力于学生性道德、性责任培养，提高学生的自我控制能力。

1）责任感的培养。加强对技校学生责任感的教育，使他们知道性的问题不仅是个人的私事，其结果和影响更是一个社会问题；他们要对性行为中的另一个人和社会负有责任感。

2）义务感的培养。每一个人当性生理、性心理成熟时，都有恋爱和结婚的权利，同时也有相应的义务。人们在享受爱情的甜蜜时，也有付出的义务，对对方要有照顾的义务，甚至有为对方作奉献的义务。

3）羞耻感的培养。羞耻感是人所具有的一种伦理调节手段，但羞耻感不是天生的，而是加强修养的结果。要强化对技校学生的羞耻感教育，使他们树立正确的荣辱观和美丑观。

（2）帮助学生认识过早性行为的危害。班主任可从以下三个方面指导学生认识过早性行为的危害，使学生“知难而退”。

1）过早性行为会使青少年学生产生紧张、忧虑、较大的情绪波动及沉重的精神负担，如学习分心、有犯罪感或负疚感等。

2）过早性行为有感染或传播性病甚至艾滋病的危险。

3）过早性体验会影响成年后对配偶的选择，会给婚后的家庭生活带来阴影。

（3）加强对学生进行性安全教育。性安全教育中特别要突出的是预防艾滋病的健康教育。

感染艾滋病病毒的主要途径包括血液途径传播、性途径传播、母婴途径传播。性途径是艾滋病的传染途径之一，班主任应增强学生自我保护意识和抵御艾滋病侵袭的能力，要指导学生严格落实有关的预防措施：

1）不发生婚前性行为。

2）不以任何方式吸毒。

3）不轻易接受输血和血制品（如必须使用，要求医院提供经艾滋病病毒检测合格的血液和血制品）。

4）不与他人共用针头、针管、纱布、药棉等用品。

5）不去消毒不严格的医疗机构或其他场所打针、拔牙、穿耳朵眼、文身、文眉、针灸或手术。

6）避免在日常救护时沾上受伤者的血液。

7）不与他人共用有可能刺破皮肤的用具，如牙刷、刮脸刀和电动剃须刀。

四、网络安全教育

当今世界，网络走进了校园，走进了千家万户，也走进了青少年学习、娱乐的天地。互联网给青少年带来大量文明成果，也为色情和暴力留下了巨大的空间。事实证明，网络是一柄双刃剑，用得好，它就是引领青少年遨游知识海洋的天使；用得不好，它又是把青少年带入歧途的魔鬼。因此，要正确引导学生使用好网络。

1. 要使学生充分认识沉迷网络的危害

技校学生上网，主要在三个方面：聊天、玩游戏、查看个人喜欢的信息。资料显示，目前在中国市场销售的网络游戏大约有95%是以刺激、暴力和打斗为主要内容的，而且越“刺激”，上网参与的人就越多，由此引发了一系列的社会问题，如学生逃学、校园暴力等。在虚拟的网络世界里，现实社会中无处不在的道德约束和法律威慑都荡然无存，人性中长期被压抑的生物性本能就会在征战杀戮中毫无掩饰地被释放出来。网络暴力游戏正在悄悄地改变着一部分青少年的生命观、道德观，值得敬畏和珍惜的生命，在他们的眼里，却显得异常苍白和微不足道。心理学的“内模仿”理论认为，在网上玩游戏或发表言论，都要经历一个心路历程，久而久之，习惯成自然。人们在进行网络行为的过程中，会形成某种道德意识，这种意识会对人们的网上行为与现实道德取向产生影响。如果一个人把在网络行为中形成的品质带到生活中，将暴力、色情等不良意识内化为现实行为，就会对社会造成严重的危害。有专家指出，美国一个14岁的男孩拿起枪打死了8个同学，原因就是这个男孩一旦拿起枪就有杀人的痛快感，他的这种杀人技巧、行为和感觉都是在玩游戏中形成的。网络暴力可能使人对生命、对死亡产生一种非常淡漠的意识。

技校学生可塑性大，猎奇心强，认识能力、辨别能力、自控能力较差，上网的内容往往良莠难分。他们若长时间泡在“网吧”中，沉溺于充斥着暴力、色情和黑市交易的网络游戏，热衷于网上聊天交友，甚至浏览色情、赌博网站，必然影响其健康人格的形成，甚至走上犯罪道路。

案例 5.5

某市 17 岁少年长年沉溺上网，常与父母发生激烈的争执。他竟用两年的时间酝酿杀害父母的计划，最终母亲丧命于他的刀下，父亲也被砍成重伤，等待他的是法律的制裁。

点评：目前不少“网吧”环境恶劣、治安管理混乱，犯罪分子常常光顾滋扰。学生在这样的环境下必受不良风气影响，或在网吧交友不慎，上当受骗；或遭受人身财产伤害后，干脆与人同流合污，自甘堕落；或一旦遇上冲突斗殴，会引来杀身之祸。正确引导学生使用好网络，预防网络危害，是班主任义不容辞的责任。

2. 教育和引导青少年对网恋情感进行合理控制和适度调节

网恋正成为当下一些年轻人休闲、娱乐的一种新时尚。网上聊天由于看不到对方的容貌，不了解对方的详细情况，容易将深藏在心底的感情与欲望淋漓尽致地宣泄出来，就连电话中或面对面时不敢说的话，都会一吐为快。所以，在聊天室里，许多现实生活中难以启齿的求爱信息屡有出现。网络聊天室内发布的此类信息，严重地败坏了网络及网友的声誉。网恋也正在成为青少年防不胜防的“桃色陷阱”。

交往是青少年发展的需要。在现实生活中，青少年往往面临着“两难”：一方面，紧张的学习压力往往使得他们筋疲力尽、情感压抑；另一方面，生理发育的本能需求，往往又使得他们迫切需要满足友情、爱情等情感需求。但现实生活中的交往可能会给他们带来压力，而网络中的虚拟空间则会给他们以相对宽松的环境，这使许多学生有尝试和热衷网恋的倾向。其实，网恋的盲目性和随意性是其最大的特点。网恋的魅力在于网络的虚幻，而网恋的危害也恰恰在于此，如果天真地认为网络是一片乐土，流连忘返，就会危及正常的现实生活。凡陷入其中的学生很难分清网上“恋人”的善恶，更识不透网恋背后的陷阱，十之八九的结果是身心俱损，甚至荒废学业，引发悲剧，如某技校一女孩因不堪忍受网上的“失恋”痛苦而服毒身亡。

青少年是网恋的重要行为主体，青少年在网恋过程中存在着认识上的不足和行为上的误区。许多青少年把网络这个虚拟的空间当成了现实，陷于网恋中难以自拔，许多人因此荒废了学业，还有许多人为了去见网上“恋人”，不惜离家出走，给家庭、学校和社会造成很大的影响。

案例5.6

《广州文摘报》报道，四川某校16岁女生王燕无心上学，迷恋打网游。她在游戏中与一名20岁的社会男子认识，两人在游戏中以“老公”“老婆”相称，并在现实生活中有了性行为，导致王燕意外怀孕，并早产下一名女婴。因为无法适应“母亲”的身份，孩子生下后，王燕始终不看孩子一眼。

点评：提高青少年自我保护意识是防止掉进网恋陷阱的关键。老师和家长们应多了解孩子们的思想，帮助他们进行自我心理调适；强化网络道德观念，规范网络伦理行为，让他们树立正确的交友观，远离网恋。

3. 教育学生上网需提高自我保护意识，引导学生正确使用网络

为了更好地指导学生，班主任应该掌握现代网络技术，承担起指导者、服务者、学习者、创新实践者的角色。要联系学生的实际情况，有针对性地开展网络安全、行为规范和道德规范教育，时时提醒学生自律、自警、自爱，随时警惕网络游戏及不良文化的腐蚀和侵害，也要时刻不忘自身对信息社会所应承担的义务和责任。引导学生正确使用网络，可从以下几个方面着手：

（1）利用班会课、集体活动等，向学生传播有关沉迷于上网导致心理障碍的信息，借助身边活生生的例子使学生受到教育。对已患上网络心理障碍的学生及时进行矫正。

（2）引导学生选择上网内容，控制上网时间。要求学生在上网的同时不要忽视学习，同时要让学生参与各种道德实践活动，树立正确的道德标准，养成良好的道德行为规范。要让他们认识到现实生活中的道德规范才是他们应该遵循的，从而提高对网上虚拟社会中各种不良信息的免疫力。

(3) 推荐并引导学生浏览有利于学习的、健康的优秀网站。同时，向学生讲清网络的虚拟性、复杂性以及“网上垃圾”的严重危害性，使学生对网络有一个全面深刻的认识，提高自我抵制能力。

(4) 在平时的教育中，要把虚拟世界和现实生活结合起来，寓教于乐，使网络成为促进学习的工具。鼓励学生通过网上搜索资源来完成研究性课题，把学生上网聊天和玩游戏的兴趣转移到研究与学习之中。做完一个课题之后，学生会有强烈的成就感，利用网络来解决自己学习与生活问题的兴趣也会越来越浓厚。

(5) 为确保学生在校园内使用网络的安全，班主任可建议并协助学校在加强网络管理，建立过滤不安全、不合格网络访问的服务设置的同时，在开放给学生使用的计算机上安装健康的电子游戏，以此满足学生的娱乐需求，保障学生身心健康。

五、预防“黄赌毒”教育

目前，“黄赌毒”泛滥已成为严重的社会问题，极大地影响了社会风气，危害着人民群众的生命安全。曾被视为一方净土的校园，由于社会不良风气和周边环境的影响，也受到了“黄赌毒”的污染，一些涉世未深的青少年学生遭受了毒害。

目前，校园中存在着种种学生涉黄的现象：如私自购买淫秽的口袋书、画报，在网上浏览黄色网站，在教室或宿舍用计算机或 DVD 碟机播放黄色光碟，在网上复制传播淫秽视频文件、淫秽图片、色情小说，以谋取私利。在经济发达地区，还出现极少数学生出入娱乐场所或在校外出租房屋参与卖淫嫖娼等违法犯罪活动的现象。

有些学生参与赌博行为，最常见是在宿舍内打扑克赌博或在校外打麻将赌博，少数学生还会参与牌九、老虎机、赌球、赌马、百家乐、六合彩、十二生肖、网上赌博等。

毒贩为了扩大毒品市场，牟取暴利，常常利用学生好奇心重、有逆反心理、热衷于寻求刺激、追求“时尚”的心理特点，以教唆、引诱、欺骗的手段引诱青少年学生吸毒。学生吸毒者大多是遵循“好奇——盲目模仿——染毒”的规律成为瘾君子的。近年来，南方部分省市发现不少学生喝联邦止咳水并导致上瘾的情况。由于联邦止咳水里含有可待因和麻黄碱，长期或大量服用对人体的危害与海洛因是一样的。这些学生实际上是在有意或无意之间吸食变相毒品。

链接 5.1

新型毒品四大种类及危害①

新型毒品是相对鸦片、海洛因等传统毒品而言的，主要指人工化学合成的致幻剂、兴奋剂类毒品，它是国际禁毒公约和我国法律法规所规定管制的、直接作用于人的中枢神经系统、使人兴奋或抑制、连续使用能使人产生依赖性的精神药品（毒品）。根据新型毒品的毒理学性质，可以将其分为四类：第一类是以中枢兴奋作用为主，包括冰毒在内的苯丙胺类兴奋剂；第二类是致幻剂；第三类兼具兴奋和致幻作用，代表物质是“摇头丸”；第四类是一些以中枢抑制作用为主的物质。现在的主流新型毒品是冰毒、摇头丸、K粉和三唑仑。但新的新型毒品层出不穷，如安纳咖、氟硝安定、麦角乙二胺、丁丙诺啡、地西泮及有机溶剂和鼻吸剂等精神类药物。

吸食新型毒品会严重损害人体组织器官功能，形成难以逆转的病变。而且吸毒耗费大量钱财，导致家庭破裂，毒化社会风气。部分吸食者滥用此类毒品后，行为不能自制，出现性滥交、性侵害等行为。滥用毒品也是传播艾滋病的媒介之一。

调查：青少年沾毒四大诱因

记者调查发现，大城市里青少年沾毒主要有四大诱因：一是无知与盲目好奇。调查显示，八成以上青少年因为无知和好奇而吸食新型毒品。常见引诱语：“吃了试一下有什么感觉？”二是追求刺激。有的青少年精神空虚，生活无聊，便追求不健康的刺激，最易染毒。常见引诱语：“吃了玩，会更开心！”三是借毒躲避现实。一些人在升学、恋爱、就业等问题上遇到挫折，听信毒品能解脱烦恼的谎言。常见引诱语：“摇头丸能摇掉烦恼。”四是交友不慎。犯罪分子采用免费尝试，偷偷放在酒水中等方式，引诱青少年沾毒。常见引诱语：“吸毒不上瘾”“吸

① 摘自《广州日报》，2008年6月26日。

毒可以减肥”。

广东省公安厅禁毒局局长杨江华说，新型毒品的毒副作用是非常大的，后果可谓是“一日吸毒，长期想毒，终生戒毒”。

一些不法分子将K粉和冰毒、摇头丸混合在一起兜售，具有兴奋和致幻的双重作用，由此产生的毒性较两种毒品单独使用要严重得多，很容易导致过量中毒甚至发生致命危险。

链接 5. 2

1. 什么是毒品？毒品的危害性主要表现在哪些方面？

根据《中华人民共和国刑法》（以下简称《刑法》）第 357 条的规定：毒品是指鸦片、海洛因、甲基苯丙胺（冰毒）、吗啡、大麻、可卡因以及国家规定管制的其他能够使人形成瘾癖的麻醉药品和精神药品。

毒品的危害，可以概括为“毁灭自己、祸及家庭、危害社会”12 个字。

（1）毒品严重危害人的身心健康。

（2）毒品问题诱发其他违法犯罪，破坏正常的社会和经济秩序。

（3）毒品问题渗透和腐蚀政权机构，加剧腐败现象。

（4）毒品问题给社会造成巨大的经济损失。

2. 吸毒会引起哪些并发症？为什么吸毒易导致艾滋病？

吸毒严重损害人的身体健康，造成：

（1）营养不良。营养不良居吸毒并发症的首位。吸毒可以引发呕吐、食欲下降，抑制胃、胆、胰消化腺体的分泌，从而影响食物的消化吸收。时间一长，造成吸毒者普遍营养不良和体重下降，特别是经济困难的吸毒者，到最后大都是骨瘦如柴。

（2）损害呼吸道。零售的毒品中大都掺入了滑石粉、咖啡因、淀粉等粉状杂物，吸食后可引起肺颗粒性病变、肺纤维化、肺梗死、肺气肿、肺结核等肺部感染。由于海洛因具有镇咳作用，当吸毒者肺部病变时，人体并无明显咳嗽等表现，易掩盖病情，往往临床上发现吸毒者有肺部感染时，病情已经十分严重。

（3）易患各种疾病。吸毒者大多数是性乱者，尤其是女性吸毒者，大多滥交、卖淫，极易交叉感染各种性病。

（4）感染性疾病。不消毒的静脉注射易引起皮下脓肿、蜂窝组织炎、血栓性静脉炎、败血症和细菌性心内膜炎等感染性疾病。

（5）损伤血管。静脉注射毒品，可引起局部动脉栓塞、静脉炎、坏死性血管炎和霉菌性动脉瘤等。

（6）损害神经系统。如急性横贯性脊髓炎、急性感染性神经炎、细菌性脑膜炎等。

（7）造成性功能障碍。男性多表现为阳痿、早泄、射精困难；女性多表现为闭经、痛经、停止排卵、性欲缺乏和不孕。吸毒孕妇分娩婴儿死亡率高。

（8）精神病症状。由于毒品的作用以及吸毒后生活方式的改变，吸毒者多出现人格改变和典型的精神病症状。如自私、冷漠、社会公德意识差，有的还会出现幻觉冲动，发生攻击行为，自残、伤人或自杀。

（9）肾脏疾病。如急性肾小球性肾炎、肾衰竭和肾病综合征等。

（10）艾滋病是“获得性免疫缺陷综合征”的简称，英文缩写是AIDS。它是由人类免疫缺陷病毒（HIV）传入人体后，破坏人体的免疫功能而出现的一系列症状，最后导致死亡。目前，全世界尚无一种有效的手段治疗和控制艾滋病，故称为“世界超级瘟疫”。吸毒易导致艾滋病的传播，是因为吸毒者之间常常共用一支注射器注射毒品，而感染艾滋病。

3. 染上毒瘾的人一般有哪些迹象？

染上毒瘾一般有以下迹象：

（1）无故旷工、旷课，学业成绩、纪律或工作表现突然变差。

（2）在家中或单位偷窃钱财、物品，或突然频频地向父母或朋友索要或借钱。

（3）长时间躲在自己房间内，或远离家人、他人，不愿见人。

（4）外出行动表现神秘鬼祟。

（5）藏有毒品及吸毒工具（如注射器、锡纸、切断的吸管、匙羹、烟斗等）。

（6）遮掩收缩的瞳孔，在不适当的场合佩戴太阳镜。

（7）为掩盖手臂上的注射针孔，长期穿着长袖衬衣。

（8）面色灰暗、眼睛无神、食欲不振、身体消瘦。

（9）情绪不稳定，异常地发怒、发脾气，坐立不安、睡眠差。

（10）经常无故出入偏僻的地方，与吸毒者交往。

4. 为什么要进行毒品预防教育?

据受毒品侵害较严重的23个省、自治区、直辖市统计,因不知毒品危害而吸毒的占吸毒总人数的82%。每个吸毒者每年耗资少则几千元,多则几万元、几十万元。如果普及了禁毒预防教育,使人人都了解毒品的危害性,懂得禁毒的法律、法规知识,全国每年就可少损失上千亿元。由此可见,禁毒预防教育的重要性,禁毒预防教育是既治标又治本的重要措施之一。

5. 什么是毒品犯罪?

毒品犯罪是指违反国家和国际有关禁毒法律、法规,破坏毒品管制活动,应该受到刑罚处罚的犯罪行为。《联合国禁止非法贩运麻醉药品和精神药品公约》规定:毒品犯罪是指非法生产、制造、提炼、配制、提供、兜售、分销、出售、以任何条件交付、经纪、发送、过境发送、运输、进口或出口麻醉药品和精神药品、种植毒品原植物以及进行上述活动的预备行为和与之相关的危害行为。

6. 毒品犯罪有哪些特征?

毒品犯罪具有以下三个基本特征:

(1) 毒品犯罪是危害社会的行为,即具有社会危害性。

(2) 毒品犯罪是触犯刑法的行为,即具有刑事违法性。

(3) 毒品犯罪是应当受到刑罚处罚的行为,即具有应受处罚性。

7. 我国《刑法》对毒品犯罪的刑事责任年龄是如何规定的?

毒品犯罪刑事责任年龄,是指法律所规定的自然人对自己所实施的毒品犯罪行为应负刑事责任必须达到的年龄。

毒品犯罪刑事责任能力,是指毒品犯罪行为人能够正确辨认自己行为的社会性质及其意义,并能够控制和支配自己行为的能力。

(1) 已满16周岁的人实施毒品犯罪,应当负刑事责任。

(2) 已满14周岁不满16周岁的人,犯贩卖毒品罪的,应当负刑事责任。

(3) 已满14周岁不满18周岁的人实施毒品犯罪,应当从轻或减轻处罚[1]。

凡此种种,都是学生涉足“黄赌毒”的不良现象。班主任如发现这些问题,

① 资料来源于网络:http://cyc90.cycnet.com/cycnews/jindu/dpknwo/dpknow_zl.jsp。

可从以下几点引导教育：

1. 认真学习严禁“黄赌毒”的法律、法规和基本知识，切实做到“三懂得”：懂得什么是“黄赌毒”。懂得“黄赌毒”的危害性（使人道德沦丧，精神颓废；传播疾病，危害健康；诱发犯罪，祸国殃民）。懂得“黄赌毒”违法犯罪要受到法律的制裁。

2. 树立正确的人生观，不盲目追求享受，不以好奇为借口盲目尝试，不受不良诱惑的影响。

3. 洁身自爱、远离“黄赌毒”。不涉足“黄赌毒”场所，不结交“黄赌毒”朋友，不相信“黄赌毒”宣传，不接触“黄赌毒”物品，不包庇“黄赌毒”犯罪。

活动资料

说明：本资料以对话的方式向学生介绍了拒绝毒品的种种方法。活动时可分组以小品的方式形象地运用这些方法。

要拒绝毒品，需加强思想和心理防线。当面对诱惑时，最有力的支持来自于你自己。内心坚定的自制力是抵御引诱的有力武器，它使人从无能为力地受迷惑状态中解脱出来，恢复控制自我的能力，重新做自己的主宰。

A：“喂，试一试，这东西吸了感觉很好！”

如果因好奇而开始了第一口，就会陷入难以自拔的沼泽。调查表明，因好奇模仿而染上毒瘾的占62.3%。

拒绝方式：学会说“不！”——“谢了，我不要！”

B：“嗨，大家都吸，为什么不尝一口，你也来点吧！”

这是盲目的从众心理。不要因为别人做了你也要做，要有健康的生活、健康的业余爱好。

拒绝方式：给个理由或借口——“不行，因为我还要参加考试……”

C：“现在这可是最时髦的事，你看多神气啊！”

在任何社会，吸毒都不是件光彩的行为，不会受到他人的尊敬。

拒绝方式：反向施压力——“如果你真正长大成熟，那才棒。”

D：“喂，咱哥们儿够意思！一起找点儿乐子！”

好的朋友一千个不嫌多，坏的朋友一个都嫌多。调查表明，92.7%的复吸毒者是由于无法拒绝毒友的“帮助”和影响，重新投入毒品怀抱的。

拒绝方式：转移话题——“你有没有听说过……”在某些可能受压力而施用毒品的场合，冷漠待之，漠视那些人的存在，径直走开。如果你必须到那种场合的话，就与一些不沾毒品的朋友同去。

E：“来，试试这个，它可以给你灵感（提神、止疼）……”

不要相信传言。灵感来自我们的生活和感受。如果太累，我们可以休息身心，躯体的疼痛会随病情好转而消除，毒品带来的只是幻想。

拒绝方式：反问——“如果这个东西真能带来你说的好处，那我们还努力什么？”

六、预防和干预学生自杀

近年来，随着经济、社会的发展，来自社会、家庭、自身等方面的压力增大，由于生命教育的缺失，部分青少年的心理承受能力非常脆弱，对“生命”缺乏最基本的了解和思考，导致学生自杀现象时有发生。

例如，某技工院校男生小莫，父母对他希望很大，要求很严格。小莫学习成绩虽然也不错，但总不能让父母满意，为此，常与父母闹矛盾。终于有一天，小莫在“无奈”的情况下，选择了卧轨自杀寻求解脱。

又如，某技工院校生小周留下一封遗书后跳楼自杀了。遗书中写道：我打心眼里不喜欢学校，不喜欢寝室。我自己可能是太内向、太呆板，很多同学带着那么强烈的防备和功利心态与我相处。在学校里我没有朋友，像一只孤独的丑小鸭，看着别的同学成群结队，自己只能一个人孤零零地在校园里飘来荡去。我做人太失败了，不如死了算了！

种种迹象表明，有效预防和干预学生自杀，已成为当今班主任工作不容忽视的新课题。如何才能有效预防和干预学生自杀呢？

1. 在班集体建设中，要营造团结、友爱、和谐的氛围，尤其要关心性格孤僻内向和在严重不良家庭环境下成长的学生

自杀往往是个体感到孤独无助、极度悲观绝望时产生的过激行为。如果周围环境是温暖的、充满关心和援助的，就可以帮助悲观绝望的心灵重新找回生活的

信念和勇气。

2. 班主任要以高度的警惕性和对自杀征兆的敏感性及时发现学生的异常反应

根据自杀的一般心理表现，可以从以下几个方面进行细致观察和综合分析，对学生的自杀倾向做出判断：

（1）受到明显的外部因素刺激。

（2）情绪低落、悲观抑郁，产生负罪自责心理，有强烈的罪恶感和缺陷感。

（3）语言上有“活着真没意思”“干脆死了算了”等反常言论，或突然沉默，或词不达意等。

（4）行为有异常变化，如逃学旷课，突然不回家，把自己关在屋子里不与人往来等。

（5）身心征兆有异常，如失眠、躁动不安、情绪低落、无食欲、极度疲乏、生理功能紊乱、自律神经失调等。值得注意的是，抑郁症是招致自杀最常见的精神疾病之一，患者常因各种躯体不适就诊，如能及时识别和适当处理则对降低自杀率有一定意义。

3. 学生自杀倾向一经判定，班主任必须及时采取有效的干预措施

（1）立即向学校汇报，与家长和社会有关方面联系，学校、家庭、社会共同形成社会支持系统。

（2）进行重点心理援助，让学生释放不良情绪，进而疏导心理死结。

班主任要帮助学生保持冷静，让学生谈出内心的感受。在这个时候，班主任要耐心倾听，要接纳而不能对学生做任何评价，也不要试图说服他（她）改变自己的想法，让他（她）充分释放郁闷与压力，感受同情与温暖，耐心等待转机再因势利导。

（3）及早调整学生的生活环境，尽量消除不利因素。

（4）引导周围的同学给予更多的关爱和支持，以大家的爱心治愈心理孤独，抚平心灵创伤。

思考与练习

1. 某技校一班主任从其他渠道了解到本班有学生早恋并有了性行为，当该

班主任找该学生谈话时，该学生表现出一付无所谓的样子，并振振有词：“这是我们个人的私事，谁也干涉不了，你没听说过两相情愿，不上法院吗!”如果你是该生的班主任，你该怎么办?

2. 关怀学生的生命实质是关怀个人的生活经历、经验、感受和体验。因此，好的德育、最有效的德育就是关怀学生当下需要的教育。如让学生讲述自己的生命故事，而教师成为倾听者和沟通者，这是一种很好的方式。你有这样的工作经历吗？请你和大家分享。

3. 主题班会，是实施生命教育的一条非常有效的途径，班主任根据本班级的实际情况，适时地开展丰富多彩的主题班会活动，既可以挖掘、整合班级的优势资源，又能富有实效性地开展深入的生命教育，收效将是显著的。请举例说明你是如何开展生命教育主题班会活动的。

4. 在学生的成长过程中，有关生命成长的话题尤其是爱和性的问题会越来越多。例如，如何看待校园恋情？喜欢一个异性真的很可耻吗？为什么家长和老师那么不赞同学生的校园恋情？喜欢上了一个异性，要不要去表达？怎样拒绝一个自己不喜欢的异性？失恋了怎么办……作为班主任，你会尝试着把情爱、性的课题，以及艾滋病防治的话题引入课堂吗？你会怎么做?

5. 你是如何理解“生命教育是旨在帮助学生认识生命、珍惜生命、尊重生命、热爱生命、提高生存技能、提升生命质量的一种教育活动”这句话的含义的？请你将自己的工作经历和大家交流。

第六章

学生安全教育

第一节　预防盗窃与诈骗
第二节　校园突发事件的预防与处置
第三节　预防校园火灾与自救逃生
第四节　预防校园暴力与意外伤害
第五节　学生出行安全与生产实习安全

安全是人类的基本需求之一，是人类生存和发展的基础。校园安全是学校管理的永恒主体，是学校发展的基础和保证。安全教育是学生素质教育的基础课程，也是一门生存智慧课程，应突出学生的主体地位。班主任必须牢固树立“安全第一，预防为主”和“避险自救”的理念，切实做好学生的安全教育工作。本章主要从预防盗窃与诈骗、校园突发事件的预防与处置、预防校园火灾与自救逃生、预防校园暴力与意外伤害、出行安全与生产实习安全等方面，对班主任如何开展安全意识和安全知识教育加以阐述。

第一节 预防盗窃与诈骗

盗窃罪是指以非法占有为目的，秘密窃取公私财物数额较大或者多次盗窃公私财物的行为。诈骗罪是指以非法占有为目的，用虚构事实或者隐瞒真相的方法，骗取数额较大的公私财物的行为。失窃、受骗是较常见的学生受侵害现象，班主任必须深入学生日常学习、生活的各个方面，强化学生预防意识，做好对学生防盗防骗的指导工作。

一、预防盗窃

1. 宿舍预防盗窃

学生宿舍盗窃案是校园内较为常见的盗窃案。班主任开展宿舍防盗安全教育，要引导学生了解宿舍盗窃现象的规律，以引起学生足够的重视，把握好预防的重点。宿舍盗窃现象的规律如下：

（1）宿舍区盗窃案高发期。开学初期、放长假前、节日、双休日和学校举行大型活动期间，以及炎热的季节是宿舍盗窃案高发期。在开学初期，学生准备上交学杂费，并准备了足够的生活费，如果保管稍有不慎，很容易被人窃取；放长假前，大家归心似箭，宿舍内秩序一般较乱，小偷会“浑水摸鱼”；节日、双休日及学校开运动会等大型活动期间，宿舍内人去楼空，如果宿舍管理疏于防范，就会发生盗窃案；在天气炎热的季节，为了贪图凉快，学生们在睡觉时往往不关门窗或离开宿舍不关窗户，盗贼的贪婪与学生们的大意刚好一拍即合，酿成了宿舍盗窃案。

（2）宿舍区常见的盗窃手法。一是撬门、扭锁或偷走钥匙，窃贼通常选择宿舍无人时作案。二是“顺手牵羊”，窃贼专挑随意搁置财物的人下手，通常以宿舍内部人员实施的盗窃较多见。三是“乘虚而入”，窃贼在宿舍楼游荡，一旦发现没有锁门或关门的宿舍，便会潜入行窃。四是夜间攀爬入室，窃贼往往抱住下水管道爬进阳台入室行窃，而且往往利用宿舍相连的特点连环行窃。

（3）易被盗窃的宿舍。一是成员来自不同班级的宿舍，因为来往人员互不熟识，容易被窃贼钻空子。二是成员关系不和谐的宿舍，即便有人发现了异常现象，也因事不关己，高高挂起，而让窃贼有机可乘，有的学生甚至不惜以盗窃的方式来报复与自己关系不好的同学。三是随便留宿他人的宿舍，一方面外来人员可能会见财起意而实施盗窃，另一方面宿舍内部成员乘机盗窃并有意识地推到外来者身上。四是钥匙管理不严或经常不关门窗、不锁门的宿舍，钥匙管理不严则钥匙容易被盗用或被人偷配，不关门窗、不锁门等于是“开门揖盗”了。

（4）被盗物多为价值较高、易变卖、易藏匿、易携带的物品。主要包括现金、手机、笔记本电脑等贵重物品，其中手机被盗最多。

案例 6.1

2007 年 9 月 12 日中午，某技工院校 2007 级广告高技班学生梁某在西区 10821 宿舍，趁同学郭某睡觉的时候，将其手机及钱包偷走。发现手机和钱包被盗后，郭某及时报告了学生处老师，经过调查，在梁某的背包里发现失主的手机和钱包。

2007 年 9 月 22 日晚 7：00，2006 级信息管理与电子商务高技班学生郭某，到 6712 宿舍串门时，乘同学周某不注意，将其诺基亚手机偷走，并将藏有手机的包存放在校外某超市的柜台。发现手机被盗后，周某及时报告了学生处，经调查和教育，郭某主动承认了自己偷手机的事实，并将手机归还给了失主。

点评：上述偷盗事件有一个共同点，即失主对贵重物品的安全防范意识不强，贵重物品随意放置，没有妥善保管，给小偷以可乘之机。

班主任在指导学生预防盗窃时可从两方面入手。一方面，教育学生洁身自好，自尊自重，不要见财起意，伸出贼手，最终害人害己。另一方面，指导学生针对宿舍盗窃案的规律进行有效的预防：一要自觉遵守宿舍管理规章制度，杜绝不法分子的可乘之机。二要注意保管好钱财物，贵重物品不放在宿舍。三要养成关好门窗的习惯并严格管理好钥匙。四要搞好同学关系，形成团结友爱的和谐集体。五要注意提防陌生人的来访，发现疑点时要及时向老师报告。六要做到有财不外露，银行账号和密码不告诉其他人。

2. 教室预防盗窃

教室（实验、实训室）的常见被盗对象是那些经常将手机、钱包、笔记本电脑等贵重物品带入教室后随意放置或长时间离开教室的学生。班主任应指导学生掌握如下防盗要点：一是不要在教室内存放贵重物品。二是如果要较长时间离开教室，应将自己的财物随身携带，尤其是贵重物品与现金。三是最后离开教室的学生要关好教室门窗并上锁。四是本班教室的钥匙要严加管理，指定专人负责，严防外借和遗失。五是到公共教室自习时尽量结伴而行，互相照看。

3. 校内公共场所预防盗窃

技工院校校园内的公共场所一般指体育运动场、健身房、形体房、礼堂、娱乐室、阅览室、学生食堂等。

大型文体活动现场一般人多拥挤，学生们往往因专注于观看比赛或节目而放松了警惕，给窃贼提供了可乘之机。参赛者或表演者在上场前所留下的随身财物如果无人看管，就会成为盗贼窃取的目标。有些学生在参加运动时，往往随手将衣服或背包放到运动场边，也很容易被窃贼“顺手牵羊”。学生在食堂排队买饭时有可能被盗贼掏走钱包或手机等物。学生在就餐时将书包等随便放置，也很容易被盗。学生在阅览室为图方便将财物随手放在桌面上，盗贼会乘其离开之机，迅速将财物掠走。

班主任可通过分析一些典型案例来帮助学生增强防盗意识，注意在公共场所采取有效的防盗措施：

要做到包不离身，不随意搁置；排队买饭时要瞻前顾后，谨防盗贼；参加文体活动时身上尽量不携带信用卡、身份证、手机等物品及大量现金；如果自己要表演或参赛，一定要将自己的财物交专人看管；IC 卡上不要注入太多的钱，丢失后要马上办理挂失手续。

链接 6.1

校园失窃案频发[①]

2006 年 12 月底的一个凌晨，杨波和顾启两人白天“踩点”后，相约晚上到学校实施盗窃。在一学校门口，两人见四周无人，便从围墙翻入，直奔教学楼。

① 摘自《扬子晚报》，2008 年 4 月 10 日。

杨波发现楼道防盗门上有个缺口，便趁机钻入。在教师办公室搜索一番后，杨波见空无一物，不免沮丧。此时，顾启见桌上摆放着一台“清华同方”计算机，眼睛一亮，示意杨波将其偷走。因计算机笨重，两人只好将计算机就地分解，将主机偷走。事隔两个月后，杨波、顾启又相约以同样方式进入该校偷计算机，因此次防盗门已经修补，两人费了不少力气才将防盗门扳开，如法炮制偷走计算机主机3台。2007年4月，杨波、顾启又一次摸黑来到该校。此次两人吸取经验，带了木棍等工具，从防盗门底部将其撬开，偷了主机和显示器各一台。为省麻烦，两人剪下窗帘，将主机和显示器包好后从阳台吊下。2007年7月，杨波和顾启被公安机关抓获，依法起诉后，因犯盗窃罪分别判处有期徒刑两年10个月和两年。

王海是常州一家传媒有限公司的职工，有限的工资根本不够他开销。听几个“道上”朋友讲，学校办公室大都配备计算机，且偷了不易抓获，不由心生邪念。2007年11月14日，王海与好友陆飞相约一起去学校偷计算机，并嘱咐陆飞带上绳子、撬棒等工具。凌晨1时许，王海和陆飞趁着夜色骑车来到某中学。在该中学南围墙处，两人翻围墙进入校园。王海沿水管爬上教学楼三楼，用木棍撬开办公室窗户后，将办公桌上的两台计算机就地拆卸，分别用绳子将主机和显示器拴住吊下窗口，由陆飞接应。次日凌晨，王海和陆飞又采取同样方式，窃得计算机主机和显示器一台。目前，王海、陆飞两人已被检察机关批准逮捕。

检察官提醒防范三要点①

此类校园被盗事件让检察官深思，为什么校园会成为盗贼的主要目标？在办理这两起案件的过程中，常州市戚墅堰区检察院的检察官专门对案发学校进行了走访、调查。在调查过程中，发现主要存在以下问题：一是思想放松警惕。学校在人们眼中尚属世外桃源，一般难以想象校园内会发生盗窃案件，教师和学生在思想上都比较麻痹大意。在发生第一起盗窃案件后，校方虽然引起重视，向公安机关报案，但并未采取实质措施加强安全防范，导致接二连三遭窃。二是安全设施不到位。学校方面，虽然安装了防盗门窗，但有些防盗门窗已经生锈、残破，校方未引起注意，及时采取措施给予加固、更新，给犯罪分子带来可乘之机。三

① 摘自《扬子晚报》，2008年4月10日。

是虽然校方都有门卫值班，但大多数学校聘请的都是退休职工，对学校监管不十分严密，出入登记时紧时松，有些时节特别是假期容易出现管理疏松的状况。这就给作案分子提供了一个“安全”的作案环境。四是销赃渠道畅通。据案犯交代，学校大都配备台式计算机、笔记本电脑等贵重物品，计算机类物品在二手市场较易脱手，转让价格也较高，且不易引起他人怀疑。因此，计算机成为他们的主要犯罪目标。

如何有效保障校园财产安全，检察官建议：一是提高安全防范意识。无论是教师、学生，都应提高安全防范意识，切不可麻痹大意，贵重物品切勿放在办公室、教室、宿舍内。因学校是相对开放的环境，所以每天离开学校前应检查是否锁好门窗。二是加强安全防盗设备。定期检查防盗门窗有无损坏并及时修缮更新。对于学生宿舍、教师办公室、机房等重点部门、重点部位可安装监控摄像头，有利于侦察机关及时破案。三是加强值班管理制度。加强值班人员力量，严格出入登记，发现可疑分子及时向公安机关报案。四是加强二手市场的管理。工商等有关职能部门需加强二手交易市场的管理，对于源头不明、材料不全的二手交易货物应提高警惕，问清来源或要求出示发票之类凭证，真正切断犯罪分子的销赃渠道。

二、预防诈骗

现在社会上诈骗手法形形色色，花样不断翻新。班主任在开展防骗安全教育时，要引导学生了解常见的诈骗手法，帮助学生分析受骗的原因，加强防范意识，教会学生识别诈骗的方法和预防诈骗的策略。

常见的诈骗手法及受骗原因：

1. 利用学生贪图小利的心理进行诈骗

例如，骗子故意将钱包等诱饵抛到诈骗对象的面前，看到诈骗对象捡起后便以“见者有份”为理由，要求“拾物平分”。把假钱包交诈骗对象保管，让诈骗对象给他现金。如果诈骗对象贪图小利，就会上当受骗。

案例6.2

海口发生校园诈骗案　数百学生订机票被骗13万元①

海口市4所高校数百名外地大学生在订春运机票时上当受骗，13万元订票款被骗子卷走。海南大学部分受骗的学生说，他们学校有180多名学生通过同学牵线，向一家机票代理点集体订票，原定在本月10日就可拿到机票，可时间一拖再拖，最后他们才发现受骗。海南大学保卫处黄处长介绍说，12日晚上10时许，有3名学生到海大派出所报案，称他们在帮同学订机票时被人骗了，损失达数万元。据报案同学称，向他们推销机票的是社会青年吴某。当晚，民警在海南经济技术学院校园内将吴某抓获，并在吴某家中搜获其私刻的售票点公章。目前，吴某因涉嫌诈骗被警方刑拘。据了解，这场骗局是以“低价格高回扣”的方式进行诈骗的。海南大学一位孔姓学生和另外一所学校的一位吴姓学生受吴某利诱，向学生低价推销机票，很快就有180多名同学报名并交了一半票款。据孔姓学生称，吴某向外人吹嘘自己是某航空公司老总的司机。据了解，海南大学一共有180多名学生上当受骗，涉案金额6.5万元；海南经济技术学院也有170多名学生被骗，涉案金额7万多元。

点评：该骗子以“低价格高回扣”诱惑两名学生帮其推销，以在校学生身份向同学低价推销机票，让很多同学深信不疑。这是一种典型的利用学生贪图小利心理实施群体诈骗的手法，值得广大学生警惕。

2. 利用学生的善良和涉世不深博取同情进行诈骗

例如，骗子自称是某名牌大学学生，来参加调研实习，借口与同学老师失散，而学校又急电要求立即返校，装出可怜相骗取学生钱财。

3. 投其所好伪装身份进行诈骗

例如，骗子假用某企业的招聘人员名义招工或某电视节目等名义招聘业余演员，让学生交介绍费、押金、报名费，骗取钱财后便“人间蒸发”。

① 摘自《北京青年报》，2005年1月15日。

4. 利用熟人或同乡关系诈骗

例如，骗子以老乡或朋友的身份骗取信任后“借”钱，学生碍于面子只好“慷慨解囊”，最终受骗上当。

5. 利用短信进行诈骗

骗子每天不停地向外地手机发送编造的中奖短信，如通知机主已中奖，然后要求机主支付邮寄费、手续费等。用虚假的奖品做诱饵，目的就是骗取贪小便宜者的邮寄费。

6. 利用家庭电话或通信地址敲诈

例如，某校学生小李就是因被不法分子获取了宿舍电话和家庭地址、电话，而致家庭蒙受经济损失的。某日上午，小李所在宿舍的同学接到一个不明来历的电话，电话中不法分子以公安局的名义称正在追捕罪犯，罪犯电话转接到小李所在宿舍的电话上，现在罪犯即将抓到，请同学配合将电话线拔掉。听到这样的情况，小李所在宿舍的同学便拔掉了电话线。与此同时，不法分子又给小李家长打电话说小李在学校遇车祸急需用钱，让家长尽快汇款 2 万元到某银行账号。家长闻讯后非常焦急，立即打电话到小李宿舍询问。但由于电话线已被拔掉，加之该班次日下午有考试，同学都不在宿舍，故情急之下其家长便按照不法分子提供的账号汇了 1 万元。至中午 1 时多，其家长才辗转与小李取得联系，结果发现原来是个骗局。

7. 利用学生求职心切，将其骗入传销陷阱

近年来，常有不法分子利用毕业生急于求职的心理和法制观念淡薄的弱点，假借某些知名企业在互联网上招聘之名，设局将学生骗入传销组织。一些学生被传销组织鼓吹的所谓“家庭温暖”“团队创业”“几何倍增式高额回报”等谎言所迷惑而陷入泥沼不能自拔；一些学生受骗加入传销组织后，还受到非法拘禁、虐待，被逼迫向家人、朋友、同学骗钱，以致害人害己害家庭。

案例 6.3

某校 2005 级汽车检测中技学生朱某上网加入了某学院茂名地区 QQ 群，在 QQ 群里认识了一位网名叫“虫虫”的聊友。10 月 8 日“虫虫”就叫朱某到惠州工作，并声称有 2 000 多月薪。朱某到了惠州后，该网友和一名同伙将朱某带到

宿舍后，找借口没收了朱某的手机。朱某第二天就被叫去听传销课，并被人监视、控制起来。这样直到10月28日朱某在上课时，借着到一楼上洗手间的机会逃离了传销组织。

点评：技工院校学生在参加校外实习期间受到传销组织诱惑、限制人身自由、进行“洗脑”式宣传，近年来屡见不鲜。班主任有责任在学生下厂实习前加强防骗教育。

---

8. 利用网络实施诱骗抢劫

例如，某学生许某在网吧上网时，结识了17岁女网友，并相约到学校附近一个网吧见面。两人见面后，女网友谎称自己要回家取衣服，将许某骗至一桥边，由埋伏在此的一伙男青年对其实施了抢劫。

班主任应该指导学生掌握一些有效预防诈骗的策略：

（1）多学习，多观察，提高对社会复杂性的认识，提高对是非善恶的分辨能力，不贪图小利，不急功近利，不被虚荣心所驱使。

（2）树立反诈骗意识，学会自我保护。对陌生人不轻信盲从；不向不熟悉的人（如“网友”）谈论或提供自己的姓名、家庭地址、电话、社会关系等个人资料；不轻易回复陌生手机短信；慎重交友，不感情用事；慎重对待他人的财物请求，充分考虑其诚信度和偿还能力；对突然出现的“老乡”“校友”“朋友”要多留一个心眼，要学会察言观色，辨别真伪；任何时候不要向他人同时说出自己的身份证号码、银行卡号码和密码。

（3）自觉服从学校的校园管理，在出入学校门口和宿舍入口时要主动出示证件，支持学校控制社会闲杂人员和犯罪分子混入学校作案的举措。

链接6.2

注意校园诈骗案①

校属各单位：

---

① 资料来源于网络：http：//www.eeff.net/thread-157502-1-1.html。

近期我校出现了以“移动充值五折优惠”为幌子的诈骗案，被骗学生近300人，涉案金额约3万元。现将有关案情通报如下：

一、基本案情

校外诈骗分子打着移动公司开展“移动充值五折优惠”的幌子，在本校物色个别学生作为代理人（代理人获取代办费），然后由该学生代理人在校园内宣传代办。宣传内容大致为：“只要是中国移动手机号码，交纳120元，便可以享受240元的消费，240元分12个月到账。”但事实上，交款120元仅只有当月兑现的20元话费，余额100元被骗走。

据悉，此诈骗案同时涉及多所高校，有个别高校甚至有近2 000名学生被骗，此案在高校中造成极坏的影响，目前公安部门已立案调查。

二、诈骗手法分析

1. 以移动公司开展优惠活动为幌子。各种宣传海报均称是移动公司的代理，但自始至终都未出示过有关移动公司的委托文件。

2. 以招收本校学生为代理（增加可信度）作为行骗的切入口。

3. 以优惠额度较大作为诱惑。充值的学生仅凭一份简单的宣传单，在没有核实其合法性和真实性的情况下，便交款被骗。

4. 以充值时间差实施诈骗。利用首次充值至次月到账的时间差进行大量吸存，一旦吸存量达到一定数额即卷款逃匿。

为保障师生员工的合法权益，进一步维护校园的安全与稳定，杜绝类似案件的再次发生，请各单位积极配合，广泛开展宣传教育工作，告诫师生员工不参与类似的商业代理行为，慎防被骗。同时，发现有类似情况，请及时向保卫处报告。

第二节　校园突发事件的预防与处置

《中华人民共和国突发事件应对法》（以下简称《突发事件应对法》）第三条规定：突发事件是指突然发生，造成或者可能造成严重社会危害，需要采取应急处置措施予以应对的自然灾害、事故灾难、公共卫生事件和社会安全事件。校园突发事件一般是指围绕学校发生的紧急事件，由学生实施或以学生为侵害对象的涉及破坏社会和校园秩序并造成人身财产严重损害的突发公共事件。校园突发事件已成为校园安全的一大困扰，其所造成伤害的程度大都比较严重，媒体的关注度高，如果处置稍有不当，必致严重后果，不但学生的生命受损害，而且学校声誉将受到重创。所以，很多学校近年来都建立了校园突发事件应急预案，开展安全教育和避险自救的演练活动。但班主任对突发事件的发生应有足够的认识，一旦事件发生，要配合学校做好有关的处置工作。

一、校园突发事件的分类与特点

校园突发事件的类型可以分为三大类。

1. 安全事件

指因地震、台风、洪水、山体滑坡、火灾、建筑物倒塌、交通事故、群体拥挤踩踏、游泳溺水、户外集体活动发生意外等，致师生重伤、死亡的事件。

2. 公共卫生事件

指因群体食物中毒、环境污染中毒、传染性疾病、群体性不明病因等，致师生重伤、死亡的事件。

3. 社会安全事件

指在校师生与当地群众发生群体纠纷，学生之间较大规模纠纷，非组织的政治性群体聚会或游行，学生各类自杀死亡，因教学改革或拖欠教师工资等原因引发的教职员工集体上访，教师体罚行为致学生死亡、伤残或病重住院，严重影响校园教学秩序或群众生活秩序的其他突发事件。

校园突发事件具有偶然性、突发性、爆炸性、公众敏感性和主体活跃性等特点，处理稍有不慎，便会迅速蔓延至校园以外，成为社会问题。正确处理校园突发事件，有利于防止事态的进一步发展和意外事故的发生，达到既拯救当事者，又教育其他人的目的。

二、校园突发事件的应对

《突发事件应对法》第五条规定：首先，突发事件应对工作实行预防为主、预防与应急相结合的原则。危机管理重在“预防”和“预警”，其次才是危机发生时的应变。学校和班主任要建立“危机可以预防”的观念，教育学生树立危机意识，了解各种危机可能发生的原因。

班主任要认识到开展危机教育的重要性，积极开展对学生的危机教育工作。开展危机教育可以增强学生战胜危机的心理素质，帮助他们掌握克服和解决危机的技能，以利其健康成长和发展。在教育教学过程中，班主任要有意识地向学生灌输危机意识，使他们从小就认识到，危机在人的生命发展历程中不可避免。

班主任要指导和帮助学生掌握一定的应付危机的方法和技能，从而为以后可能遇到类似的危机做好准备。要利用危机情境，开展危机教育，帮助学生获得较多的危机经验，增强学生的心理承受能力和解决危机的能力。

1. 校园突发事件的应对原则

（1）预防为主。班主任要对可能影响校园或班级稳定的言论、动向或事态，做到早发现、早布置、早处理，尽量把事态平息在萌芽状态。

（2）及时报告。突发事件发生后，知情的学生必须第一时间报告班主任，班主任也必须立即向学校报告。班主任在校园突发事件处置中的作用是至关重要的，是报告的第一责任人。

（3）果断处置。班主任必须迅速赶到现场，在稳妥可靠的前提下果断处置。处置要做到“五快”，即赶赴现场要快、采取措施要快、抢救被害人和受伤人员要快、信息报告要快、撤离危险现场要快。

（4）稳妥善后。对已发生的校园重特大事故，严格按“事故原因不查清不放过、事故责任者得不到处理不放过、整改措施不落实不放过、教训不吸取不放过”的原则，认真查明原因、追究责任、严肃处理，保障班级教学与生活秩序稳定。

2. 校园突发事件的处置步骤

班主任处置校园突发事件时要做到及时、依法、理性、平和、规范。校园突发事件的处置步骤如下：

（1）保护现场，维护秩序，了解情况。班主任要仔细询问第一汇报人，但不要妄下断语；要认真询问当事人，但不能偏听偏信；要询问知情人，但不能暗示倾向或扩散影响；必要时可联系学生家长，但不能借此告状；要现场察看，依靠学生、任课教师和社会力量。

（2）及时采取措施排除险情，控制事态。组织学生或通知学校保卫人员到场，迅速排除险情，防止事态恶化，力争把损失或伤害减至最轻。

（3）及时救助受到伤害的学生。当伤势较轻时，班主任可将受伤者送到医务室，而当学生伤势严重时要果断拨打“120”急救中心电话，并安排人员陪同前往。

（4）采取恰当的措施控制违法犯罪嫌疑人或肇事人。班主任可组织学生干部协助或通知学校保卫人员到场，依法办事，控制犯罪嫌疑人或肇事者，并带到值班室隔离起来。然后理性地分析事件的性质，说明危害性。班主任在谈话时语气要尽量平和，不要激发肇事人的恶劣情绪，避免造成肇事人“破罐子破摔”或“负隅顽抗”的被动局面。

（5）及时收集现场证据。让现场学生或教职员工写下目击证明材料，如果现场有监控录像要查看，并作为重要证据留底。

（6）慎重处理，以理服人。班主任要慎重细致地做好学生的思想工作，切忌疏忽大意。要适当进行冷处理，不要唐突行事以致事态升温。一般要先缓解矛盾进行控制，接下来再有理有节地进行处理。等一等、看一看，要给当事人一个台阶、一次反思自省的机会，让其思想有所转变，“卸下包袱再下坡”。要坚持说服教育，切忌专制武断、训斥压服。

（7）及时正确引导舆论与媒体。校园突发事件具有突发性、灾害性、震撼性、社会和媒体关注性，对学校形象可能产生重大影响。面对突然出现的新闻记者，班主任必须立即报告学校领导，未经学校领导同意，原则上不要直接接受采访。千万不要与采访人员发生冲突。

班主任在遇到新闻记者提问时，要注意维护好学校与自身的权利，注意说话要留有余地，尽量以个人身份进行回旋，如“我对这方面的情况还不了解……”“我还没来得及和有关领导沟通……”“我没有得到授权说明……”。不要做肯定的表态，可以回答“学校正在汇总情况……”“正在分析有关情况……”。不说不负责任的话，不说冷漠生硬的话，不说“无可奉告”，坚守保密的原则。最好是能保持镇定，通过记者来访的机会，展示与维护学校的正面形象，化“危”为“机”。

三、校园群体性突发事件的处置

校园群体性事件是指学生群体斗殴、起哄闹事、罢课串联、游行示威，以及学生同乡会集会等严重危害校园正常教育教学与学生生活秩序的事件。

1. 校园群体性事件的预防措施

（1）加强对学生的思想教育与法制教育，做到防微杜渐，防患于未然。

（2）要经常深入学生当中了解学生的思想，摸清学生的动态，力争将不稳定因素消灭在萌芽状态。

（3）及时向有关部门汇报学生动态和突发事件苗头的信息。

2. 校园群体性事件的处理措施

（1）发生学生打群架的处置步骤

1）接到报告后班主任要在第一时间赶到现场，协助学生处（科）及保卫人员控制事态，防止恶化。

2）班主任进入现场后要对重点学生进行强制性的隔离控制，将其带离现场。同时要马上疏散其他学生。

疏散时要注意讲究策略。可散不可聚，可顺不可激，可解不可结，动之以情，晓之以理，争取多数，孤立少数，尽快平息，确保安全。

3）班主任要协助保卫人员及时开展调查取证工作，并根据调查结果提出对肇事者进行处理的意见。

对为首的组织策划者、先动手打架者从重从严处理，对参与打架者要给予处分，对围观起哄者、旁观者也要批评教育或通报批评。

4）事后班主任要召开班会，公开宣布学校对违纪学生的处理决定，以消除不良影响，做好善后跟踪教育。

（2）对学生同乡会集会或未经学校批准成立非法社团、举办报告会、演讲会进行反动宣传煽动事件的处置步骤

1）按学校的要求，班主任根据有关法律、法规代表学校宣布该组织为违规或非法组织，立即强行予以解散。

2）对组织者和进行反动宣传煽动者，应组织力量强行带离现场；对参与者进行疏散。

3）进行调查取证。

4）由学校对组织者和进行反动宣传煽动者给予严肃的纪律处分，直至开除学籍。对触犯法律的，移交司法机关处置。对一般参与者要逐一查明情况，做好思想教育工作，进行严肃的批评，并责成其做出检查，吸取教训。

案例 6.4

2005 年 12 月 17 日，广州某技工学校学生近 30 人在某酒家举行同乡会聚会，

知情学生及时报告校学生处。学生处马上与保卫处联合行动到该酒家将全体成员带回学校。校领导亲自对这批学生进行了严肃的批评教育。学生处连夜通知相关班主任来校协助调查教育，并将情况通知了相关的学生家长，共同进行干预。据调查，这批学生已密谋收取会费购置管制器械，准备与人动武。学校对同乡会核心成员进行重点教育，给予了留校察看处分，并借此机会开展对全校同乡会的清查工作。

点评：由于受到传统民俗的影响，新生入学后，有些地区的老生就会将新生召集在一起聚会，推举会长，约定一人“有难”，共同“帮助”。如果学校不加以严密控制，任其泛滥，将造成巨大危害。广东地区已发生多起技工学校学生同乡会群体斗殴致人身伤亡的恶性事件，甚至惊动了省公安厅。因此，学校和班主任对此类问题必须密切关注，深入学生中，以便及时发现异常，并及时教育处理。必要时，还要联合家长及公安机关共同教育管理。学校千万不要默许同乡会组织的存在，应将同乡会这一校园“毒瘤”消灭在萌芽状态。

（3）对群体起哄闹事、罢课串联、游行示威的处置步骤

1）如发现有群体起哄闹事、罢课串联、游行示威或冲击学校机关等事件发生，班主任要出面向所有参加者指出该行为是违法行为，必须立即停止，并组织人员进行疏导、疏散。

2）对策划组织者、带头闹事者要有策略地带其到办公室单独谈话。对不听劝阻一意孤行者，则通知学校保卫人员将其强行带离现场。

3）如果劝阻无效，学生仍坚持上街游行，则要求其组织者向公安机关提出申请，办理相关手续。当一时发现不了策划者，非法游行队伍有冲出校门的可能时，要在配合学校保卫部做好取证工作的同时，迅速上报公安部门，由公安部门依法处理。

如学生走出校门上街游行，班主任要与学生处（科）干部继续做劝阻工作，并随队维持秩序，积极配合上级机关和公安部门及时进行妥善处理。

4）对策划者、组织者一经查明，学校视情节予以严肃处理，直至开除学籍，并追究其法律责任。对参与者要责令其做出深刻检查，情节严重的，要给予必要的校纪处分。

图6—1是广州某高级技工学校学生群体性事件应急处理程序图。

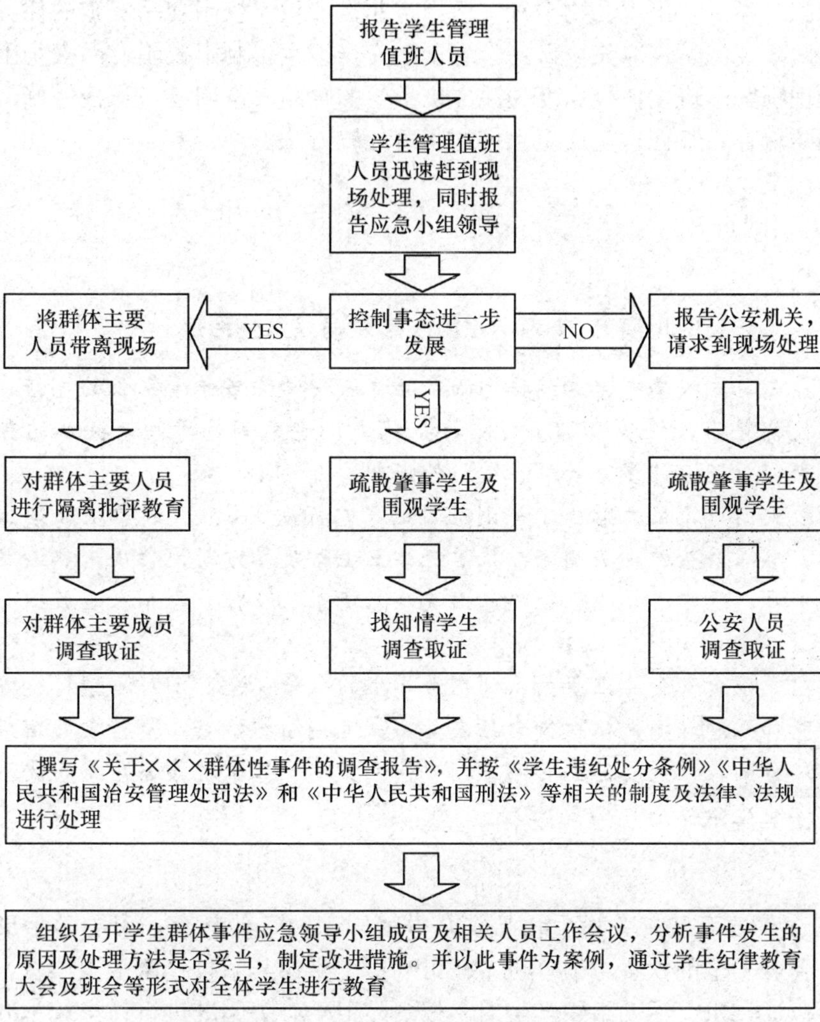

图 6—1　群体性事件应急处理程序图

注：“YES”指基本能控制，“NO”指事态已无法控制。

四、校园食品卫生安全事件的处置

学校食品卫生安全关系重大，当前各学校周边的食品超市和小型餐饮店发展迅猛，在学校就餐的学生人数也呈上升趋势，实行寄宿制的学校，全体学生均在学生食堂就餐。一旦出现食物中毒，后果将非常严重，校园食品安全的任务日渐繁重。因此，技工学校应充分做好学生食品安全卫生，制定校园食品安全卫生事件应急处理预案。班主任应高度关注本班学生的食品安全问题，积极做好学生食品安全预防教育，掌握这类安全事件的紧急处置方法。

案例6.5

四川南充91名学生因吃未熟扁豆入院治疗[①]

昨日上午，本报南充记者站接到西充县晋城中学许多学生家长的电话，说他们孩子在校就餐后，许多人都出现中毒症状。记者来到位于西充县城的晋城中学，学校大门口还有许多家长站在铁门外张望。

在学校大门口，校方贴出了一则醒目的“广而告之”：少数学生陆续出现腹泻、恶心、呕吐、头晕、头痛等症状，经县卫生防疫站诊断为食用未熟透扁豆引起的食物中毒，现中毒学生已经痊愈出院，恳请家长及社会各界人士放心并予以配合支持。

点评：学校食堂食品卫生关系到广大学生的生命安全，不可不慎！一方面学校要对食堂加强管理，严格执行食品安全法，定期组织检查，坚持食品留样备查制度。另一方面，学校要建立食品中毒应急预案，一旦出现集体中毒，要迅速救治，保障学生生命安全。

---

1. 班主任要开展有关学生食品安全方面知识的宣传教育，引导学生形成科学合理、营养安全的饮食习惯。班主任可动员学生参与学校食堂卫生监督，消除隐患；可以通过班会活动组织学生对学校食品卫生有关问题进行讨论；举办食品安全教育专题讲座；开展食品安全主题教育活动（如知识竞赛等）；用黑板报开展食品安全知识宣传等。通过形式多样的宣传教育，要让学生养成正确的饮食卫生习惯：如要少喝饮料，饮料含有防腐剂、色素等，经常饮用不利于健康；要养成良好的卫生习惯，预防肠道寄生虫病的传播；生食的蔬菜和水果要洗干净，以

---

① 摘自《华西都市报》，2009年1月7日。

免造成农药中毒；选择食品时，要注意食品的生产日期、保质期；尽量少吃或不吃剩饭菜，如果吃剩饭菜，一定要彻底加热，防止细菌性食物中毒；不吃无卫生保障的生食品；不吃无卫生保障的街头食品；少吃油炸、烟熏、烧烤的食品，因为这类食品如制作不当会产生有毒物质。

2. 发现有学生出现疑似中毒或中毒症状后，立即采取紧急应对措施：

（1）立即报告。当学生出现群体性腹痛、呕吐等症状，班主任要立即上报学校领导和值班校医。

（2）紧急救援。班主任要迅速赶到现场组织救援工作。通知学校医务人员到现场，或将患者送医务所。严重者要立即送往医院抢救或直接拨打 120 急救中心电话。

（3）稳定其他学生的情绪，不要让学生以个人名义向外界扩散消息，以免造成恐慌，导致不必要的麻烦。

（4）做好食物中毒者的思想工作，要亲自到医院慰问学生，组织其他学生看望，让患者感受到老师的关怀备至，同学的温暖情怀。

（5）联系家长。发生中毒后班主任要主动联系家长，及时向家长通报学生情况，要告知家长学校正在全力以赴地组织抢救，学生已得到妥善安置，请家长放心，并争取家长的配合与谅解。如果学生中毒情况严重，一定让家长尽快到医院来。班主任对来访的家长首先要热情周到地接待，对家长的埋怨甚至冲动举动要表示充分的理解，要主动替学校承担责任，向家长道歉。然后向家长说明原因，告知学校及班主任采取的救护措施很及时有效，尽最大努力争取家长的谅解。

如有新闻媒体要求采访，班主任应在第一时间向学校领导报告，未经同意，不得擅自接受采访。

五、校园自然灾害事件的处置

自然灾害是指因人类无法抵抗的自然极端现象而发生的损害。按其特点及成因可分为气象灾害、海洋灾害、洪水灾害、地质灾害、地震灾害等。常见的突发性自然灾害包括地震、泥石流、海啸、台风、洪水、雷电等。

1. 自然灾害的特点

（1）危害性。自然灾害给人类带来了各种难以想象的灾难性后果，从而酿成社会、经济和环境的重大损失，以至直接威胁到人类的发展和生存。

（2）意外性。某些自然灾害具有不确定性、突发性和隐蔽性，往往令人意料不及、猝不及防。

（3）并发性。当某种自然灾害发生后，往往会诱发其他灾害。例如，发生大地震后，除了造成房屋倒塌、火灾、人畜伤亡等直接损失外，还会诱发海啸和瘟疫等灾害。

（4）区域性。自然灾害的发生，往往有一定的区域范围，某些特定的自然灾害往往发生在特定的地区，如海啸常常发生在沿海地区。

2. 自然灾害事件的预防措施

可否将灾害控制在最小范围内，取决于所有人在这段时间内如何行动。班主任应让学生树立“自己的安全要靠自己的力量保护，防灾救灾的主角是我们自己!”的观念，可通过生动活泼的教育方式，对学生进行常见自然灾害的安全知识教育，使学生掌握相关的防范自救知识。

（1）让学生在实践中体验学习。如制作专题黑板报、手抄报，开展主题讲座、辩论赛、知识竞赛，参观考察学校所在地的灾害情况，与社会共同开展防灾演习、逃生演习等，在国际防灾减灾日印发图文并茂、易于诵读的防灾教育小册子，在全国中小学安全教育日进行专题讲座、大型宣传，在全国消防日进行消防演习等。

（2）与国情教育相结合。国情教育里包含丰富的灾害知识，可以让学生正确认识我国国情的优势和自然环境的不足，认识我国自然灾害的多发性，强化防灾减灾意识，坚定与灾害抗争的信念。

（3）与时事新闻相结合。世界几乎每天都在发生着各类自然灾害，每当有重要的自然灾害新闻时，班主任应及时组织学生收看，并进行讲解分析。对学生来说，新闻的真实性、时效性，比任何说教、练习都更有说服力、更深刻。

案例6.6

2004年12月26日，印度洋海域发生9级地震并引发大海啸，沿海诸多旅游胜地瞬间变成人间地狱，尸横遍野，满目疮痍，死亡人数近30万。但在这场灾难中，英国一位年仅10岁的女孩凭借自己在学校里所学的地理和安全应急知识，根据海水泛起白沫、海面突然下降，预测出威力强大的海啸将吞没整个海滩，她立即让父母提前发出警报，疏散了海滩上的游客，从而挽救了100多名游客的生命。

点评： 无独有偶，深圳一个6岁小女孩，利用在幼儿园学到的安全知识，成功救了自己煤气中毒的父母。由此可见，学校对学生进行必要的安全知识教育是多么重要！

3. 自然灾害事件的处理措施

（1）自然灾害事件发生后，班主任要迅速赶到学生当中，组织学生紧急撤离，集中到安全区域。

（2）班主任应立即组织学生开展自救和互救，及时拨打110、119、120或其他求助电话。

（3）班主任要立即报告值班领导，联系保安人员和医护人员迅速到达现场，组织开展抢救工作。班主任要带领学生按指定线路到指定地点集结，在确认没有学生落下时，最后一个撤离。

（4）应按照平时消防演练逃生的路线有组织地迅速疏散学生。如安全通道被破坏，无法安全撤离时要稳定学生情绪，并引导学生转移到相对安全的区域等待救援。

（5）紧急撤离时，要让学生停止一切活动，轻装前进，迅速离开现场。要指挥学生互相照顾，对于病弱的同学要予以特别关照，帮助其安全撤离。

（6）协助相关部门做好善后处理工作。

4. 在自然灾害发生时班主任的地位和作用

2008年修订的《中小学教师职业道德规范》第3条规定教师要“保护学生安全”。在自然灾害发生时，班主任是灾害现场的组织者，一定要保持镇定，及时向领导报告灾害的具体情况及严重程度，同时要妥善地安抚学生慌乱的情绪，紧急救治受伤学生，组织学生有序撤离，特别是一定要在全体学生安全撤离后才能离开。

链接6.3

地震后如何避灾自救①

1. 地震发生后的避灾自救措施

察看周围的人是否受伤，如有必要，予以急救，或协助伤员就医。

检查家中水、电、瓦斯管线有无损害，如发现瓦斯管有损，应轻轻将门窗打开，立即离开并向有关部门报告。

打开收音机，收听紧急情况指示及灾情报道。

检查房屋结构受损情况，尽快离开受损建筑物。

尽可能穿着皮鞋、皮靴，以防震碎的玻璃及碎物弄伤腿脚。

保持救灾道路畅通，徒步避难。

听从紧急救援人员的指示疏散。

远离海滩、港口以防海啸的侵袭。

地震灾区，除非经过许可，请勿进入，并应严防歹徒趁机抢掠。

注意余震的发生。

2. 地震发生前的避灾措施

家中应准备救急箱及灭火器，须留意灭火器的有效期限，并告知家人所储放的地方，了解使用方法。

知道瓦斯、自来水及电源安全阀如何开关。

家中高悬的物品应该绑牢，橱柜门窗宜锁紧。

重物不要放在高架上，拴牢笨重家具。

在任何地点都要了解所处的环境，并注意逃生路线。平时须做事发的演习。

若家人分散了，决定好何时何地会面。

不要在地震过后就立刻使用电话。

了解您孩子学校的作息时间，计划好在您无法去接他们时由何人去接。

若您有家庭成员不会说汉语，替他们准备好书面的紧急卡，注明联络地址电话。

---

① 资料来源于网络：http：//www.gov.cn/yjgl/2005-08/03/content_19186.htm。

每半年与您的家人举行一次地震演习：蹲下、找寻保护物与冷静。

替您的重要文件资料（例如银行账号等）做备份放在安全的储物盒中，置于其他城镇。

地震前先打给当地的红十字会或相关机构，询问紧急的避难所及救护机构在何地。

准备多条家中的逃生路线，并保持这些地方没有障碍物。

了解最近的警察局及消防队在何地。

替您的有价物品做照片或影片备份。

将保姆或其他同住者纳入您的计划。

多准备一副眼镜及车钥匙摆在手边，准备一些现金及零钱在身边，以免停电时无法使用提款机。

事先找好家中安全避难处。

3. 避灾自救口诀

大震来时有预兆，地声地光地颤摇，虽然短短几十秒，做出判断最重要。

高层楼撤下，电梯不可搭，万一断电力，欲速则不达。

平房避震有讲究，是跑是留两可求，因地制宜做决断，错过时机诸事休。

次生灾害危害大，需要尽量预防它，电源燃气是隐患，震时及时关上闸。

强震颠簸站立难，就近躲避最明见，床下桌下小开间，伏而待定保安全。

震时火灾易发生，伏在地上要镇静，沾湿毛巾口鼻捂，弯腰匍匐逆风行。

震时开车太可怕，感觉有震快停下，赶紧就地来躲避，千万别在高桥下。

震后别急往家跑，余震发生不可少，万一赶上强余震，加重伤害受不了。

面对危机怎么办[①]

1. 洪水突来，该怎么办

（1）不要惊慌，冷静观察水势和地势，然后迅速向附近的高地、楼房转移。如洪水来势很猛，就近无高地、楼房可避，可抓住有浮力的物品如木盆、木椅、木板等。必要时爬上高树也可暂避。

（2）切记不要爬到土坯房的屋顶，这些房屋浸水后容易倒塌。

---

① 资料来源于网络：http：//www.gov.cn/yjgl/2005-09/23/content_69113.htm。

（3）为防止洪水涌入室内，最好用装满沙子、泥土和碎石的沙袋堵住大门下面的所有空隙。如预料洪水还要上涨，窗台外也要堆上沙袋。

（4）如洪水持续上涨，应注意在自己暂时栖身的地方储备一些食物、饮用水、保暖衣物和烧水用具。

（5）如水灾严重，所在之处已不安全，应考虑自制木筏逃生。床板、门板、箱子等都可用来制作木筏，划桨也必不可少。可考虑使用一些废弃轮胎的内胎制成简易救生圈。逃生前要多收集些食物、发信号用具（如哨子、手电筒、颜色鲜艳的旗帜或床单等）。

（6）如洪水没有漫过头顶，且周边树木比较密集，可考虑用绳子逃生。找一根比较结实且足够长的绳子（也可用床单、被单等撕开替代），先把绳子的一端拴在屋内较牢固的地方，然后牵着绳子走向最近的一棵树，把绳子在树上绕若干圈后再走向下一棵树，如此重复，逐渐转移到地势较高的地方。

（7）离开房屋逃生前，多吃些高热量食物，如巧克力、糖、甜点等，并喝些热饮料，以增强体力。注意关掉煤气阀、电源总开关。如时间允许，可将贵重物品用毛毯卷好，藏在柜子里。出门时关好房门，以免家产随水漂走。

（8）如果在都市中遇到洪水，最先采取的措施就是迅速登上牢固的高层建筑避险，而后要与救援部门取得联系。同时，注意收集各种漂浮物，木盆、木桶都不失为逃离险境的好工具。分析洪水中人员失踪的原因，一方面是洪水流量大，猝不及防；另一方面也是因为有的人不了解水情而涉险渡水。所以，洪水中必须注意的是，不了解水情的人一定要在安全地带等待救援部门的救援。避难所一般应选择在距家最近、地势较高、交通较为方便处，并有上下水设施，卫生条件较好。在城市中大多是高层建筑的平坦楼顶，地势较高或有牢固楼房的学校、医院等。将衣被等御寒物放至高处保存；将不便携带的贵重物品做防水捆扎后埋入地下或置放高处，票款、首饰等物品可缝在衣物中。扎制木排，并搜集木盆、木块等漂浮材料加工为救生设备以备急需；洪水到来时难以找到适合的饮用水，所以在洪水来之前可用木盆、水桶等盛水工具储备干净的饮用水。准备好医药、取火等物品；保存好各种尚能使用的通信设施，可与外界保持良好的通信、交通联系。

2. 发生有毒气体泄漏事故时，该怎么办

迅速采用常备或就便的防护器材保护自己并及时报警。可迅速向上风方向或侧风方向转移，不要在低洼处滞留。有条件的也可转移到有滤毒通风装置的人防工事内。来不及撤离的，可躲在结构较好的多层建筑物内，堵住明显的缝隙，关闭空调机、通风机等，熄灭火种，人员尽可能在背风无门窗的地方。要明确专人引导和护送疏散人员到安全区，并在疏散的路线上设立哨位，指明方向。要查清是否有人留在污染区内。离开染毒区域后，要脱去污染衣物，及时进行消毒。必要时应到医务部门检查诊治。

在化学事故中，可用湿手巾、湿口罩、防毒面具保护呼吸道。保护皮肤可用雨衣、手套、雨靴。保护眼睛可用防毒眼镜、游泳潜水镜。

3. 在公共场所发生拥挤踩踏现象时，该怎么办

(1) 在拥挤的人群中，不要被好奇心理所驱使。

(2) 应及时拨打 110、999 或 120 等电话。

(3) 已被裹挟至拥挤的人群中时，要听从指挥人员口令。切记要与大多数人的前进方向保持一致，不要试图超过别人，更不能逆行，千万要避免被绊倒。

(4) 发现有人摔倒，要马上停下脚步，同时大声呼救，告知后面的人不要靠近。

(5) 当带着孩子遭遇拥挤的人群时，最好将孩子抱起来，避免在混乱中被踩伤。

(6) 若被推倒，要设法靠近墙壁，身体面壁蜷成球状，双手在颈后紧扣，以保护身体最脆弱的部位。如有可能，抓住一样坚固牢靠的东西。

4. 遭遇恐怖分子劫持，该怎么办

(1) 尽可能保持镇定。

(2) 在被劫持的过程中，要保存体力。

(3) 切记不要意气用事，不要单靠个人力量硬拼，更不要行为失控。同时，应观察时机，发现恐怖分子的漏洞后，果断抓住战机，临机处置。

(4) 密切观察恐怖分子的动静，设法传递信息。例如，人质可通过发送手机短信、写字条等方式，将恐怖分子的数目、企图、特点和爆炸装置安装的地点、数量等最重要的信息传递出来。

(5) 特战队员对恐怖分子发起攻击时，人质应立即趴倒在地，双手保护头部，随后迅速按特战队员的指令撤离。其间，要避免惊慌和混乱，应首先搀扶老人和孩子。恐怖事件形形色色，劫持人质的事件也各不相同，在应对手段上没有

固定模式，一旦遭遇，人质必须随机应变。

第三节　预防校园火灾与自救逃生

一、校园防火

火灾是指在时间或空间上失去控制的燃烧所造成的灾害。在各种灾害中，火灾是最经常、最普遍地威胁公众安全和社会发展的主要灾害之一。根据物质燃烧特性，校园火灾通常包括固体物质火灾，如木材、煤、棉、毛、麻、纸张等火灾和带电物体和精密仪器等物质的火灾。

技工院校校园内学生密集度高，教学仪器繁多，实验、实训设备价值昂贵，各类实验、实训项目用电量大，涉及的易燃物多，一旦发生火灾，后果将不堪设想。

隐患险于明火，防范胜于救灾。班主任必须要以学生宿舍防火、实验实训室防火和公共场所防火为主要内容，切实做好对学生的防火安全教育，让学生人人都能认识火灾的原因及危害性，强化安全防火意识，落实安全防火措施，学会火场逃生的技能。

1. 学生宿舍防火

学生宿舍发生火灾的主要原因：

（1）违规用电。学生使用“热得快”等电器会导致线路超负荷起火，使用劣质电器或私拉乱接电源会引起短路起火。

（2）使用明火。学生在宿舍内吸烟、点蚊香、焚烧杂物都有可能引发火灾。

案例 6.7

2003 年 6 月，某技校男生宿舍有一名学生从风扇处偷接电源用来放音响，由于接线错误，导致电源短路引发火灾。2003 年 11 月，一男生宿舍两位同学在上铺床上吸烟，燃着的烟丝掉落在下铺的棉被上，当时没有引起注意，当全宿舍的学生都到教室上晚自习后，烟丝慢慢引燃了下铺的棉被并蔓延酿成了火灾。

点评：有的学生为了自己一时方便，不守规定在宿舍内乱拉电线、乱安电源和吸烟，已成为技工学校宿舍火灾的主要原因。班主任要加强管理，并深入宿舍巡查，发现隐患，及时纠正排除，才能防患于未然。

鉴于以上火灾原因，班主任应指导学生落实以下八条宿舍防火措施：

一是不要乱接电源；不要使用电热器具、大功率电器和劣质电器。

二是不要在宿舍内吸烟、乱扔烟头；不要在宿舍内点蜡烛、蚊香；不要在宿舍内焚烧杂物或燃放烟花爆竹。

三是不要用可燃物做电灯泡的灯罩；台灯不要靠近枕头和被褥。

四是不要在宿舍存放易燃易爆物品。

五是不要在宿舍内使用炊具生火做饭。

六是要严格做到人走电断，清除火灾隐患。

七是嗅到电线胶皮煳味要采取措施，及时报告。

八是一定要保证消防通道畅通无阻。

2. 实验室、实训室防火

班主任要配合任课老师切实抓好实验、实训的防火安全教育。教育学生熟悉实验室、实训室的规章制度；严守各项安全规定及操作规程，严禁不规范操作；服从指导教师的指导，严格遵守实验室、实训室纪律；做到互相监督、互相提醒，共同营造安全氛围。

3. 校园内公共场所防火

校园内公共场所的火灾隐患主要有：电线老化，乱丢烟头，大功率照明灯靠近幕布或易燃装饰物，违章使用明火，安全门疏散通道堵塞，场馆内严重超员等。

校园内公共场所的防火安全人人有责。班主任要教育学生做校园公共场所防火的有心人，一旦发现火灾隐患应立即报告，同时要自觉学习并严格遵守公安部颁布的《消防安全 20 条》。

二、校园火灾的扑救

1. 发生火灾后当事人应采取的紧急措施

当事人应立即采取紧急措施开展自救，包括迅速切断可燃物的来源，使用消防器械或就地取材控制火势的发展，并及时打119报警求助电话。

《中华人民共和国消防法》第44条规定：“任何人发现火灾都应立即报警。”班主任要教会学生正确的报警方法，在拨打119时一定要详细反映火警内容：

（1）要说清发生火灾单位的详细地址。

（2）说明起火的原因，有无易燃易爆物品。若有易燃易爆物品，应说清是何种物品，烟雾、火势大小。

（3）留下自己的姓名及电话号码。

（4）报警后要立即到路口接消防车。

此外，要向周围人员报警，争取支援。

2. 火灾扑救

火灾扑救的一般原则是：边报警、边扑救；先控制、后灭火；先救人、后救物；防中毒、防窒息；听指挥、莫惊慌。具体处理时一定要见机行事：

在火灾的初起阶段，火焰面积小，温度低，只要发现及时并立即用灭火器，均能扑灭。如果烟雾大，要用湿毛巾捂住口鼻，将灭火器对准火焰根部喷射，并使自己处于上风位置。如果是电器导致火灾，则首先要切断电源，防止救火中触电。若火势较猛不能立即扑灭，要边灭火边报告，并求助119。

三、火场中的自救与逃生

案例6.8

2008年11月14日，上海商学院女生宿舍发生火灾，4名女生从6楼跳下当场身亡。据着火大楼5楼宿舍的一名女生说，602宿舍起火后，该宿舍有2名女生先跑了出去呼救，等回来后，发现602宿舍门已经无法打开，由于602宿舍内的火势很大，留在602宿舍的4名女生只能跑到阳台上，并最后从阳台上跳了下来。

点评：4名女生显然缺乏在火灾中逃生的知识。从报道可以看出，她们是有时间用床单或衣服结绳缓降到低楼层逃生的，但遗憾的是她们只是被动地逃避大火的威逼，最终选择了从高空跳下来，走上了绝路。因此，让学生学会火场逃生是学校及班主任的重要任务。班主任应对每个学生进行火场逃生的知识、技能培训。

1. 火场自救

班主任应让学生牢记火场逃生“十诀”：

第一诀：熟悉环境，记住出口。当处在陌生环境时，务必留心疏散通道、安全出口及楼梯方位等，以便在关键时刻能尽快逃离现场。

第二诀：保持镇静，明辨方向。突遇火灾，面对浓烟和烈火，首先要强令自己保持镇静，迅速判别危险地点和安全地点，决定逃生办法。千万不要盲目跟从人流相互拥挤、乱冲乱撞。若通道已被烟火封阻，则应背向烟火方向，朝阳台、气窗等明亮处逃生。

第三诀：不入险地，不贪财物。在火场中，人的生命是最重要的，应尽快撤离，不要因害羞或顾及贵重财物，而把宝贵的逃生时间浪费在穿衣或寻找、搬离财物上。已逃离险境的人员，切莫重返险地自投罗网。

第四诀：简易防护，蒙鼻匍匐。逃生要经过充满烟雾的地段时，要防止烟雾中毒，预防窒息，因此，要用毛巾、口罩等物蒙住口鼻。烟气一般较空气轻而飘于房间上部，因此，贴近地面匍匐撤离是避免烟气呛人的最佳方法。穿过烈焰封锁区，如果没有头盔或阻燃隔热的专用装具时，要用冷水浇身或用湿毛巾、湿被子等将身体包好再冲过去。

第五诀：善用通道，莫入电梯。按规范标准建造的楼房，都会有两条以上的逃生楼梯、通道或安全出口。发生火灾时，要视火情选择进入相对安全的楼梯通道。此外，还可以利用建筑物的阳台、窗台、屋顶等攀到周围的安全地点。沿着下水管、避雷导线等建筑结构中的凸出物滑下楼也可脱险。在高层建筑中，电梯的供电系统在火灾中随时会断电，因热的作用电梯也会变形，因此，人会被困在电梯内无法逃生。同时电梯井犹如一支大烟囱，有毒的烟雾直接威胁被困人员的生命。所以在逃生时千万不要乘电梯。

第六诀：滑绳自救，缓降逃生。一些设计完善的建筑内设有高层缓降器或救生绳，发生火灾时可用这些设备脱离险境。如果没有这些专用设施，而安全通道被堵，救援人员又不能及时赶到，则需迅速用身边能够找到的绳索、床单、窗帘、衣服等物制成简易救生绳，用水打湿，从窗台或阳台沿绳缓滑到下层或地面。此法安全可靠，但要求胆大心细。

第七诀：创避难所，固守待援。假如用手摸门已感到烫手，此时不能开门，否则，火焰与浓烟势必迎面扑来。如果逃生通道被切断，且短时又无人救援，则可采取创造避难所，固守待援的方法。首先应关紧迎火的门窗，打开背火的门窗，用湿布塞堵门、窗缝，或用水浸湿棉被蒙上门窗，然后不停地用水喷淋门窗及房间，防止烟火渗入，固守在屋内，直到救援人员到达。

第八诀：发出信号，寻求援助。如果被烟火围困又暂时无法脱身，应尽量待在阳台、窗口等易于被人发现和能避免烟火近身的地方。白天可向外晃动鲜艳的衣物，或向外抛洒轻型耀眼的物品；夜间可用手电、打火机、火柴不停地闪动或者敲击东西，发出有效的求救信号，引起救援者的注意。由于消防队员进入室内都是沿墙壁摸索前进，所以在被烟气窒息失去自救能力时，应努力滚到墙边或门边，便于消防队员寻找和营救。总之，此时就是要充分暴露自己，争取获得救助。此外，滚到墙边也能防止房屋结构塌落砸伤自己。

第九诀：火已及身，切勿惊跑。如果发现身上着了火，千万不可奔跑或用手拍打，因为奔跑或拍打会形成风势，风助火势，给火增加氧气，会使火燃烧更旺。因此，当衣服着火时，应赶紧脱掉衣服或就地打滚压灭火苗。如能及时浇水或跳入水中，那当然更有效了。

第十诀：跳楼有术，虽损求生。身处火灾烟气中的人，精神上往往陷于恐怖和接近崩溃状态，此时极易导致不顾一切的行为，如不管高低盲目跳楼逃生。应该注意，跳楼是有条件的：一是在消防队员准备好救生气垫，并在其指挥下实施跳楼逃生；二是楼层不高（三层以下），在万不得已的情况下可以跳楼求生。

2. 疏散逃生

火灾发生后，班主任要赶到现场，并迅速到通道口组织学生疏散撤离，防止拥挤踩踏。要优先组织受到直接威胁的学生撤离，要做好学生的思想稳定工作，协助学校保卫人员维持秩序，保证安全通道畅通无阻，并协助开展救助工作。

链接 6.4

2003 年 11 月 24 日凌晨，坐落在莫斯科西南部的俄罗斯卢蒙巴各族人民友谊大学六号学生宿舍楼发生特大火灾。大火从宿舍楼的二层燃至五层，火灾面积达 1 000 平方米，共造成 43 人死亡，200 多人受伤。死者中有的在宿舍楼内死亡，有的为了逃避大火跳窗身亡，还有在送往医院途中死亡的。

事后调查这起火灾的原因：一是六号学生宿舍楼的电线短路，加上该宿舍已有 50 多年历史，内部装修和家具均以木质结构为主，建筑内电线裸露且老化严重；二是学校为防盗将 4 个出入口锁住了 3 个，火灾时整楼 200 多名学生只能涌向一处，消防通道不畅通，疏散不及时；三是学生逃生能力差，很多学生在慌乱中根本不知道往何处逃生，不懂自救。①

这一惨痛教训警示我们：切实消除火灾隐患和教会学生逃生技能是预防火灾、减少灾难所必需的。

四、校园消防器材的使用方法

校园内常用的灭火器有三种，即二氧化碳灭火器、1211 灭火器和干粉灭火器。

班主任可组织学生参加校园消防演练，让学生学会使用这些灭火器。同时要教育学生爱护校园器材，自觉保管好身边的消防器材。

1. 二氧化碳灭火器的使用方法

使用二氧化碳灭火器灭火时，应将其提到或扛到火场。在距燃烧物 5 米左右，放下灭火器，拔出保险销，一手握住喇叭筒根部的手柄，另一只手紧握启闭阀的压把。对没有喷射软管的二氧化碳灭火器，应把喇叭筒往上扳 70°～90°。使用时，不能直接用手抓住喇叭筒外壁或金属连线管，防止手被冻伤。灭火时，当可燃液体呈流淌状燃烧时，使用者应将二氧化碳灭火剂的喷流由近而远向火焰喷射。如果可燃液体在容器内燃烧，使用者应将喇叭筒提起，从容器的一侧上部向燃烧的容器中喷射。不能将二氧化碳射流直接冲击可燃液面，以防止将可燃液体冲出容器而扩大火势，造成灭火困难。

2. 1211 灭火器的使用方法

使用时，应用手提灭火器的提把或肩扛，将灭火器带到火场。在距燃烧处 5 米左右，放下灭火器，先拔出保险销，一手握住开启压把，另一手握在喷射软管前端的喷嘴处。如灭火器无喷射软管，可一手握住开启压把，另一手扶住灭火器底部的底圈部分。先将喷嘴对准燃烧处，再用力握紧开启压把，使灭火器喷射。当被扑救可燃烧液体呈现流淌状燃烧时，使用者应对准火焰根部由近而远，并左

① 资料来源于湖北安全生产信息网。

右扫射，向前快速推进，直至火焰全部扑灭。如果可燃液体在容器中燃烧，应对准火焰左右晃动扫射，当火焰被赶出容器时，喷射流应跟着火焰扫射，直至把火焰全部扑灭。但应注意不能将喷流直接喷射在燃烧液面上，防止灭火剂的冲力将可燃液体冲出容器而扩大火势，造成灭火困难。如果扑救可燃性固体物质的初起火灾，则将喷流对准燃烧最猛烈处喷射，当火焰被扑灭后，应及时采取措施，不让其复燃。1211灭火器使用时不能颠倒，也不能横卧，否则灭火剂会喷出。另外，在室外使用时，应选择在上风方向喷射，因1211灭火剂有一定的毒性，在窄小的室内灭火时，灭火后操作者应迅速撤离，以防其对人体造成伤害。

3. 干粉灭火器及其使用方法

碳酸氢钠干粉灭火器适用于易燃、可燃液体、气体及带电设备的初起火灾；磷酸铵盐干粉灭火器除可用于上述几类火灾外，还可扑救固体类物质的初起火灾。但它们都不能扑救金属燃烧火灾。其使用方法是：可手提或肩扛灭火器快速奔赴火场，在距燃烧处5米左右，放下灭火器。如在室外，应选择在上风方向喷射。使用的干粉灭火器若为外挂式，使用者应一手紧握喷枪，另一手提起储气瓶上的开启提环。如果储气瓶的开启是手轮式的，则向逆时针方向旋开，并旋到最高位置，随即提起灭火器。当干粉喷出后，应迅速对准火焰的根部扫射。

使用的干粉灭火器若是内置式储气瓶或者是储压式的，使用者应先将开启压把上的保险销拔下，然后握住喷射软管前端喷嘴部，另一只手将开启压把压下，打开灭火器进行灭火。有喷射软管的灭火器或储压式灭火器在使用时，使用者应始终压下压把，不能放开，否则会中断喷射。

在用干粉灭火器扑救可燃、易燃液体火灾时，应对准火焰根部扫射，如果被扑救的液体火灾呈流淌燃烧时，应对准火焰根部由近而远。并左右扫射，直至把火焰全部扑灭。如果可燃液体在容器内燃烧，使用者应对准火焰根部左右晃动扫射，使喷射出的干粉流覆盖整个容器开口表面；当火焰被赶出容器时，使用者仍应继续喷射，直至将火焰全部扑灭。在扑救容器内可燃液体火灾时，应注意不能将喷嘴直接对准液面喷射，防止喷流的冲击力使可燃液体溅出而扩大火势，造成灭火困难。当可燃液体在金属容器中燃烧时间过长，容器的壁温已高于扑救可燃液体的自燃点，此时极易造成灭火后再复燃的现象，干粉灭火器若与泡沫类灭火器联用，则灭火效果更佳[①]。

---

① 资料来源于网络：http：//gszyzx. com. cn/item/2155. aspx。

第四节　预防校园暴力与意外伤害

校园暴力主要是指在校学生之间、学生与社会其他人员之间、师生之间，发生在校园内及校园周边的具有敌意的欺凌、体罚、伤害等性质的暴力行为。我国《刑法》规定的故意伤害罪，是指故意非法损害他人身体健康的行为。意外伤害是指因意外导致身体受到伤害的事件，是指外来的、突发的、非本意的、非疾病的使身体受到伤害的客观事件。

一、校园暴力

1. 类型和特点

发生校园暴力的深层次原因主要有社会环境影响、不良传媒影响、家庭教育失当和学校教育乏力等。校园暴力已成为一个严重的社会问题。

常见的校园暴力从诱因来分析大致可以分为四类：

（1）学生个体纠纷引起的打架斗殴。有的技校生往往会以自我为中心，自控能力较差，遇事不冷静，性格冲动，有暴力倾向。他们会因一点鸡毛蒜皮的小事逞强好胜，拳脚相加。如有人不拘小节，有人开句玩笑，有人出言不逊，有人不小心踩到或撞到自己，甚至看某人不顺眼时，都有可能诱发打架。

案例 6.9

2006 年 12 月 28 日晚上 11 时左右，某技工院校学生吴某、利某、李某在校园内经过饭堂时，迎面急速驶来一辆摩托车（车上两男一女）。吴某回头望了一眼骑摩托车的人，坐在摩托车中间的男子忙问他看什么，随后，双方发生了口角。吴某的两名同班同学闻讯赶来并与摩托车上的那名男子发生了打架斗殴。不久，摩托车上 3 人驾车扬长而去，并扬言稍后要教训他们。随后 3 人叫来了 8 人分乘两辆摩托车，持水果刀等凶器在校园内一路追杀，将吴某砍伤，而另一同学陈某则被砍成重伤，经抢救无效于次日身亡。

点评：技工院校学生正处在血气方刚的特殊时期，有的学生自控能力差，有暴力倾向，法律意识淡薄，一点微不足道的小事也可能成为打架斗殴的导火线。

（2）学生群体纠纷引起的群体斗殴。在技工院校学生中存在一些非正式群体（小帮派、小团体或同乡会），这类学生群体动辄使用群体暴力来胁迫对方，极易激化矛盾，引起群体性的打架斗殴。由于学生参与打架的人数较多，造成群死群伤的事时有发生。还有学生与校外人员发生纠纷引起的冲突，往往引发校际之间、学校与社会之间的群体性打架斗殴事件。

案例 6.10

2005 年 10 月某日凌晨，南方某技工院校学生宿舍发生了一起学生群殴事件，几十名学生卷入事件之中，后经警察介入才得以平息。事件中有几名学生和保安受伤，被送往附近医院。这是一起由个别学生的矛盾而引至两个地区的学生群殴的恶性事件。先是甲地区的学生约好夜袭乙地区的几个学生，乙地区的其他学生闻讯赶来救援，两个地区的学生展开了混战。保安出面制止，反被学生扔石头砸伤。

点评：同乡会组织是技工学校的一大毒瘤，广东地区已发生几起技工学校学生同乡会群体斗殴致人身伤亡的恶性事件。

（3）学生因恋爱纠纷引起的故意伤害。技工院校学生谈恋爱较为常见，有些家长并不反对自己的子女在学校读书期间谈恋爱，学校也只能正面引导。但技工院校学生在谈情说爱时往往具有不确定性，有的朝三暮四，有的争风吃醋，有的存在“三角关系”甚至多角关系，这些矛盾都有可能被激发为严重的故意伤害事件，因此，班主任应该关注学生的情感纠纷，及时做好疏导化解工作，防患于未然。

案例 6.11

某技工院校女生魏某与男生林某已恋爱了一个学期，后来林某因家人反对便向魏某提出了分手，魏某不同意。2005 年 9 月 8 日下午，在校外某网吧内，魏某用水果刀连捅林某后背两刀致其重伤，然后又用刀连刺自己腹腔四刀，两人均被送往医院抢救。林某医疗费高达 4 万多元。魏某后被公安局拘捕。

点评：本案例为典型的因“爱”不成反目成仇，造成故意伤害的事件。可见，班主任对学生恋爱问题千万不能等闲视之，要密切关注学生的情感问题，对在恋爱中学生出现的反常情绪要及时了解，做好疏通引导工作。

(4) 校内学生勾结校外人员进入校园作案引起的暴力伤害。一些有不良行为习惯的技校学生经常与校外不三不四的社会闲散人员来往，当他们在校内与人发生矛盾纠纷时，就会勾结校外人员进入学校行凶伤人。

案例 6.12

2009 年 4 月 18 日晚，韶关某技工学校的宿舍发生一起群体打架斗殴事件。多名手持铁鎯头的人在该校 201 宿舍门前的走廊上对一些学生大打出手，持铁鎯头砸学生，现场血肉横飞。警察介入调查后第五天，该校一名李姓男生到公安局投案自首，说明事件发生的原因是自己在校内曾经与同学发生矛盾，便请校外的“朋友”来学校实施报复伤人，造成严重后果。

点评：勾结校外不法分子对同学实施敲诈勒索，请校外不法分子向与自己有矛盾的同学实施报复性伤害，在技工院校很常见。值得注意的是这些学生打架斗殴时动用了管制器械，具有极大的危害性。

2. 预防方法

(1) 班主任要指导学生认清校园暴力的极大危害性。对广大学生而言，处于一个动荡不安、充满暴力的校园，势必影响成长成才；对学校而言，正常的教育教学秩序被扰乱，部分学生就会选择退学或转学，造成较高的学生流失率；对被侵害的学生而言，校园暴力严重威胁生命，严重威胁身心健康；对当事人双方的家庭而言，在给受害人家庭造成巨大伤害的同时，还给肇事人的家庭造成难以承受的经济负担；对肇事人自身而言，容易构成故意伤害罪而葬送前程。

（2）班主任要指导学生掌握正确解决矛盾的方法。教育学生要依法行事，依法保护自己的权益。要让学生明白，解决同学之间激化了的矛盾，预防校园暴力、免受伤害，应依靠学校和老师，而绝不是“同乡会”之类的违规组织。

（3）班主任对有暴力倾向的学生要特别注意加以引导与矫正。要用平等、民主的方式对待他们，让其体会到老师的真诚和尊重，从而尊敬感激老师，把老师当知心人；要思想上多交流沟通，生活上多关心帮助，缩短心理距离，掌握他们的思想动态，消除他们的暴力倾向；要对他们宽容大度，挖掘他们的潜能，培养他们的自信心和自尊心，创造机会发挥他们的长处和优点，让他们产生成就感，从而削弱暴力倾向。

（4）班主任要指导学生积极防范与避免暴力冲突。要让学生懂得做人不要妄自尊大、恃强凌弱，但也不能过于软弱；要慎重交友，为人谦虚，说话和气；要学会正确处理财物和感情问题；别人打架时不要凑热闹，发现可疑人员进入校园要及时报告老师，避免面对面冲突，特别是不要参与打架斗殴，必要时要打110报警求援。

（5）班主任对本班学生中有可能出现的校园暴力苗头要严密监控，及时发现，及时疏导，并将其消灭在萌芽状态。

链接 6.5

中国政法大学教授：处理校园暴力案件应谨慎①

近日，正赶上中国犯罪学研究会第三次会员代表会议在广州召开。记者找到了长期从事青少年犯罪研究的中国政法大学社会学与青少年犯罪研究所所长皮艺军教授，就校园保护费这一事件对他进行了采访。皮教授分析了校园暴力产生的原因、性质及其危害，并提出了适当的教育方法。他认为，学校和家长应当从孩子的早期不良倾向入手，进行早期教育，并将其列入教育日程中。对于学生收取保护费的行为，不能轻易定性，因为孩子也许只是被黑社会性质的组织利用，成了工具。对这类案件要非常谨慎，对于有问题的学生仍然要以教育为主。对于受

① 资料来源于网络：http：//www.southcn.com/news/gdnews/nyda/200204090211.htm。

害的学生，学校还应当给他们一些应付这类事情的技巧，教给孩子在遇见这种情况时，应如何保护自己，主张他们尽可能对问题学生以教育为主。

发展：“现在校园暴力发展较快，其中暴力文化的影响是一个原因。”

皮教授指出，校园暴力源于在解决学生之间的冲突时，学生对于解决方式的不同选择：是采取和平的方式，找老师和学校解决，还是自己靠武力解决？有一些体格健壮、块头比较大的学生经过比较，形成了一种概念，认为通过武力解决冲突比较方便、快捷，就采取了武力的方式。

现在校园暴力发展比较快，其中暴力文化的影响是一个原因。在过去的影视作品中，暴力文化主要表现在战争题材作品中，离生活比较远。现在，一些以城市生活为题材的影视作品中，暴力占了很大的成分。基于少年学生的认识水平，对其中的武德和正义感接受得比较少。

原因：“报复、嫉妒、自尊等，都有可能导致孩子的暴力倾向。”

在谈到处于青春期的孩子的接受能力时，皮教授打了这样一个比方：这一时期，孩子的体能已经接近成熟，像一辆马力很足的汽车，但是由于方向盘和制动器不灵敏，孩子并不知道什么时候该转弯，什么时候该停，如何减缓自己。而孩子的暴力倾向也是由各种不同的动机引发的，比如说报复，孩子受了欺负，可能会想到自己或者找人帮忙，对欺负他的人实施报复，比如说保护自己的自尊，还比如说对于其他孩子的经济情况、学习、美貌等产生嫉妒的心理等，这些都有可能导致孩子的暴力倾向。从生物学原理来说，由于男性更具有攻击性，所以校园暴力也多发生在男生之间。从所发生的一些校园暴力事件可以看出，这些事情一般不会发生在男生与女生之间。但是现在也出现了一种现象，就是女生和女生之间也出现了暴力倾向。总之，这一现象发生在少年学生身上，是多个原因交织在一起形成的。

性质：“学生收取保护费，不应当对其性质轻易下结论，要非常谨慎。”

对于高年级学生向低年级学生收取保护费，皮教授指出，不应当对其性质轻易下结论。孩子也许是被黑社会性质的组织利用，成了工具，在学校里收取保护费。值得警惕的问题是，这些孩子会被吸收为这些组织的外围成员。学校和有关部门接到有关反映后，如果处理不当，可能会给孩子造成更大的伤害。所以，学校和司法机关在处理这类问题时，要非常谨慎，并要有一定的技巧，以免造成更严重的后果。对于有问题的学生仍然要以教育为主。

就校园保护费这样的事件来说，其中多数情节都是比较轻微的，因为涉及的数额都很小，武力威胁不是很明显，按照《治安管理处罚法》的规定，很多都只是抢夺。只有极少数性质恶劣的上升为刑事犯罪。但是这类事情的最大危害性就在于，它的发生频率高，影响范围广。

危害：“校园暴力在孩子们的精神上，会造成一种压抑感。”

谈到校园暴力的危害，皮教授说，对于受害的孩子来说，事情发生后，孩子一般不敢说出来。一方面是害怕报复。另一方面，向家长反映后，孩子也害怕受到家长的责骂。这样，在孩子以后的学习生活中，就会在他们的精神上造成一种压抑感。而更进一步的危害是在对孩子人格的培养上，频繁的校园暴力有一定的教唆作用，它给孩子强化了一种观念，使孩子认为，运用武力可以解决矛盾，可以得到物质财富，可以满足自尊。

教育：“学校和家长应当从孩子的不良倾向入手，进行早期教育。”

皮教授指出，出现这种事情后，不能只是一般地说教，对他们的教育要有针对性。学校针对这一问题，要留出时间，进行专门的教育。学校和家长也应当从孩子的不良倾向入手，进行早期教育。

对于受害的学生，皮教授建议，学校还应当给他们一些应付这类事情的技巧。在北京的一些学校，曾对学生做过一些特定的情景训练。教给孩子在遇见这种情况时，如何保护自己。比如生命第一原则的训练，一般在遇见这种情况时，孩子面对的是比自己体格健壮的对手，有时是一些社会上的人。在这种情况下，靠孩子自己的力量去解决并不理智。应当主张他们尽可能不要用武力解决，以免对人身安全造成损害。

二、校园意外伤害

1. 分类及原因

（1）在文体活动中较易发生意外受伤。如在球类运动中因争夺双方发生肢体碰撞而受伤，在田径、体操、游泳等运动中因准备运动不足而发生肌肉扭伤、拉伤或抽筋，因体力不支或本来就有特异体质而出现昏迷甚至猝死，因运动姿势不得要领或体育器材有问题、保护不到位而受伤等。

（2）在实验实训时如果安全教育工作不到位，或学生不严格遵守安全操作规程，也会出现意外伤害事故，造成伤残。此外，学校设施存在安全隐患也容易引起学生意外伤害。

案例 6.13

2005 年 9 月，某技工院校模具班黎同学在宿舍上卫生间时，因卫生间地面上有洗衣水，左脚不慎滑入便池，左小腿肌腱被便池下端入口处的豁口割断 6 根，造成严重的意外伤害，后住院治疗达 3 个多月。

点评：学校生活设施在使用过程中可能会出现一些安全隐患，如果不及时修复，可能让学生受到意外伤害，由此产生的一切后果全部由学校负责。因此，学校及班主任要做好教育、教学设施的安全管理。

2. 预防方法

（1）教会学生体育运动的安全常识。在身体出现异常情况时，如患有先天性心脏病和各种较重急慢性疾病，患肝炎、肾炎、肺结核等病初愈，患感冒发烧等，不宜参加剧烈运动；运动之前要做足准备活动；要正确使用体育器械并做好安全防护。

（2）教会学生简单的运动伤害救护方法。例如，在扭伤或挫伤时，可以做冷敷（每隔 3～4 小时做 1 次，每次 5～8 分钟）。擦伤的处理原则是先止血，重度的大范围擦伤出血量大，要立即送医院抢救，在送医院途中，要设法止血或减少出血量。在止血过程中，切记不能用脏毛巾等物擦洗伤处，以免细菌感染。骨折的急救步骤是：先除去压在伤者身上或阻碍搬移伤者的障碍物，然后把伤者放平，固定伤肢，保暖，并迅速送医院处理。在移动伤者时动作要缓慢轻柔，切忌盲目翻动伤者的身体，以避免断骨伤及肌肉、神经、血管等。当鼻部受到外力打击而发生严重鼻出血时，可暂时用口呼吸，同时头要向后仰，在鼻部放置冷毛巾，如仍流血不止，可用凡士林纱布卷塞入出血的鼻腔内等。

（3）在学生参加运动会前，要特别强调安全事项。无比赛项目者不要在赛场中穿行，以免被投掷的铅球或标枪等击伤。参赛者临赛前不可吃得过饱或喝过多的水，要做好准备活动再参赛。比赛结束后，不要立即停下来休息，要坚持做好放松活动，使心脏逐渐恢复平静，不要马上大量饮水、吃冷饮，也不要立即洗冷水澡，更不可游泳。

（4）教育学生在日常生活中要注意安全。例如，在教室宿舍内不要追逐、打闹，防止磕碰受伤；登高打扫卫生时，注意防止摔伤；住在宿舍楼高层的，不要将身体探出阳台或者窗外，谨防不慎发生坠楼危险；不私自外出游泳，预防溺水伤亡等。

（5）配合实习指导教师做好对学生的实习（实训）安全教育。班主任要通过主题班会、个别教育等多种形式指导学生遵守实习（实训）纪律，严守操作规程，做好安全保护。要通过与实习指导教师密切联系，掌握学生实习（实训）安全的突出问题及典型事例，有针对性地开展教育和指导。

（6）动员学生购买意外伤害保险，万一发生意外也能获得一定的经济补偿。

（7）帮助学生了解校园周边综合治理和治安状况，加强在校园周边活动时的自我保护。

此外，班主任要学习教育部《学生伤害事故处理办法》及《中小学生在校伤害预防与处理》等法规，明确自身的安全管理职责，掌握各类伤害事故的预防对策和处理方法，明确学校及自身在学生伤害事故中的责与非责，既保护好学生，也保护好学校与自己的权益。

链接 6.6

人工呼吸急救指导①

人工呼吸是采用人工方法帮助病人恢复呼吸的一种急救方法。常采用口对口人工呼吸，如不能经病人的口，可通过鼻（口对鼻），婴幼儿则可通过口及鼻（口对口、鼻），两者都能取得满意的通气效果。口对口人工呼吸方法如下：

1. 病人仰卧位（脸朝上），解开衣领，清除口咽部一切异物和分泌物。如有假牙应取出，以免妨碍疏通气道。

2. 抢救者一手掌按于病人前额，并以食指与中指捏紧病人鼻翼两侧，另一手食指与中指抬起病人下颌，深吸一口气，用口对准病人的口吹一口气，吹气停

① 资料来源于网络：http：//www.anquan.com.cn/aklife/class60/200806/85538.html。

止后放松鼻孔，让病人从鼻孔呼气，再进行下一次吹气，反复进行，每分钟12～16次。

3. 向病人口中吹气时，眼睛注意病人胸部，直到胸部隆起达最大限度为止。

4. 如果病人心跳正常，则继续按上述人工呼吸速度吹气，直到呼吸恢复或医务人员赶到为止；假如心脏停止跳动，则需立即同时进行胸外心脏按压。

三、学生个体性突发事件的应对

学生个体性事件指学生意外伤害或生病类突发事件、学生精神错乱或出现自杀行为（倾向）的突发事件、学生失踪类突发事件。这类事件具有偶然性、不可预见性，如果预防和处置不当或不及时，往往会造成当事人的人身安全事故，也会使学校蒙受损失。

1. 学生个体性事件的预防措施

（1）加强对学生的安全教育，让学生掌握安全常识，积极预防意外伤害事件。

（2）在新生入学后，班主任要配合学校组织心理健康普查工作，排查特异心理或特异体质的学生，并与学生家长联系，摸清这些学生的发病规律，积极采取预防措施。

（3）建立对个体突发事件有效的监控机制。学校要加强学生管理值班、保卫值班、车队值班、医务所值班，并预备一定的医疗周转金。一旦发生突发事件，能够迅速妥善处理。

（4）确保通信畅通，要求上述人员接到通知后迅速赶到现场。

2. 学生个体出现意外伤害、中毒或突发疾病的处置

（1）出现意外伤害或突发疾病后，学生本人或知情人要马上向班主任报告。

（2）班主任应迅速到达出事现场并马上组织救护。原则上先将伤病者送医务所，若不方便移动，则要求值班医生到现场救护。医生要求送医院，则由学校派车送学生去医院，同时班主任需陪同。如果学生没带钱，则用医疗周转金垫付，事后由班主任向学生或家长索回。

（3）如果学生需住院治疗，则由班主任（或班主任指定的学生）陪护，并通知家长到医院护理。

（4）如果需要做手术，由班主任电话联系家长，经家长同意后班主任可代家长在手术文件上签字。

（5）如属食物中毒，应将有关食品送卫生检疫部门检验。

3. 学生个体出现精神错乱或出现自杀行为（倾向）的处置

（1）发现学生精神错乱或出现自杀行为（倾向）后，知情学生要马上向班主任报告。

（2）班主任要报告学生处（科）及保卫部并迅速到达出事现场，迅速组织力量将患病者移送到安全地点，进行严密监控。

（3）班主任要马上通知家长来校。在家长到达学校之前，班主任要带领学生干部组成看护小组轮流值班看护监控，必要时请学校保卫人员、宿管员共同陪护。

（4）家长到校后，班主任要向家长说明情况，力劝家长带患者回家治疗，并为其办理请假手续。

4. 对学生失踪类突发事件的处置

（1）发现学生失踪后，班主任应于当天向学生处（科）报告。在找到学生之前，班主任每天要向家长电话通报有关情况。

（2）班主任要组织学生进行寻找，并调查学生失踪的原因，收集并保存好取证材料。

（3）如果家长主动要求或征得家长同意报案时，可向学校所在地公安机关报案。

（4）找到学生后，要根据具体情况做出相应处理。如果是学生故意旷课，要根据学校制度给予纪律处分，甚至开除学籍。如果是其他原因，要对症下药，予以心理辅导或教育疏导。

图6—2是广州某高级技工学校学生个体性事件应急处理程序图。

案例6.14

2008年4月22日晚，某校2007级机电中技班学生方某、蔡某、黄某因没有课，外出在网吧上网。蔡某的手机随便放在网吧电脑桌上，被网吧内1名男子拿走，3名学生一起上前向其索要手机，该男子与另外3名同伙抽出两把砍刀，对3名学生动手，先砍了蔡某一刀（伤在后背），方某被砍破左腹部，肠子流出，

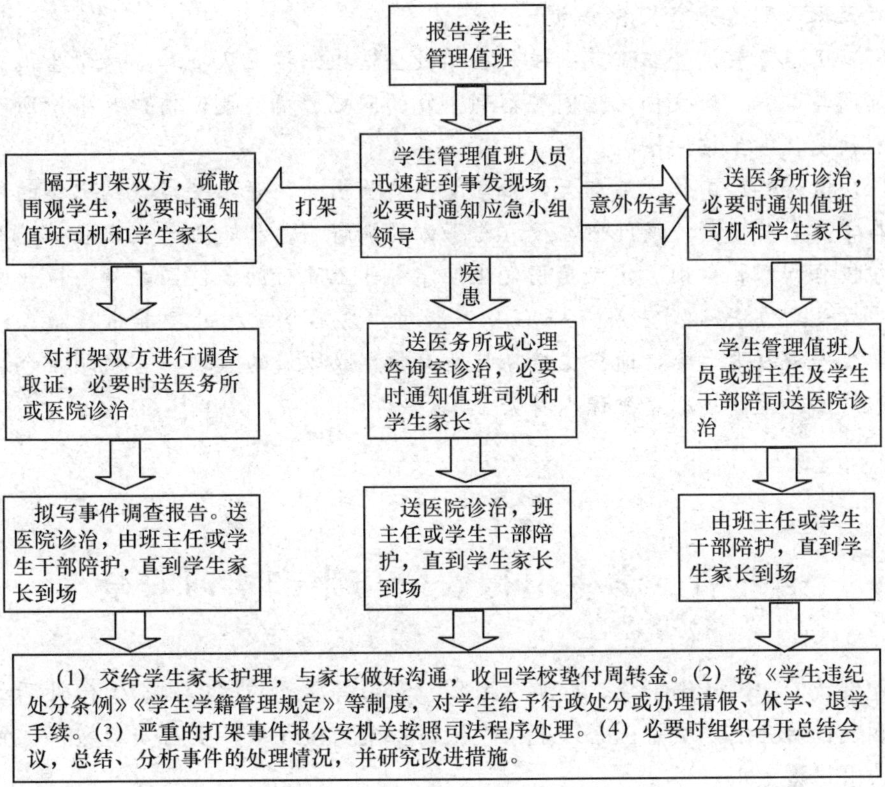

图 6—2　个体性事件应急处理程序图

黄某左肩也破皮受轻伤，缝了 3 针。

（1）班主任迅速赶到现场，及时报告。方某受伤后找一辆摩的欲往医院，摩的司机见方某伤情严重，将他载到附近诊所，诊所不敢接诊打了 120。方某打电话给班主任。班主任立即赶到诊所门口，并电话通知系副主任，马上又打 110 报警，并通知学生家长。系副主任立即电话告知学生处处长。

（2）果断处置，紧急救人。系副主任与学生处处长迅速赶到诊所，同时立即电话向校领导汇报学生受伤情况，配合医生将受伤者抬上救护车。120 将方某送正规医院（由班主任老师陪同），有关领导也坐校车到医院，交钱（学校医疗备用金）办理住院手续。学校领导高度重视，亲自到医院配合医院组织抢救，直到手术开始才离开。留下系副主任及班主任老师和 4 名学生一直守护至凌晨 3 点多钟，直至家人到达交家长看护为止。

（3）迅速开展调查取证。副校长在学校坐镇组织校卫队员和知情学生调查事件的起因与过程。班主任又陪同警察到事发的网吧、蔡某处理伤口的小诊所和医院分别找受伤学生询问情况。

（4）做好善后工作。第二天，由分管副校长出面，联系警察找到出事的网吧老板与学生家长谈判，该网吧在校方与警方的调解下，拿钱给学生家长作治疗费用。学校告知家长：由于学生受伤发生在学校非上课时间、校园之外，按《学生伤害事故处理办法》，学校没有责任。家长对事发后学校的处理非常感激。组织全校学生安全教育大会，通报案情，让所有学生吸取血的教训，告诫学生今后不要进入网吧等是非场所，确保人身安全。

第五节　学生出行安全与生产实习安全

随着技校学生外出聚会、旅游、考察、实习等活动的增多，学生校外活动的安全问题日显突出，班主任必须把学生出行安全与校外生产实习安全教育提到重要的议事日程上来。

一、学生出行安全事故原因

学生出行常见的事故大致可分为三类：

第一类，学生醉酒或疲劳出行引起的事故。人在醉酒或过度疲劳时容易因为神志不清而上当受骗或被盗被抢。酒后情绪激动，容易与周围的人发生矛盾纠纷，甚至打架斗殴，从而造成人身伤害。酒后驾车或疲劳驾驶则会酿成车祸。

第二类，学生徒步或骑自行车外出时因不遵守交通规则被行驶的车辆撞倒。据交通部门统计，因行人不守交通规则随意行走而发生的交通事故占整个交通事故的30%；因过马路闯红灯，造成司机制动避让不及而发生的交通事故占整个交通事故的近20%；因存有“车不敢撞人”的侥幸心理而发生的交通事故占整个交通事故的15%；而飞来横祸的交通事故仅占整个交通事故的8%。

第三类，学生因乘坐无牌无证车辆或乘坐超载车辆而发生交通事故。学校放假时经常有外地学生自行联系集体包车回家，一旦遇到不良车主，车况差或严重超载，就极易造成交通事故。另外，位于市郊的学校，周边有较多无证摩托车搭客，有的学生为了省钱，往往多人搭乘一辆摩托车，出事的概率也极高。

案例 6.15

2006 年，广州市某技工院校的 3 名学生挤乘在另一名学生驾驶的摩托车上，行至一个下坡道时与一辆货车相撞，造成两名学生当场死亡，另两名学生受重伤的重大交通事故。

点评：按交通管理规定，两轮摩托车后座上最多只能乘坐 1 人，该车却 4 人同挤，超载 2 人，造成了极大安全隐患，出事绝非偶然。此例可见技工院校加强学生交通安全教育的必要性和重要性。

二、学生出行安全注意事项

出行安全教育的关键是要学生提高安全意识，自觉遵守交通法规。班主任要提醒学生注意步行、骑车、驾车的安全，乘坐汽车、火车、地铁、飞机、轮船的安全，登山游览、外出游泳的安全等。

1. 徒步出行安全教育要点

在道路上行走，要走人行道，如果道路没有人行道，要靠路的右边行走；横过马路时须按红绿灯指令走人行横道，不要猛跑或抄近道跨越隔离护栏；晚上走路要选择有路灯的地方，小心路边无盖排水井口；集体外出时要有组织、有秩序地列队行走；行走时要注意周围情况，不要东张西望，不要边走边看书报或做其他事情。

2. 骑车驾车安全教育要点

自行车应在非机动车道上行驶，拐弯前要减速慢行并向后瞭望，伸手示意，不能突然猛拐；与同学或朋友结伴骑车上路时不要搭肩并行，更不要互相追逐或曲折行驶；在交叉路口，要遵守交警或指示灯指令，在无交警或指示灯指示的路口，要停下来看清情况，等条件许可时再通行；在复杂路段，最好下车推行。有条件驾驶机动车的同学，切忌违章驾车。

3. 乘车安全教育要点

要乘坐合法经营、性能良好的车辆，不要乘坐无牌无证车辆或超载、车况差的车辆；不要多人一起搭乘摩托车；在机动车行驶过程中，不要将身体任何部分伸出窗外，不要跳车，不要入睡，以确保发生意外时能及时采取安全防范措施；上车应排队，按序就座，无座位时要离开车门握紧扶手站好；谨防扒手，轻装简行，随身携带钱物注意贴身放好，行李物品尽量放在视线范围内，但不要放在靠窗的地方，以免被人“顺手牵羊”；上下车时要清点行李，避免遗失；下车后不要东张西望，心神不定，问路要找服务员或民警，防止不法分子诈骗或趁机盗窃。

三、校内生产实习安全

技工院校以技能教育为主，生产实习占有重要地位，生产实习中的安全尤为重要。生产实习教学的目的在于向学生传授生产基础知识和基本操作技能。主要培养学生正确掌握操作方法及设备和工具的调整保养等基本功，能独立选择加工工艺，严格按图纸加工，遵守操作规程，使学生牢固树立优质、高效、低耗、安全的全面效益观念，养成遵章守纪的文明习惯。

文明安全是生产实习教学的基本原则。安全生产、文明生产教育必须从技校生产实习教学抓起。要组织学生科学而有秩序地进行生产实习，教育学生树立“安全第一”的思想，预防事故，保护学生的安全健康，培养学生良好的职业道德和法制观念。

生产实习安全的基本原则包括：严格遵守操作规程和劳动纪律，不串岗、不打闹，不乱动机器设备；经常保持生产实习教学设备良好的技术状态；正确使用工、卡、量具。原材料、产成品、残次品和废品合理摆放；严格执行各项生产实习教学管理制度，遵守安全生产责任制度。养成安全文明的生产习惯。

要加强安全教育，树立“安全第一”思想。班主任要配合生产实习指导教师和实习工厂管理人员向学生宣传党和国家的安全生产方针，加强安全知识教育。使学生牢固树立“安全第一，预防为主”的思想，培养学生预防事故和职业危害的能力，提高学生安全文明生产的自觉性。

要改善劳动条件，加强安全措施。技工院校要根据学生的年龄特征，根据未成年人保护法的有关规定，根据专业特点，分别规定不同的实习时间，注意学生的劳逸结合。配备必要的安全防护设施和用品，加强监督检查，确保学生安全。

案例 6.16

某技工学校发生多起生产实习事故：2006 年 10 月 17 日晚 10 时左右，车工实习车间一学生在拉闸时电线接头冒火致使手指脱皮，手掌起泡。2007 年 1 月 9 日下午，该校一学生在刃磨刀具时一颗微粒进入眼中，因为处理不及时造成眼底损伤。2007 年 1 月 26 日上午，该校一学生在旁观设备维修时被因敲击飞起的微粒打中眼睛，造成眼晶状体损伤。一实习生在粉末加工过程中，由于操作不熟练，心理紧张，反应不灵敏，伸出去的右手没及时抽回，导致右前臂被机器缠绞轧伤。某生实习时，因操作的是台旧车床，且车床带轮防护罩缺失，使学生在生产过程中不慎袖子被绞，经医院抢救后右手被截肢。某实习生随指导师傅进行拌料操作，拌料过程结束后，带班师傅进入隔壁车间闲聊，实习生一人清洁该混合机中的剩余底料时，误启动了混合机，左手被卷入而导致残疾。①

点评：造成事故的原因是：三例是实习生没有做好充分的劳动防护措施；一例是因为设备存在安全隐患；两例是操作不熟悉，实习指导老师失职。

四、校外生产实习安全

1. 校外生产实习安全事故原因

在实际生产中，事故发生的原因是多方面的，但归纳起来有四个方面的原因：一是人的不安全行为；二是机器的不安全状态；三是环境的不安全条件；四是管理上的缺陷。前三项属于直接原因，第四项属于间接原因。

下列行为属于不安全行为：操作失误，忽视安全，忽视警告，未经许可开动、关停、移动机器；开动、关停机器时未给信号，开关未锁紧，造成意外转动、通电或泄漏等；工作完毕，忘记关闭设备；作业时注意力分散，或奔跑作业，供料或送料速度过快；违章驾驶机动车；造成安全装置失效；使用不安全设

① 资料来源于网络：http：//www.zdjixiao.com。

备；人手代替工具操作；物品（工具、材料、切屑、成品、半成品和生产用品）存放不当；冒险进入危险场所；攀、坐不安全位置（如平台、汽车挡板、吊车吊钩）；在起吊物下作业、停留；在机器运转的情况下进行修理、清扫；在必须使用个人防护用品用具的作业或场合中未使用，如未戴护目镜、面罩、手套、安全帽、安全带、工作帽、呼吸护具等；不安全装束，如在有旋转零部件的设备旁作业时穿肥大服装，操纵带有旋转零部件的设备时戴手套，长发未装束好；对易燃易爆等危险品处理错误等。

案例 6.17

某技校2004汽车商贸班学生张某在花都某汽车销售公司实习，因超速驾车导致车辆毁坏，自己险些丧命。2004汽车商贸高技班学生陈某在佛山某汽车销售公司实习，因酒后驾车将一民工撞死。1999级数控班李某在东莞一家数控加工厂实习，在自己没戴防护眼镜的情况下，打开运转中的数控机床的防护门，被高温铁屑刺伤了左眼球，导致终身残疾。

点评： 前两例是违反交通规则，超速或酒后驾驶引起；后一例是因为劳动保护措施不力引起。可见，学生在参加校外生产实习前的安全教育和管理至关重要，如果事先没有进行安全教育，实习过程中又没有有效监控，就会出现严重的后果。

2. 校外生产实习的安全教育与管理

为确保学生校外实习的安全，班主任必须与实习单位及带队老师，共同做好学生校外生产实习的安全教育和管理工作。

（1）在学生下厂前要切实做好学生的安全教育工作，强化学生的安全意识，牢固树立“安全第一，预防为主”的思想。

1）要让学生自觉服从单位领导的安排，虚心学习，遵守单位各项规章制度，牢固树立生产安全意识、防火意识、交通安全意识、人身安全意识、财产安全意识。

2）实习期间要认真学习有关的安全法规，并在专业人员的指导下学习并掌握有关的安全检查及安全操作知识和技能。

3）正确使用和保管个人劳动防护用品，准确了解厂矿企业内部的危险工区的地点及物品等，以免发生意外事故。

4）工作前应了解掌握所使用的机器、设备或工具的性能、特点、安全装置和正确的操作程序及维护方法，做到安全操作、规范操作。

（2）要求每个学生都签署校外生产实习保证书，要求学生承诺遵守实习纪律与实习单位的安全操作规程及规章制度。要组织专业工种安全操作规程方面的安全知识考试，要求人人合格。

（3）学生出外实习前，要动员学生买保险，以确保学生出现伤害事故后能得到切实的保障。

（4）建立学生校外实习个人档案。将学生基本信息、身份证号和家庭信息等进行管理。加强对实习学生的管理，及时处理学生擅自离岗、调换单位等情况，做好学生单位变更和通信方式的登记。

（5）学生出外实习期间，班主任要与实习单位专管人员保持密切联系并定期到各实习单位巡查，或者对单位电话回访，做好回访登记。

（6）巡查时要结合有关安全事故案例对学生进行安全教育，以提高学生的安全技术素养和安全意识，形成“人人懂安全，安全人人管”的良好风气。

（7）发现安全隐患，应与实习单位领导联系，争取及时解决。

链接 6.7

生产实习安全教育①

1. 三级安全教育

新工人入厂必须进行三级安全教育，即入厂教育、车间教育和班组教育。学生进入车间顶岗生产实习，也应实行三级安全教育，重点应放在安全操作技术规程的教育。

（1）入厂教育。实习学生新入厂在分配到车间或工作岗位之前，由厂安技部门进行初步的安全教育，教育内容包括本企业安全生产状况，国家有关劳动保护

① 资料来源于中国安全科技文化网。

规定，企业内不安全点的介绍，一般安全技术知识等。

（2）车间教育。实习学生分配到车间后，再由车间进行安全教育。教育内容包括本车间的劳动规则和应重视的安全问题，车间内危险地区、有毒有害作业的情况和安全事项，本车间安全生产情况，以及安全生产的好、坏典型事例。

（3）班组教育。实习学生进入工作岗位以前的教育，一般采用“以老带新”或“师徒包教包学”的方法。教育内容包括本工段、本班组、本岗位的安全生产状况、工作性质、职责范围，实习生从事本岗位操作必要的安全知识和技能，各种机具设备及安全防护设施的性能、作用，个人防护用品的使用和管理。

2. 安全技术知识教育

安全生产技术知识教育包括一般生产技术知识、一般安全生产技术知识和专业安全生产技术知识等的教育。

（1）生产技术知识教育。生产技术知识是人类在征服自然的斗争中积累起来的知识、技能和经验。安全技术知识是生产技术知识的组成部分，要掌握安全技术知识，首先要掌握一般的生产技术知识。因此，在进行安全技术知识教育的同时，必须根据企业的生产情况进行一般的生产技术知识教育。其主要内容包括：企业的基本生产概况、生产技术过程、作业方法或工艺流程，与生产技术过程和作业方法相适应的各种机具设备的性能和知识，工人在生产中积累的操作技能和经验以及产品的构造、性能、质量和规格等。

（2）一般安全生产技术知识教育。一般安全生产技术知识教育是企业所有职工都必须具备的基本安全生产技术知识。主要包括以下内容：企业内的危险设备和区域及其安全防护的基本知识和注意事项；有关电气设备（动力及照明）的基本安全知识；起重机械和厂内运输有关的安全知识；生产中使用的有毒有害原材料或可能散发的有毒有害物质的安全防护基本知识；企业中一般消防制度和规则；个人防护用品的正确使用以及伤亡事故报告办法。

（3）专业安全生产技术知识教育。专业安全生产技术知识教育是指某一作业的职工必须具备的专业安全生产技术知识的教育。根据伤亡事故统计，历年来，由于工人缺乏专业安全生产技术知识而引起的伤亡事故，在整个伤亡事故中所占的比重是很大的。所以，对实习学生结合专业生产进行专业安全生产技术知识教育是很有必要的。它包括安全生产技术知识、工业卫生技术知识，以及根据这些技术知识和经验制定的各种安全生产操作规程等的教育。内容涉及锅炉、压力容器、起重机械、电气、焊接、防爆、防尘、防毒、噪声控制等。

进行安全生产技术知识教育，不仅对缺乏安全生产技术知识的人需要，就是对具有一定安全生产技术知识或专业安全生产技术和经验的人也是完全必要的。这是因为，知识是无止境的，需要不断地学习和提高，防止片面性和局限性。事实上有许多伤亡事故就是只凭“经验”或麻痹大意违章作业而引起的。所以，对具有实际知识和一定经验的人，具备一定安全生产技术知识的人，也需要学习，提高他们的安全生产知识。

3. 安全生产技能教育

安全生产技能是指人们安全完成作业的技巧和能力。它包括作业技能、熟练掌握作业安全装置设施的技能，以及在应急情况下，进行妥善处理的技能。

安全生产技能训练是指对作业人员进行的安全作业实践能力的训练。对作业现场的安全只靠操作人员现有的安全知识是不行的，同安全知识一样，还必须有进行安全作业的实践能力。知识教育只解决了“应知”的问题，而技能教育，着重解决“应会”，两者结合达到“应知应会”的要求。这种“能力”教育，对实习生更有实际意义，也就是安全教育的侧重点。为了使安全作业的程序形成条件反射，固定下来，必须通过重复相同的操作，才能亲自掌握要领，这就要求安全技能的教育实施主要放在“现场教学”上。在教师的选用上，应该由本岗位最出色的操作人员在实际操作中给予个别指导并督促、监护学员反复进行实际操作训练以达到熟练的要求。

4. 安全生产意识教育

安全生产意识教育，主要解决“我要安全”，树立安全第一的思想。这属于思想教育范畴的内容，教育对象也最广，包括全体职工、家属以及生产实习学生。

思想教育的途径很多。通常采用的主要是宣传鼓动，正面教育，造成一个“安全第一”的气氛，潜移默化地去影响职工，使之成为自觉的行动。理想的效果是使人们举手投足间，头脑中都会想“这样做安全吗?”现在各企业大都有自己的报纸，甚至有自己的电视台（闭路），职工、家属通过看电视、报纸获得信息，接受安全意识教育。我们对发生的事故在电视、报纸上及时披露，立即会在群众中引起震动，牵动广大职工家属的心。而来自亲人的教育往往最为有效，上班前、出门前的一句叮咛和嘱咐，甚至一个微笑、一个眼神，里面蕴藏的教育成分不可忽视，其效果常常胜过安全管理人员给他讲几个小时。

安全生产意识教育要广开教育之门，常用的方式是举办展览和发放挂图，使安全教育具有广泛性。照片、图片、图表、挂图展览是一种图文并茂、通俗易懂、运作灵活的安全教育形式。

这种安全意识教育对生产实习的学生是必不可少的。

思考与练习

1. 请站在班主任的角度，结合你所任班级的实际，制订学生在校期间的安全教育计划或方案，或者拟写一份安全教育主题班会课教案。

2. 请看安全案例：学校集会造成学生被挤死挤伤案例。

某县城关学校于1989年12月28日清晨举行周会。7时许，在学校广播和铃声的催促下，教学楼上千名学生争先恐后地奔往学校操场集合。学校副校长杨某未将教学楼西边楼梯铁栅门打开，使得二、三、四楼七百多名学生只得全部涌向东楼梯口。学生们下到二楼和一楼楼梯拐弯处时，因楼道电灯未开，跑在前面的学生摸黑与少数上楼放书包的学生相遇，造成双方拥挤，个别身材矮小的学生跌倒后引起上下楼梯受阻，造成严重拥挤，酿成死亡28人、伤59人的特大伤亡事故。

请分析事故发生的原因。为了保证学生集会中的人身安全，你认为学校应注意做好哪几方面的工作？

【提示】这起特大伤亡事故是学校副校长杨某工作不负责任、制度不严、有章不循、纪律松懈造成的。为此，应追究副校长杨某“玩忽职守罪”的刑事责任。学校应注意做到：

（1）必须明确指定专人负责学生集会的安全工作。有关人员应当各司其职，各尽其责，避免互相推诿。

（2）在学生集会时，对学生集会的路线、设施和环境等与学生人身安全有关的事项，要全面考虑，采取必要措施，防止人身伤亡事故发生。

（3）在学生集会时，应当使学生进出教学楼的时间错开，并由专人监管，防止造成拥挤。

（4）在参加校外集会时，一定要有专人跟随学生，负责学生的安全工作。如果学生年龄较小，一般应当负责带回学校，不应在校外把学生放走。

（5）学校的各楼门和通道一定要保持畅通无阻，保证必要的照明度，不要随意封闭楼门和通道。

3. 结合技工学生年龄特点和行为特征，谈谈班主任如何有效地指导学生预防和应对意外伤害事故？

【提示】技工学校学生年龄较大，虽然已经掌握基本的逃生技能，能够比较镇定地面对安全意外事故，但是仍需加强安全教育，巩固其安全技能和逃生能力。班主任可从以下几方面指导学生进行意外伤害事故的预防和应对：

（1）增强自觉遵守交通法规的意识，主动分析出行时存在的安全隐患，寻求解决方法，防止因违章而导致交通事故的发生。

（2）正确使用各种设施，具备防火、防盗、防触电及防煤气中毒的知识技能。

（3）了解和积极预防在校园活动中可能发生的公共安全事故，提高自我保护和求助及逃生的基本技能。学生不仅要能够在安全事故中平安逃生，更要尽自己最大的努力减少事故发生的可能性，提高自己应对安全事故的能力。一旦发生事故，要学会求助，尤其是通过法律途径求助。

4. 在实际工作中，你遇到过哪些具体的校园突发事件？你是如何处理的？你认为作为班主任，在校园突发事件的预防和应对中，应该如何发挥作用？

第七章

学生心理健康教育

第一节　心理健康概述

第二节　技校生常见的心理问题与疾病

第三节　常见心理自我调适办法

第四节　班级管理心理辅导的操作方法

近年来，技校学生的心理健康问题日益突出，学生由于心理问题而导致行为错位的事情频频发生，对学生的身心和学校安全乃至社会稳定带来了危害。应该看到，一个人心理健康程度，直接关系到自身的素质、对社会适应的质量、劳动技能的质量和生命的质量。

现代社会对人的综合素质要求越来越高，学校培养的人才必须适应社会需要。技工院校的德育教育与心理健康教育的根本目标，都是为了把学生培养成德、智、体、美全面发展的社会主义建设者，目标的一致性是两者结合的基础。两者在教育内容上相互渗透，在功能上又具互动性。德育教育目标的实现，必须依靠健康的心理素质。德育特别注重培养学生正确的世界观、人生观，注重提高学生的认知水平，而心理健康教育在注重认知的同时，也要注重学生的内心需要和情感活动。具体地说，心理健康教育有两种目标：一是预防和治疗各种心理和行为问题，帮助学生适应客观环境，养成和保持健康心理。二是帮助学生塑造良好的个人心理素质，坚持正确成长方向，促进每个学生最大限度地发展自己。目前，运用多种方式对学生进行针对性的心理健康教育和指导，以帮助学生提高心理素质，健全人格，增强耐受挫折、适应环境的能力，已日益成为当代班主任工作的重要内容。因此，现代班主任应该学习并掌握普通心理学、社会心理学、发展心理学、教育心理学等基本理论知识，与此同时，还应该接受一些心理诊断和心理咨询方面的操作技能的培训。在具体工作中，班主任应将理论知识与实践能力结合起来，深入理解学生的困难和矛盾冲突形成的根源，有针对性地协助学生分析问题，引导学生走出困境，促进学生人格的发展。

本章重点介绍心理健康的基本概念、技校生常见的心理问题与心理疾病处理原则和基本方法、班级管理心理辅导的原则和操作方法，以及指导学生进行心理自我调适的办法。

第一节　心理健康概述

一、心理健康的含义

世界卫生组织（WHO）1948年把“健康”界定为“不但没有身体的缺陷和疾病，还要有完整的生理、心理状态和社会适应能力”。

心理健康则是指生活在一定社会环境中的个体，在高级神经功能和智力正常的情况下，情绪积极稳定、行为适度，具有协调关系和适应环境的能力，以及在本身及环境条件许可的范围内所能达到的心理最佳功能状态。

从广义上讲，心理健康是指一种高效而满意的、持续的心理状态。在这种状态下，个体的内心世界能保持安定乐观并充满活力，能高度发挥人的积极性和创造性。

从狭义上讲，心理健康指人的基本心理活动过程内容完整、协调一致，即认识、情感、意志、行为、人格等的完整和协调，在遇到障碍和困难问题时，能以社会认可的行为去克服它、适应它。

二、心理健康的标准

人的心理现象十分复杂，它不仅受生理状况的制约，还受到社会文化传统、风俗习惯、价值观念等多种社会因素的制约。因此，心理健康很难像身体健康那样制定出很明确的定量化标准。借鉴心理学家提出的各种心理健康标准，根据技工院校学生的心理特点、年龄特征和角色特征，我们提出如下心理健康的基本标准：

1. 智力正常

智力是指观察力、记忆力、注意力、想象力、思维能力等，智力正常即指能正确、客观地认识自然和社会，头脑清醒，能以积极正确的态度面对现实问题、困难和矛盾，既不回避也不空想，能够进行正常的生活、工作、学习。

2. 人际关系和谐

善于与人交往的人，能够接受他人，悦纳他人，能以尊重、信任、友爱、宽容、理解的态度与人相处，能分享、接受、给予爱和友谊，与集体保持协调的关系，能与他人同心协力，合作共事，乐于助人，因而也能被他人或团体所接纳，从中获得安全感、自信心，情绪积极稳定，个性得到发挥和发展。相反，不善于与人交流的人会与集体和周围的人格格不入，因而缺乏安全感和归属感，经常产生消极的情感体验，有的甚至会形成各种心理问题或心理疾病。因此，良好、和谐的人际关系是个体心理健康非常重要的指标之一。

3. 情绪积极稳定

情绪对人的认知过程和行为反应有重要影响，心理健康的人能保持平静的心境，在生活中愉快、乐观、开朗、满意等积极情绪状态总是占优势的，虽然也会有悲、忧、愁、怒等消极情绪体验，但一般不会长久，他们有适度表达和控制情绪的能力，并能进行自我调节，不致引起理智丧失或行为失调。相反，长期处于消极、否定的情绪状态下，容易使人产生心理异常。

4. 意志品质良好

健全的意志品质对青年学生而言，往往表现在意志行动的自觉性、果断性、坚韧性、自制性，表现在具体的学习、工作、生活当中，能够自觉地确定活动的目的，不畏困难和挫折，知难而上，持之以恒；需要做出决定的时候，能毫不犹豫，当机立断；还能够为了达到目的而控制一时的感情冲动，约束自己的言行等。

5. 自我意识正确

心理健康的人能够悦纳自己，体验到自己存在的价值，有自知之明，对自己的能力、性格和优缺点都能做出恰当的、客观的评价；对自己不会提出苛刻的、不切实际的期望与要求；自信而不自卑，因而对自己总是满意的，即使对自己无法补救的缺陷，也可以接受。

6. 个性结构健全

个性也称人格，指人的各种心理特性的总和，包括人格的倾向性和人格的心理特征，也就是说，指人的内心需求以及动机，人的能力、性格和气质等。在不同的时间和地点，个性都影响着一个人的思想、情感和行为，使他具有区别于他人的、独特的心理品质。心理健康人的个性结构是有机统一的、稳定的、健全的，如果一个人的行为表现不是一贯的、统一的，则说明他可能存在心理健康问题。

7. 环境适应良好

在人的一生中，内外环境是不断变化的，有的变化还很大，因此，要求人们对各种变化做出适应性反应，而对变动着的环境能否适应，是心理健康的重要标志。有的人适应能力较差，环境一旦改变，就紧张、焦虑、失眠；有的人则适应能力良好，很快就能随遇而安。

8. 心理行为符合年龄特征

不同年龄阶段具有其独特的心理行为模式，心理健康的人应具有与同年龄多数人相符合的心理行为特征。技工院校学生应该是精力充沛、反应敏捷、行为果断、热情奔放的年轻人，过于老成、过于幼稚、过于依赖都是心理不健康的表现。

三、正确把握心理健康标准

1. 班主任不能把心理不健康与有不健康的心理和行为表现等同起来，心理不健康是指一种持续的不良状态，偶尔出现一些不健康的心理和行为并不等于心理不健康，更不等于已经患上了心理疾病。因此，不能仅凭某时某事就简单地给学生下心理不健康的结论，更不能乱贴标签。

2. 心理健康与不健康并非泾渭分明的对立面，它是一种连续状态，从良好的心理健康状态到严重的心理疾病之间有一个过渡带，往往只是程度上的差异而已。

3. 心理健康的状态处于一个动态变化的过程，随着人的成长、经验的积累、环境的改变，心理健康状况也会有所改变，尤其是青年学生，变化往往很大。

4. 通常设定的心理健康标准只是一种理想的尺度，班主任不仅可以把它作为衡量学生心理是否健康的标准，更应该把它作为提高学生心理健康水平的努力方向，不断挖掘学生自身的潜能，促进学生健康成长。

四、技工院校学生心理发展的特点

技工院校学生大都在 15～22 岁之间，这个年龄阶段的年轻人智力迅速发展，接受新鲜事物的能力非常强。不少学生可能文化理论基础欠缺，但其动手能力强，例如，很多学生在入学之前就已经能够熟练地掌握计算机技术，计算机操作水平甚至远远高于自己的老师。然而，由于总体成绩不是很理想，他们在初中或者高中阶段，受教师和学校积极关注的程度并不太高，往往会加剧他们表现出更为强烈的独立感、自由感和逆反心理，他们更渴望得到尊重和理解。但由于特别自尊的缘故，这种渴望也可能被他们自己的小心翼翼所掩盖。

另外，年龄在 15～22 岁之间的学生，仍处于青年时期，仍具备这个时期的心理特点，如很容易动感情，情绪和情感反应比较强烈，遇事很容易激动等。有的学生情绪易激惹，动辄发火，甚至打架，而且他们的情绪表现出强烈的矛盾性。在实际工作中，班主任可能会发现不少学生同时存在着多种情绪状态，有时表现内向，有时表现外向；有时乐观，有时悲观；平时不愿意跟老师交心，但遇到问题又希望立即得到老师的理解；有时很自信，甚至自负，但有时又表现出自卑，过度的自卑往往以自负的形态表现出来。这是个体成长中所表现出的正常现象，因为青年人的自尊心比一般人更突出，住住可以由于过度的自尊滑向过度的自卑，过度的热情滑向过度的冷漠。这一特点在技工院校学生身上尤为突出，有的学生可能同时存在自尊和自卑、热情与冷漠等矛盾的情绪状态，正因为这些特点，更需要老师们的理解、宽容和足够的耐心。实际上，他们的情感也很容易得到满足，如果能够得到老师的关怀和疏导，他们的情绪状态往往会很快得到改善。

案例 7.1

小 A，男，16 岁，平时沉默寡言，但有时候特别暴躁，多次使用暴力胁迫他人服从他，因此，他与同学之间的关系比较紧张。小 A 在家跟父母的关系也不好，时常把父母的话当作耳边风，大声地跟父母争吵。

实际上，小 A 表面上显得很强悍，但他并不开朗，整天闷闷不乐的样子。为什么会这样呢？班主任从小 A 的经历中找到了答案。

小 A 的爸爸从前是一个企业的老板。在爸爸生意兴隆的时候，小 A 在班里和其他的孩子一样，快乐地学习和生活着。可是后来情况发生了变化，小 A 的爸爸生意出现了亏损，家里的亲戚和朋友由此没有了以前的那份热情，班里有的同学对小 A 也没有了往日的关注，小 A 感到自己失去了优越感。于是，他迫切地想表示自己不是弱者，而是一位强者。他的不可一世其实都是装出来的，他始终戴着一副假面具，用武力来伪装自己，他渴望让自己变得强大一些。可是，在内心深处他感到非常失落，他很清楚自己并不强大，他认为这一切都是父母的缘故，所以他有时候就把内心的愤怒发泄到了父母那里。然而父母比从前更加忙碌了，根本没有时间理会小 A 的变化，对他关心照顾也很少。

随着受关注程度的减弱，小 A 的心理越来越不平衡了。

我们知道，家庭变故对一个孩子来说非同小可，因为孩子受到年龄特征的影响，自信心并不牢固，比较容易在环境强有力的刺激下丧失。这时候，如果没有得到父母的及时引导，没有得到他人的理解和关怀，孩子很可能演变成为一个非常情绪化的人，容易采取破坏性的行为解决问题。因此，我们不难看出，小 A 身上过强的自尊心，恰恰是由严重的自卑心理引起的。

找到了原因，小 A 的班主任认为帮助小 A 重建自信心是问题的关键。以下是这位班主任的具体做法：

1. 班主任帮助小 A 正确评价自己，如实地看到自己的短处和长处。小 A 脾气暴躁，但他为人还是很正直的，他愿意为集体、为他人做事情。班主任推举他担任劳动委员，他认真负责，不怕脏不怕累，受到了同学们的一致好评。

2. 班主任帮助小 A 正确地处理人际关系。

班主任问小 A："拳头的力量真的很强大吗？如果我经常用拳头对付你，你能服气吗？怎么样才能令别人佩服你呢？"

小 A 说："我觉得拳头有时候还是有用的。不过我知道拳头永远比不上子弹快，靠拳头打出来的世界真的很有限。老师，我知道了。我希望自己以后以德服人，以才服人！"

点评：小 A 的班主任从小 A 的成长经历和内心深处寻找工作的突破口，引导他正确地评价自己和表现自己，正确地处理好与同学、父母、老师的关系。这位班主任所做的辅导工作很细致，从心理层面上解决问题，效果更好，持续时间更长远。虽然走过了一段弯路，但小 A 恢复了常态，我们有理由相信，他会变得更加自信、健康。

第二节　技校生常见的心理问题与疾病

心理问题是指人们在承受压力的当时和过后，在心理和行为方面所产生的效应，即应激或者应激后效应。这种效应可使人的心理和行为出现持续时间短、内容尚未泛化、反应强度不太剧烈的心理紊乱状态，主要表现在心境和情绪方面产生一定波动，但思维保持着严密的逻辑性，人格也十分完整。

心理冲突容易引发心理问题，但长期遭遇的心理问题得不到及时的解决，持续的时间较长（如1个月以上），心理负担难以克服，就容易形成心理疾病。由心理问题到心理疾病的过程是一个逐渐加重的病理层次。心理问题大都可以通过自身调整或者接受心理咨询得到圆满的解决，一般不需要进行心理治疗，但心理疾病则需要心理治疗，且以药物治疗为主。因此，学生是否有生理疾病应由心理医生或专业心理辅导师诊断确定。

需要说明的是，一个人在不同的时段会产生不同心理状态，有时可能处于比较健康的状态，有时可能会出现心理问题或心理疾病，所以，每一个人或多或少在不同的时期存在着这样或那样的心理问题或者心理疾病。因此，班主任应该了解并引导学生正确认识这些心理问题，帮助他们努力寻找科学的解决方法，避免心理问题向心理疾病演化。

一、学生常见的心理问题

技校学生大都处在情绪不太稳定、个性发展的时期，表现出来的心理问题往往比较多。一般常见的心理问题有：

1. 学校适应障碍

许多学生，特别是新生，由于不能很好地顺应技工院校的教学特点和生活环境，不能很好地完成角色的转换，不能很好地协调师生、同学之间的人际关系，不能很好地选择专业等原因，而产生学校适应障碍，并由此引发一系列心理、行为问题。其症状主要表现为情绪障碍、行为障碍、生理功能障碍。

案例 7.2

女孩小燕上初中时活泼开朗，来到技校后，生活似乎变了样，上课走神，记忆力下降，不愿说话，常因想家而暗自流泪，寝食不安，以致几次想退学。她的班主任很着急，把她带到学校心理咨询室，这位女孩显得非常紧张："我很想回家，我真的受不了了。面对新环境，我总是不知所措。"

很显然，这位女生由适应障碍引发情绪障碍，表现为情绪困扰，如“我很想回家，我真的受不了了”等。还有的学生表述：“这里的老师不好，同学们不喜欢我。”甚至会伴随一些行为上的问题，如学习无目标、生活无计划、学习困难、上课睡觉等。有的人表现出一些生理功能方面的障碍，如头昏脑涨、失眠、心悸、乏力、腰酸背痛等，这都是适应障碍引起的现象。这是青少年时期常见的一种心理问题，需要通过老师、家人、同学们的帮助，需要通过其本人的努力，逐步加以改善。

小燕的班主任首先找到学生心理辅导员商量对策，在心理辅导员的指导下，班主任从认知方面调整小燕对环境适应能力意义的认识，班主任还找到小燕同宿舍的同学和她的父母，关心鼓励小燕，疏导其情绪，帮助小燕了解学校的发展，熟悉老师和同学，熟悉学校内部及外部环境。

经过一个学期的指导，这位显得很娇气的女孩逐渐变得坚强起来了。毕业以后，到离家比较远的地方工作，工作状态良好。

点评：每个人对新环境或多或少会产生一些不适应，这是正常现象。但案例中的小燕，已经表现出比较严重的情绪问题，她不愿意说话，常常哭泣，一再要求退学等，这时候，单靠班主任一个人的力量是很难彻底解决问题的。小燕的班主任主动寻求学校心理辅导老师、小燕的家人、小燕的同伴等人员的帮助。工作的效果是很明显的。

---

2. 自我认知的偏差

过度的自我接受与过度的自我拒绝、过强的自尊心与过度的自卑感、自我中心与从众心理、过分的独立意识与过分的逆反心理等均属于青少年时期存在的自我认知偏差。自我认知的偏差容易引起个人的心理冲突、人际关系问题，其中，最有代表性的是自卑心理。

自卑是自我情绪体验的一种形式，是个体由于某种生理或心理上的缺陷或其他原因所产生的对自己的能力或品质评价过低，担心失去他人尊重的心理状态。其主要表现为：一是消极的自我评价。如在对自己的生理条件（外貌、身高等）或者对学习、交往等各方面能力的评价上，认为自己明显不如他人。二是超概括化或泛化，即由于某一方面的原因造成的自卑情绪容易扩大到其他方面。如有的人由于身体引起的自卑而致使他（她）感到自己的言谈举止及社会交往能力均不如别人。三是敏感性和掩饰性。由于担心自己的缺陷被人知道，因而常加以掩饰或否认，有时表现出较强的虚荣心，有的人常常采用回避与别人交往的方法来避免别人看出自己的缺陷和不足。

案例7.3

小严是一位女同学，平时沉默寡言，上课从不主动发言，老师提问到她，她也是摇摇头，目光低垂不肯吭声。在一篇以《我的烦恼》为题的短文中，她表露了自己的心迹："如果有变不成天鹅的丑小鸭，那就是我。没有一根羽毛是靓丽的，没有一点气息是怡人的，长相太普通，声音不柔美，还有改不掉的浓浓乡音。别人那惊异的表情和嘲讽的笑声，使得我不得不紧闭双唇。脑子太笨，大家一学就会的东西我要花上太多功夫，似乎收获永远比不上付出。每每测验完毕便汗颜得无地自容，我痛苦于自己一无可取，只有以过度的自尊维护脆弱的心灵。经不起同学的玩笑，受不起老师的探寻，听不得父母的轻责……望着窗外的蓝天，我泪眼涟涟。断翅的鸟儿再渴望自由也无法振翅翱翔……"

点评：看得出来，小严是一位非常自卑的女孩，小严的班主任应该怎样开展工作呢？工作的重点在哪里呢？很显然，帮助小严重新建立自信心，走出自卑的泥潭，这是关键。一般来说，情感上得到关怀、自我接纳等可以有效地消除自卑心理，挖掘自身的长处、积极参与集体活动、不断积累成功的心理体验等方法，能够提升个人的自信心。这些方法简单易行，但需要教育者付出真切的爱心和持续的耐心。

3. 人际关系不良

大多数技工院校学生，极其渴望友谊，但不少人却不善于与人交往，因此常感到寂寞和孤独。大多数的学生都是第一次离家独立生活，可能会在人际关系、同学关系、同乡关系、师生关系等方面出现这样或那样的问题或者障碍。应该说，这些问题或者障碍首先并不是缺乏人际交往的技巧引起的，而主要是交友态度和个人品德问题引起的。与人为善、助人为乐、关心集体、诚恳待人的同学，一般会有较好的人际关系；自私、蛮横、孤傲、猜忌、心胸狭窄的人在集体生活中不会受到欢迎。另外，也有的同学由于缺乏必要的社会交往经验而过于自卑，怕与人交往，不敢在公共场合说话。

班主任可通过主题班会、个别谈话等办法帮助人际关系不良的同学，引导那些存在交往障碍的同学参加心理辅导，帮助他们提高人际交往技巧。

4. 学习心理问题

技工院校学生的学习心理问题主要有三个方面：最为突出的问题是学生厌学情绪严重，其次是考试焦虑和考试作弊。

厌学的原因包括主观和客观两个方面。这些原因主要有：对所学专业的选择并非出于自愿、缺乏对所学专业的认识了解、以前学习成绩不良、学习动机和习惯不良、外界不良风气的影响、学校办学质量不理想等。学生厌学的主要表现为：学习动力不足，认为自己只要能毕业，找到工作，学好学坏都无所谓；学习兴趣不高，对所学专业不感兴趣，认为自己的学习没有价值，但迫于家长的要求，只好在学校混日子；根本不学习，整日浑浑噩噩，无所事事，作业靠抄袭，考试靠作弊，经常迟到、旷课。

案例 7.4

小周，16 岁，刚入学时，班主任发现他对学习没有兴趣，上课思想不集中，小动作不断，上课不带书本和作业本，从不做笔记，有时睡觉，成绩不理想。经过了解，小周在初中学习期间，经常遭受任课老师批评，有时还会遭受家长的谩骂与殴打，对老师和家长有很强烈的敌对情绪。他说："我的爸爸妈妈总是说我笨得像头猪，有些老师也这么认为。我想反正我是学不好了，懒得管那么多了。好在我喜欢踢球，业余时间有事情做，否则我会难受死的。"

第二学期选举班干部时，班主任推荐小周竞选体育委员，小周当选了。此后，班主任更加关注小周，并帮助他逐步克服厌学心理。毕业以后，小周在一家房地产公司工作，工作努力，成绩优异。

点评： 小周厌学的情绪是由于错误的自我认识，如"我很笨，笨得像头猪"和家庭教育不当以及任课老师的歧视等原因造成的。只有使他重新认识自我，建立学习上的自信心，才能从根本上克服他的厌学心理。所以说，正确地认识自我，对于每位学生，都是一件不可低估的事情。

得到了班主任的充分肯定以后，小周好似换了一个人，他喜欢跟老师谈心，上课能认真听讲，也能及时地完成作业，虽然学习成绩一般，但是他把自己在体育方面的自信带到了学习和工作当中，毕业以后在工作岗位上积极锻炼自己，最终成长为一名出色的销售人员。

技工院校目前的教学手段、教学方法还远远不能达到学生学习的需求，学习问题显得非常严峻，部分同学缺乏学习兴趣，学习基础比较差，学习的方法存在不少问题。班主任可以根据每个学生的实际情况，协同科任老师改进教学方法，激发学生学习的积极性，通过个别辅导等办法，帮助学生寻找解决学习难题的办法。

5. 青春期身心发育困惑

围绕着身体发育和性机能的成熟，不少学生会产生许多心理上的不安和困扰。如对手淫、遗精的恐惧感和自责感，性发育与性压抑、性冲动与性道德的矛盾冲突，对自己的身材和体形感到不满意，对青春期疾患的焦虑，对两性关系的思考等，都是青春期易发的心理问题。班主任与学生朝夕相处，最容易发现这些深层的问题，更应该引导学生科学地认识自我并帮助他们建立健康的性心理。

性心理常识的普及主要采取讲座、主题班会、辩论会、沙龙对话等方法。有些年轻班主任觉得这个话题很难把握，不敢涉及，其实是没有必要的。因为学生并非需要老师具体细致的方法指导，他们需要老师传授正确、科学、规范、道德的性保健知识。

这里需要提醒的是，个别学生的性心理障碍需要个别辅导、个案研究。这就要求班主任不能够大包大揽，遇到严重性心理障碍的学生，如性取向异常等，应该鼓励学生寻求有关专家的帮助。

6. 恋爱困惑

围绕恋爱产生的心理问题有多种表现：有一相情愿陷入单相思的，有面临几个追求者举棋不定的，有因没有异性朋友而感到孤独的，有遭人拒绝或被人纠缠的，有感到性爱与情爱矛盾冲突的，有因误会而焦虑的，有为失恋而痛不欲生的……总之，恋爱容易使人激动，也易给人带来痛苦。

应该说，爱情是一门学问，需要一生用心去学习。班主任可以采取讲座、讨论或辩论会等形式，纠正学生不正确的恋爱观念，树立正确的人生观、爱情观，再辅以个别辅导，帮助学生解决恋爱方面遇到的困惑和痛苦。

案例 7.5

男生小王感到非常痛苦，他描绘那次失败的爱情故事："我从来就没有过任何防备心理，我们交往好几年了，她就这么与我分手了，我不想让她看到我的伤心，努力表现出冷静的样子，但我知道这不过是在欺骗我自己。我不停地告诫自己：不要伤心，赶快把她忘掉。然而，一切的努力都失败了，我真是痛苦极了，睡不着觉，吃不下饭……"

点评：失恋给被动分手一方所造成的痛苦往往是很大的。这种痛苦是一种极其强烈的情绪体验，甚至会产生一系列的不适应状态，如睡不着觉，吃不下饭，自我认知偏低，有的人甚至认为自己再也不可能恋爱了，生活没有任何意义等。

当学生遭遇失恋的痛苦时，我们不能一味地说些大道理，应该给予当事人深切的关怀，同情其遭遇，敢于向学生表达出自己的真情实感，并且把失恋者遭遇的情况正常化，也就是说必须告诉他们失恋也是爱情的一个结果，由于付出了真情，失恋所带来的痛苦是正常的，但也是暂时的。经历了真正失恋的痛苦与折磨，人才能够进一步地成熟起来。

7. 情绪障碍

情绪是客观事物是否符合人的需要而产生的态度体验，喜怒哀乐忧怨等都是情绪。面对同一件事，每个人会有不同的情绪反应，无论情绪是亮丽的还是阴暗的，它们本身都是正常的。因此，应正确认识和接受它，并学会控制它。马卡连科说过："不会抑制自己的人，就是一台被损坏的机器。"

班主任在平时的工作中要注意教育学生学会情绪调控，让学生认识到消极情绪的不良影响。情绪调控的方法主要有转移法、宣泄法、理性情绪疗法，以及升华法等几种。班主任可以通过班会、小组讨论、个别介绍等形式向学生传授情绪调控的办法，帮助学生提高情绪应对的能力。

发现情绪变化比较大的学生，应该及时准确地了解情况。如果发现有自杀倾向的学生，需要及时了解情况，及时求助专职的心理辅导老师或者专业心理辅导机构，共同帮助学生走出不良情绪的泥潭。如果属于突发事件，那就必须寻找协助力量（如班级中其他同学），首先稳定学生的情绪，再跟学校主管领导和专业心理咨询师、学生家长、当地派出所或者专业求助机构等取得联系，共同处理突发事件（可参考本书第五章有关内容）。

8. 就业焦虑

很多学生希望早日找到工作，踏入社会。可是，当真正面临毕业时又觉得有一些紧张，很茫然，精神恍惚，很难安心思考问题。这是正常的现象，而且具有积极的促进作用，促使毕业生更加重视就业问题。

然而，过分的焦虑往往是有害健康的。毕业生就业前产生的过分焦虑大都是由于学生对自身的价值认识不足，对社会就业形势了解不够，缺乏必要的求职技能等原因引起的，这就需要班主任配合职业指导老师、学校就业推荐部门做好学生就业心理辅导工作，帮助学生树立正确的就业观，认清形势，把握自己；引导学生掌握就业技能，如了解必要的求职渠道和求职信息，掌握简历制作、面试、职业形象设计等技巧，消除学生过分的就业焦虑。

二、学生常见的心理疾病

1. 强迫症

强迫症又称强迫性神经症，以重复出现一些当事人不愿意、明知不对但又无法自我控制的某些观念、意向和行为为其主要特征和现象。有强迫症倾向的人常常为这些重复出现的强迫现象所苦恼，虽尽力克制，但又无法摆脱，因而感到痛苦。强迫症也属于学生群体中多发的心理疾病，与其人格特征有关系。例如，表现为拘谨、古板、猜疑、过分注意细节、要求十全十美的人，易于在身体健康不良或长期心身疲劳、遭遇压力时引发强迫症。最突出的表现是有强迫症状，这种强迫症状可表现为强迫观念与强迫行为。强迫观念包括强迫联想、强迫怀疑、强迫回忆、强迫穷思竭虑等；强迫行为则包括强迫仪式动作、强迫洗手、强迫检查、强迫计数等。

在强迫观念中尤其以强迫联想（或称强迫思虑）为最多。其次是强迫穷思竭虑。在强迫行为中则以强迫仪式动作居多。诚然，一个有强迫症倾向的人可能合并有两种以上的强迫症状，但一般必有一种症状是主要的。

不论是强迫观念或强迫行为，其本人都知道这是由自己思想所产生或支配的，并不是别人的或外来的某种力量所支配的，这就有别于某些精神病强制性思维与动作。此外，其本人对各种强迫症状均明知不对或不必要，故常想控制，但终因控制后内心非常不适而无法摆脱，最后只好屈从，继续去思考、去做。这些强迫症状在其本人集中注意力于工作、情绪高兴，或受到威胁时可能会减轻；而在心情不快、无所事事、疲劳时则更加明显。

需要说明的是，有强迫症倾向的学生有求助的愿望，班主任发现问题，应该引导学生及时地求助专业的心理辅导老师或者心理医生进行专业的诊治。如果发现及时，诊治正确，症状很快可以得到改善。

2. 抑郁症

人是情感的动物，心情难免有低落、消沉、沮丧的时候。当一个人或因人际关系的问题，或因经济上的压力，或因遭遇工作和学业上困扰时，情绪往往会低落下来。其中大部分人经过调整以后，可以再度开朗起来，但少数人因为遗传因子、个性、认知等方面的原因，加之缺乏磨砺，缺少适当的情绪调节与良好的社会支持，会将情绪状态延伸为一种病态，以至于心情与行为都受到影响，产生了无法脱离的低落情绪，严重者甚至以自杀结束宝贵的生命。据北京心理危机研究与干预中心的调查分析，在自杀的各种原因中，抑郁症是罪魁祸首。

抑郁症状的主要特征是情绪（心境）低落，它往往还可以出现许多伴随症状。常见的有：对日常活动丧失兴趣，无愉快感；精力明显减退，无原因的持续疲乏感；精神运动性迟滞或激越；自我评价过低，或自责，或有内疚感，可达妄想程度；联想困难，或自觉思考能力显著下降；反复出现想死的念头，或有自杀行为；失眠，或早醒，或睡眠过多；食欲不振，或体重明显减轻；性欲明显减退。如果一个人出现情绪低落的同时，伴有上述症状中的四项或以上时，就可以确定其存在抑郁症状了。

有了抑郁症状并不能诊断为抑郁症，因为正常人遇到不愉快的事情也会感到忧郁悲伤。据估计15%～30%的成年人一生中某一时期曾出现过抑郁症状，但不一定都是病态的，可以诊断为抑郁情绪。一般来说，只有程度严重、旷日持久、殃及个人日常社会活动功能或生理功能状况才算是病态的。这就是诊断抑郁症必须具备的时间标准和严重程度标准，即抑郁症状持续至少两周，以及由此造成其社会活动功能受损，造成极端的痛苦或不良后果等。另外，诊断抑郁症时还要排除许多其他的疾病，需要专业人员进行专业的诊断。

班主任在工作中，发现学生情绪状况不好，应该主动了解具体情况，注意保密原则，注意与心理辅导老师保持联系，尽量让专业人员对此进行判断和解决，否则可能会加重当事人的症状，造成不良的后果。

链接 7.1

怎样区别抑郁情绪和抑郁症

据《健康周报》报道，生活中，抑郁是一种很常见的情感成分，是人之常情。人们遇到精神压力、生活挫折、痛苦的境遇或生老病死等情况，自然会产生情绪变化，尤其是抑郁情绪。抑郁症也是以情绪抑郁为主要表现的一种精神疾病，是一种病理性的抑郁障碍。区别正常的抑郁情绪与病理性抑郁，可以从以下几个方面进行：

1. 有无原因。正常人的情绪抑郁是基于一定客观事物为背景的，即“事出有因”。而病理性情绪抑郁通常无缘无故地产生，缺乏客观精神应激的条件，或者虽有不良因素，但是“小题大做”，不足以真正解释病理性抑郁征象。

2. 持续时间。一般人的情绪变化有一定的时限性，通常是短期性的，人们通常通过自我调适可以缓解；而病理性抑郁症状常持续存在，甚至不经治疗难以自行缓解，症状还会逐渐加重恶化，抑郁症症状往往超过两周，有的超过1个月，甚至数月或半年以上。

3. 严重程度。前者忧郁程度较轻，后者程度严重，并且影响患者的工作、学习和生活，无法适应社会，影响其社会功能的发挥，更有甚者可产生严重的消极自杀言行。

4. 生物症状。病理性抑郁往往伴有明显的生物性症状和精神病性症状，如持续的顽固失眠、多种心理行为，同时体重、食欲和性欲下降，全身多处出现难以定位性的功能性不适和整体性的症状关系，检查又无异常，以上这些均是抑郁症的常见征象。

5. 变化规律。典型抑郁症有节律性症状特征，表现为晨重夜轻的变化规律。

6. 发作倾向。抑郁症可反复发作，每次发作的基本症状大致相似，有既往史可供印证。

7. 家族病史。抑郁症的家族中常有精神病史或类似的情感障碍发作史。

3. 恐惧症

恐惧症指的是当事人接触到特定事物、场景而产生的恐惧症状，如心跳加速、全身流汗甚至抽搐以致昏厥等。根据行为主义的观点，恐惧或产生于某一次令当事人难以忍受的经历，或产生于对某一事物恐惧的逐步强烈，有的甚至可能会泛化成恐惧很多类似的事物或场景。比较常见的有社交恐惧、广场恐惧、黑暗恐惧、幽闭恐惧和恐高症等。

对于恐惧症的治疗最为有效的是行为疗法中的系统脱敏疗法，即建立恐惧等级，从最恐惧的到最不恐惧的，然后逐步适应。应用过程中可以教当事人一些放松技巧，这样慢慢地一个等级一个等级地克服。与之相反的一个方法是满灌疗法，即让其一次面对最恐惧的情况，当他发现这种情况没有太大问题产生的时候，下一次再面对同样的问题至少是较弱情况的时候就能应付过来，但是这个方法要注意当事人的体质以及其性格，有时候可能会适得其反。其他还有认知疗法、精神分析疗法、森田疗法等，这些方法均需要在专业人员的指导下进行。

恐惧症有具体的恐惧对象，在工作中比较容易发现，班主任遇到此类问题，需要与心理辅导老师保持联系，让专业人员尽早介入，进行全面、专业的诊断和治疗。需要说明的是，一般的胆怯心理不同于恐惧症，主要是害怕的程度小、持续的时间短、出现的症状不严重等，需要加以区别。

4. 偏执型人格

偏执型人格又称妄想型人格。《中国精神疾病分类方案与诊断标准》中将偏执型人格的特征描述如下（症状至少要符合下述项目中的三项，方可诊断为偏执型人格障碍）：

（1）广泛猜疑，常将他人无意的、非恶意的甚至友好的行为误解为敌意或歧视，或无足够根据，怀疑会被人利用或伤害，因此过分警惕与防卫。

（2）将周围事物解释为不符合实际情况的“阴谋”。

（3）容易产生病态嫉妒。

（4）过分自负，若有挫折或失败则归咎于他人，总认为自己正确。

（5）好嫉恨别人，对他人的错误不能宽容。

（6）脱离实际地好争辩与敌对，固执地追求个人不够合理的“权利”或利益。

（7）忽视或不相信与自己想法不相符合的客观证据，因而很难用说理或者事实改变固有的想法。

案例7.6

2007年3月25日，来自甘肃省兰州市的杨丽娟的父亲杨勤冀在香港尖沙咀天星码头跳海溺毙，死因是因为明星刘德华未能满足与其女儿私下见面合影的要求，他一气之下投海自尽，并留下遗书希望刘德华能再见女儿一面。

“见不到刘德华，我就终身不嫁！”杨丽娟从16岁那年便停止上学、工作，一心一意疯狂追星，先后两次赴港、6次赴京。杨丽娟年迈的父亲为了让女儿有足够经费上路寻找“华仔”，不惜卖屋又想卖肾，最后还走上了黄泉路。

点评：杨丽娟从16岁开始疯狂追星，先后两次赴港、6次赴京，这些行为存在着较为明显的偏执型人格倾向。如果能得到及时的引导和理性的纠正，她的行为倾向可能会减弱或者消除。然而，遗憾的是，杨丽娟的父母不但不加以引导，反而支持女儿追星，甚至为筹集女儿追星的经费不惜变卖房屋，这就助长了杨丽娟的疯狂行为，发生令人遗憾的悲剧。

班主任如果发现存在偏执型人格倾向的学生，应该及时地为学生及其家人提出建议，及时地联系专业救助机构进行心理治疗。有时候，学生本人及其家人很难接受别人的建议，甚至否认自身存在的问题，这就需要班主任在保密原则的指导下，跟心理辅导老师、学校领导汇报，并进行相关的记录，进行必要的转介，即寻求专业心理辅导机构的帮助。

第三节　常见心理自我调适办法

班主任掌握学生们的心理状况，了解学生的心理特点和发展规律以及常见问题，是有针对性地开展心理健康教育工作的基础和前提。但学生心理健康教育工作的最高境界就是“助人自助”。因此，充分挖掘学生自身的力量，引导学生学会心理自我调适的办法，促使学生自我成长，是心理健康教育的重要内容。

一、如何克服自卑心理

可举办心理讲座，参考教案如下：

1. 介绍增强自信心的办法

每天早晨，拿出一面小镜子，望着镜子中自己的双眼，轻呼自己的名字，同时真诚地对自己说："我爱你，你是最棒的！"记录下自己的成功，把自己的每一次成功经历都记录在一个小本子上，经常拿出来看看。

2. 现场讨论：谈谈引起自卑的原因

3. 辅导结束语：如何克服自卑心理

(1) 要勇敢地面对现实。一个人的一生不可能是一帆风顺的，在困难和挫折面前，每个人都应该正视困难并想方设法去克服和解决。

案例 7.7

某大学的一位学生，有一次在听导师作临床分析时，导师按照通常的方法讲解一遍后，他表示不明白。导师耐着性子又讲了一遍，他表示还是没有完全理解，那位导师火了："你怎么就这么笨？"那位同学竟回答说："老师，我知道我很笨，可我不在乎。"面对如此真诚而勇于正视自我、藐视自我缺陷的同学，导师被感动了，他又破例为他讲了第三遍。这位同学正是凭着不气馁、不自卑的大无畏的精神，于次年拿到了美国哈佛大学的奖学金。

(2) 要敢于把心事向朋友诉说。把痛苦分给朋友，自己就剩下一半的痛苦。有自卑心理的人大多是守口如瓶的，因为他们生怕自己的"底细"被人知道而遭到讥笑。其实，事实恰恰相反，朋友之间是绝对不会因为对方的缺点而轻视或者嘲笑的。向知心朋友诉说衷肠的本身就是宣泄自己忧郁情绪的最好方式，而朋友对所遇问题的不同见解和独特的解决方式，或许会令人豁然开朗，使困难迎刃而解。

(3) 要适时发现自己的长处。尺有所短，寸有所长。我们要全面客观地看待自己，善于发现自己的长处，要学会赏识并且悦纳自己。正确的做法是，在如实分析自己不足的同时，还要适时寻找自己的优点。把自己擅长做的所有事情，如做手工、打球、做饭、唱歌等，工工整整地写在一张纸上，保存起来，经常提醒自己："我有很多长处，我对自己充满信心。"不要忘记，当有新的优点出现时，要及时添加在这张纸上。

(4) 要用行动来展示自己的才能，彻底克服自卑。光靠心理暗示和自我激励是不能克服自卑的，只有在实践活动中取得了成绩，才能真正地自信起来。所以，实际行动是最重要的，当人通过自己的努力在学习、生活中取得了成绩，获得了他人的赞赏和认可，才是人自信最有说服力的证据。

二、如何改善厌学心理

可采取主题班会形式，参考教案如下：

1. 引入课题

要求学生说出：以下两个案例中，哪一个包含了更多的成就动机。

案例1：我家里比较富有，父母并不希望我能读多少书，他们觉得我目前年龄尚小，应该待在学校里。我没有什么大的愿望，只想随便学点东西，毕业以后就帮父母做生意。

案例2：我的家人希望我能掌握一技之长，将来能够从事技术类的工作。我自己的理想也是成为一名技师，因此，学习期间，我必须要制订一个非常具体的学习计划。

2. 讨论分析

请同学们在一张纸上写上自己为什么要学习（理由不限）。

小组活动。8人一组，小组成员之间相互交流自己的学习动机，小组长汇总后交给辅导老师。

3. 教师引导

同学们有那么多的学习动机，我们能不能将它们按照不同的角度进行分类呢？把同学们的动机写在黑板上，教师可做一些补充。可按照内部动机和外部动机进行分类。引导学生了解各种动机对学习的影响。给学生介绍学习动机对未来职业和事业的影响。

4. 辅导结束语：培养和激发学习动机

(1) 明确学习的目的和意义。

(2) 强化学习动机，通过反馈，让学生看到自己的学习进步。

(3) 培养独立进取的个性。

(4) 注意调整学习动机水平。

(5) 设定一个经过努力能够达到的目标。

(6) 努力形成一个相互竞争、相互理解和相互支持的集体学习的氛围。

三、如何缓解挫折心理

可采取心理讲座形式，参考教案如下：

1. 引入课题

给同学们讲一个故事：有一个人，他出生在一个贫困的家庭。幼年的时候，他住在极其粗陋的茅舍里；少年时，他要走二三十里路去上学，跑一百多里路去借书；21 岁时，他生意失败；22 岁时，他角逐议员落选；23 岁时，他生意再度失败；26 岁时，他的妻子去世；27 岁时，他曾经精神崩溃；34 岁时，他角逐联邦众议员落选；36 岁时，他角逐联邦众议员再度落选；47 岁时，他提名副总统落选；49 岁，他角逐联邦众议员三度落选。

也许你不相信，这个出身低微、生活曾经难以为继、只受过一年学校教育、晚上靠借助燃烧木柴的火光看书、经历过诸多挫折的人，正是美国的第十六任总统亚伯拉罕·林肯。

困苦没有使他放弃追求，一次又一次的挫折并没有使他泄气，也没有使他沉沦，反而更激起他向自己挑战的信心和勇气，更激起他实现自己抱负的决心和斗志。终于，他在 52 岁那年，当上了总统，成为美国历史上最伟大的总统之一。

2. 讨论分析

请同学们谈谈自己曾经遇到过的挫折经历，以及当时你是怎样应对挫折的。

3. 辅导结束语：如何看待挫折

(1) 挫折帮助你成长。物竞天择，适者生存是自然规律。人的成长过程是适应社会要求的过程，如果适应得好，就觉得和谐顺意；如果不能适应，就觉得失落迷茫。而适应就要学会调整自己的动机、追求和行为。一个人出生时，根本不知道什么是对，什么是错，正是通过鼓励、制止、允许、反对、奖励、处罚、引导、劝说，甚至身体上的体罚与限制，才懂得举止与行为的适应和得当，学会在不同环境、不同时间、不同对象、不同规范条件下调整行为。反之，自小被宠坏的、从来没有尝试过挫折的孩子，眼中只有自己的世界，以为想得到的东西就一定可以得到，一旦独立生活就会迷失在矛盾和打击之中，面对现实不知所措。

（2）挫折使你更加认识自我。受到挫折以后，你是怎样的一种境况？是决心更坚强呢，还是就此心灰意冷？挫折能唤起你更大的勇气吗？挫折能使你付出更大的努力吗？挫折能让你发现新的力量，焕发出潜在的能力吗？如果在挫折面前，你能雄心不减，迈步向前，不失望、不放弃，你就是人格伟大、勇气十足的人。挫折能使你现在能力上的欠缺一览无遗，使你彻底地看清你自己。

（3）挫折增强你的意志力。生活中，许多挫折是意志力的“运动场”，当你大汗淋漓地克服了挫折，跑完全程以后，你会获得愉快的体验。所谓“吃一堑，长一智”，心理学家把挫折比作“精神补品”，因为每战胜一次挫折，都会强化人的自身力量，为下一次应付挫折提供“精神力量”。

然而，当遭遇挫折却不懂得正确对待时，挫折很可能是一场灾难。有的人从此一蹶不振，对理想不再追求；有的人颓废沉沦，摒弃生命的价值和生活的意义；更有甚者，有人走向了自杀的不归之路。

四、如何消除攻击心理

可组织团体心理辅导活动，参考教案如下：

1. 导入课题

攻击力产生的原因可能有几方面：

（1）学生自身素质比较差，这是先决条件。家庭教育是产生攻击行为的最初因素。研究发现，有些父母喜欢采用打骂形式教育孩子，这些孩子长大以后就容易形成攻击心理。

（2）学校教育出现失误，这是导致攻击心理产生的重要原因，在学校里不受重视的学生容易产生攻击心理。

（3）社会不良风气的影响，是形成攻击行为的外部诱因。

2. 讨论分析

请同学们分小组讨论同学之间攻击心理的表现，探讨攻击心理形成的原因。对攻击心理的表现进行总结。

（1）取乐。攻击心理表现在以语言、身体或使用工具直接或者间接地向他人施以攻击，以取得个人心理上的快乐和精神上的愉悦。

（2）习惯。由于多次发生攻击行为而没有得到有效控制，养成了攻击习惯。

(3) 迁怒。将老师或家长的批评教育当成老师或家长有意和自己过不去，心中愤愤不平，产生迁怒性攻击行为。

(4) 报复。受了别人的气或者吃了亏，采取“以牙还牙”的方法，向对方施以报复性攻击行为。

(5) 模仿。受一些影视、文学作品的影响，觉得攻击行为能够显示自己的“力量”，表现个人的“权威”。

(6) 义气。为了朋友“两肋插刀”的江湖义气较重，朋友受气不去调解，而是帮助朋友攻击对方。

(7) 嫉妒。由于嫉妒别人而产生攻击性行为（有时与恋爱心理有关）。

(8) 不满。当自己的个人需要不能得到满足的时候，如个人的表现欲望得不到满足，就容易发生攻击行为。

3. 辅导结束语：把握住自己的攻击情绪

攻击是为了宣泄紧张、不满情绪的消极方式，对我们的成长极其有害，甚至会在瞬间就改变一个人的命运，我们必须自觉地把握住自己的情绪。

(1) 应该认清自己的攻击心理，请同学们根据以上的知识，充分地了解自己的攻击心理。

(2) 应该加强法制意识。法制意识虽然不是心理学方面的知识，但这里提请大家注意培养自己的法制意识，学会控制消极情绪，克服攻击心理。

4. 情绪调控训练活动

开场白：你为什么会参加此次团体活动？你最想在活动中得到什么？

接下来做游戏，游戏名称：往事回忆。

围成内外两个圈，坐在座位上，闭目回忆以往日常生活中一次发火的经历，当时的情绪体验是什么，如何处理自己情绪的……

分组——小组分享——老师点评：

自己的经历	自己的体验	处理方式	自我评价

活动：手拉手/心连心（播放歌曲：友谊天长地久）。

五、如何缓解心理压力

可采用心理训练，要点如下：

1. 分析压力来源

（1）主观上的来源。自我评价不稳定、缺乏心理耐挫力、闭锁性心理。

1）自我评价的不稳定导致情绪的不稳定，而情绪的不稳定导致学生在学习过程中对学习要求难以形成正确的认知和评价，易使学生产生紧张、焦虑、抑郁等心理状态。

2）由于生理、心理的发育不成熟，且缺乏实际的社会经验，学生对挫折和失败缺乏心理准备。特别是在当代这种优越的社会环境、家庭环境中，同学们处于家庭、学校的双重保护，生活中几乎未经历任何的挫折，这使得他们缺乏一种承受挫折的心理能力。

3）青春期的“闭锁性心理”使学生与周围环境，特别是与父母及教师之间的交流被阻断。当外界环境构成的心理负担得不到及时解决时，就会引起压力感。

（2）客观上的压力来源。就业压力、学业压力、由于生活困难给人造成的心理压力、人际交往障碍所造成心理上的压力等。

2. 缓解压力训练

（1）把压力罗列出来，“各个击破”。

（2）学会倾诉，说出自己的压力。

（3）休息片刻，到户外呼吸一下新鲜空气。

（4）自我暗示，用一句积极的话语暗示自己。如“没关系，失败只意味着暂时没有成功而已”。

（5）想象放松，让自己得到精神小憩，让自己觉得安详、宁静与平和。

六、如何消除同学交往障碍

可采用心理训练，要点如下：

1. 帮助学生分析同学之间人际关系紧张的原因。

2. 引导学生合理认知同学之间的友谊。

3. 让学生们共同寻找新的交往方法。

4. 组织学生参加心理游戏：让我牵你的手。

游戏目的：认识朋友的重要性，领悟同学和睦相处的技巧。

游戏准备：在室内或者室外，要设置一些障碍物。

游戏过程：用毛巾蒙住一个人的眼睛，请另一位同学牵着这个人的手，慢慢地走过障碍物，一边走一边轻声地告诉蒙眼睛者："注意，这里有个障碍物。来，跟着我从这边走过去。"

请每位学生谈谈并记录下自己的感受。

第四节　班级管理心理辅导的操作方法

心理辅导的形式可分为两大类：团体辅导和个别辅导。这两种形式展开的具体办法依然以学科教学心理辅导、班级管理心理辅导、专业的心理辅导三方面为主，两种形式相辅相成，互为补充。本节我们主要探讨的是班级管理心理辅导的操作方法。

一、心理辅导的形式

1. 团体辅导

（1）知识讲座。这种形式可以有两种：一是请专家就全校或某一年级的学生共同关心的问题做心理健康教育报告，如就业焦虑心理分析以及心理应对专题讲座等；二是班主任请心理辅导老师深入班级讲座，如新生适应能力培养、人际交往技巧、学习策略、心理保健技巧等方面的讲座。

（2）专门训练活动。这是为开展心理辅导而专门设计的一种活动，一般都列入心理辅导计划之中。它以学生活动为主，不同于普及知识为主的心理讲座。这种方式灵活多样，深受学生欢迎。班主任经过一定的专业培训以后，一般都可以很好地掌握这种辅导形式，如有针对性地开展消除自卑心理训练、情绪调控技巧、积极的心理暗示方法和心理放松方法训练等。

（3）班级主题班会。班主任最了解自己的学生，对学生的心理需求和情感活动最有发言权。因此，可以利用班会形式，针对班级学生在成长过程中共同面临的问题设计出许多有特色的团体活动方案。如新生入学后的自我介绍会、学生毕业时的就业心理辅导等。

（4）沙龙对话。这是一种由主持人、嘉宾、学生共同组成的群体，围坐在一起讨论、交谈大家共同关心的健康辅导话题的一种形式。为了烘托气氛，还可以请一些乐队伴奏。中央电视台举办的“实话实说”栏目就是这一类形式活动的典范。

（5）专栏辅导。一位优秀的班主任能够建立班级良好的文化氛围，如果能够通过班级墙报、班级小报刊等形式对学生存在的心理问题或者大家普遍关注的问题展开讨论、分析，将会受到全体学生的关注，这是其他形式的辅导所不能及的。

（6）同伴辅导。同伴心理辅导员需要经过特殊的选拔和培训，担负着帮助同学们互相了解和认识，解决同学们难题的任务。学校心理辅导工作人员和班主任要对他们进行具体指导。

班主任需要经常与学校的专职心理辅导人员沟通，及时反映学生的心理状态，并通过团体辅导形式，及时有效地解决班级学生中带有普遍性的心理问题，促进学生心理健康发展。

案例 7.8

学生小佳今天非常难过，感到十分委屈。事情是这样的：今天上语文课时，她后面的几个同学在不停地讲话，她就叫她们不要讲了。可这时候老师却说她一直在讲话，破坏课堂纪律。她不服气地和老师争辩了几句，老师却说她狡辩，顶撞老师。下课后，语文老师还把这件事告诉了班主任何老师，何老师把小佳叫到办公室批评。她本想解释清楚，可班主任不但不听她解释，还说她死不悔改，不知羞耻。小佳感到委屈极了，认为老师侮辱了她的人格，不信任她。她越想越伤心，哭个不停，不知道该如何是好。班上有不少同学为小佳打抱不平，找到学校心理辅导老师，希望事情能够得到解决。

心理辅导老师细致地了解了整个过程，也与班主任、语文老师进行了深入沟通。老师们达成共识，制定了一个解决问题的方案：召开主题班会，建立和谐的师生关系。

在班会课上，老师们从自身寻找原因，勇于承担责任，主动做了自我检讨，获得了全班学生一致赞赏。矛盾得以及时解决，促进了师生关系的和谐发展。

点评：问题本身不是问题，寻找解决问题的方法才是关键。在日常的学习生活中，师生间发生矛盾和冲突是常有的事。作为班主任，能够多方面征求意见，了解实情，尊重学生、同行，敢于承认错误，给学生树立了学习的榜样，真的是难能可贵！另外，当学生遭受老师严厉的批评，感到自己很委屈时，能够积极地寻找心理辅导老师的帮忙，这对解决问题非常有利。心理辅导老师也很专业，在心理辅导的过程中，给学生们提出了两个重要问题："产生师生误会的主要原因是什么？通过什么途径、用什么方法才能恰当解决这些误会呢？"

应该说，是师生共同的努力，才使问题得到了圆满解决。

2. 个别辅导

（1）个别交谈。个别交谈具有保密性强、易于交流、触及问题比较深刻、便于个案积累和因人制宜等优点。在这种辅导关系中，学生能够体会到一种安全感，可以自由地谈论自己的问题，解决问题的程度比较深。

（2）通信或网络辅导。这是一种以通信或网络的方式对学生提出的心理问题给予解答、指导的过程。它的优点是不受条件的限制，学生可以随时随地提出自己的问题，班主任可以有针对性地进行解答。

（3）电话辅导。通过电话进行交谈，比较方便而且迅速及时。电话辅导也是进行危机干预的最好办法，因此，班主任的电话应该成为学生们的"求助热线"。

（4）个案研究。这是针对个别学生所实施的一种比较深入的、持续时间比较长的个别辅导方式。这些特殊的学生包括资质优异、情绪困扰、行为偏差、家庭处境不利等方面的学生。这种方法需要广泛收集资料，客观分析问题的性质与成因，需要取得学校专业心理辅导老师或者心理医生的协助。

案例 7.9

学生小李迷恋网络，他在周记里写道："老师，我也知道网络严重影响了我的学习，但我就是戒不了。由于无聊，我沉迷于游戏当中，经常通宵达旦，但过后又感到非常空虚，感到更加无聊，情绪很不好，好像做什么事情都没有积极性。"

班主任马上找小李谈心，并详细地记录了辅导的经过：

班主任：有的同学曾经与我探讨过这个问题。有的专家把这种现象称作"网络依赖综合征"，我想，这是一种新型的心理问题。

小李：老师，这也是一种心理问题吗？

班主任：是的，从结果上说，迷恋游戏的确会对一个人产生极其不利的影响。首先，它影响人的思维，对记忆力和注意力产生不利的影响；其次，它对人的情绪产生不良的影响；再者，游戏影响着你正常的人际交往。

小李：怎么迷上后就拔不出来了呢？

班主任：单靠你个人的力量，可能很难抵制住游戏对你的吸引。我想，你需要从思想上认识到游戏对你的危害并积极地纠正你的行为。你需要老师、家长、同学们的帮助。

小李：我很想听听您的建议。

班主任：好的，我建议你参加学校心理辅导中心组织的“克服网络依赖”的辅导活动，并且我和你一起制订一个切实可行的行动计划，好吗？……

点评：班主任通过小李的周记了解其迷恋网络的基本情况，然后通过谈话的方式了解到小李迷恋游戏的根本原因是出于内心的空虚和缺乏意志力，而且网络游戏已经严重影响了小李的现实生活和学习，小李非常需要老师具体的指导和训练，而且最关键的问题是帮助小李回归现实生活，逐步弱化他对网络游戏的迷恋。

应该说班主任对小李的帮助至关重要。通过与班主任多次交谈，小李逐渐可以合理地认知网络依赖对自己的不良影响，逐步地重视自己现实的生活和学习。通过班主任的鼓励和监督，小李大胆地施展自己的特长，逐渐感受到别人对自己的重视，增强了自己的现实感，当他可以在现实生活中合理地表现自我的时候，他对网络游戏就没有从前那么沉迷了。

链接 7.2

帮助学生克服网络依赖的辅导活动

1. 通过辅导员的介绍，使同学们了解互联网以及青少年网络依赖的现状。

2. 建立团体互助小组：因为团体内个体的能力、性格等是有差异的，通过辅导者的观测，把有一定共性和互补性的个体组织到一起，组建成3～5个小组，每组4～6人为宜。这样活动时可以有分有合，讨论、小组游戏和协作等能够形成良好的氛围。

3. 从认知的角度鼓励小组成员就网络依赖问题进行主题交流和讨论，与成员共同寻找产生网络依赖形成的原因及其危害。

(1) 辅导员引导对网络成瘾的原因进行总结

1) 心理防御能力缺失。

2) 学习成绩差，自信心低下。

3) 人际关系不和，网上寻求伙伴。

4) 舒缓学习压力，寻求快乐和刺激。

5) 寻找自我，满足虚拟的成就感。

6) 家庭教育的缺失。

(2) 对网络依赖的危害进行总结

1) 睡眠、休息时间减少。

2) 造成一系列躯体性疾病，如近视、胸闷、头晕，甚至晕厥等。

3) 心理依赖感，不上网的时候，会出现急躁、压抑和敏感的情绪状态。

4) 人际关系的畏缩化。

5) 记忆力减退，学习成绩下降。

6) 引发一些违法犯罪等社会问题。

4. 通过网络依赖自测，了解自己的依赖程度，发现自己的问题。

(1) 每月上网超过 144 小时，也就是一天 4 小时以上。

(2) 头脑中一直浮现和网络有关的事。

(3) 无法抑制自己上网的冲动。

(4) 上网是为了逃避现实、解除焦虑。

(5) 不敢和亲友说明自己上网的时间。

(6) 可能因为上网造成学业及人际关系的问题。

(7) 上网比自己预期的时间要长。

(8) 花太多钱在更新网络设备或上网上面。

(9) 要花更多时间上网才能满足。

以上标准中，只要符合 5 项以上，就说明你已经上网成瘾了。

5. 根据自己的现有依赖程度确定训练目标，制订行动计划。具体内容如下：

(1) 情感宣泄、认知内省。

（2）放松训练。

（3）心理暗示与自信心的训练。

（4）讨论全国青少年网络协议及签名等社会热点问题。

（5）确定生活计划，自理安排学习、生活时间，控制上网时间。

（6）小组交流、座谈，相互监督，进行强化。

（7）自我总结与反省。

6. 在小组内部制定监督评价机制，对每个成员的行为变化给予反馈、指正，以及适当的奖惩。

以上辅导训练活动时间每周1～2次，每次1小时，共计20次。

7. 后续跟踪：为了使训练的效果不至于弱化，在结束训练后，辅导者应该给予各团体成员之后一个月的活动建议或计划，包括热线支持、信心座右铭、作息时间安排、适度的宣泄途径、小组支持等。网络依赖者的辅导必须通过学校、班级、家庭、小组成员的共同协调和努力，才能收到较为明显的效果。

二、心理辅导的操作方法

1. 观察法

心理辅导是一种交流过程，包括言语与非言语两种形式的交流。非言语行为也是传递信息的重要途径之一。因此，在教育学生的过程中，班主任一方面要利用自己的非言语行为来影响学生；另一方面还要认真地观察学生的非言语行为，这有助于发展和谐的师生关系。一般情况下，非言语行为包括面部表情、躯体动作和总体印象。

（1）要注意眼睛。眼睛是心灵的窗口，目光交流中传递的信息最多。班主任既要仔细观察学生的目光，又不能盯着对方，增加对方的心理负担。

（2）嘴的表情也很丰富。嘴角微微的肌肉活动可以反映一个人的心理变化，如高兴的微笑，下决心时会咬嘴唇，微微张嘴表示轻蔑或思索，咧嘴表示愤怒等。

人的喜怒哀乐等原始情绪的面部表情，虽然存在社会学习和文化规范的痕迹，但在世界各种文化中都有极其相似的地方。一个有丰富阅历的班主任可以从学生的面部表情中分辨出迷惑不解、大彻大悟、惊奇、专注等不同的情绪色彩。

大多数学生在谈到某些一般人不易接受的内容时，常会运用手势词汇加以补充，身体姿势的改变，也是无意识流露的身体词汇。有的人为掩饰内心的焦躁不安，语调可以很平静，面部表情也可以强作镇定，但是他可能频频变换架腿的动作，或以微微抖动腿来减轻或消除紧张与压力。

班主任在工作时，还应该注意学生的装饰，发型，言谈举止，坐、站、立、倚的各种姿态以及与老师保持的空间距离，因为这在一定程度上反映了学生的气质、修养、社交经验与行为习惯。

2. 面谈法

面谈有三个环节：一是问，二是听，三是说，三者互为联系，相辅相成。光问不听，谈话就成了"审讯"；光说不听，是灌输；只问情况，不做反应，谈话就失去了意义。也就是说，在辅导过程中，班主任要精于提问，长于倾听，善于疏导和辅导。

提问应注意两点：一是问题要明确，二是提问语气要委婉中听。一般多用"能不能"，少用"为什么""怎么"之类的疑问句。例如，"能不能告诉我你是怎样想的?""能不能对我说说，是什么事令你这样不安?"等，都是值得推荐的提问方式。

听的目的是了解和理解。在听的过程中，神情要和蔼、专注，还要不时地用上点头、微笑或简短的问语，如"是这样""还有吗"等。同时，还要借助言语的引导，启发、鼓励学生自我表达。例如，倾听学生介绍情况时，可以根据具体情况及学生个性继续提问，如"能不能具体说说这个问题呢?""你是否还有别的好办法呢?"等。

班主任还应积极主动地通过自己的理论知识和生活经验，向学生提出一些鼓励性、指导性较强的建议，以促进学生在认识、行为上的改变，最终达到良好的辅导效果。通常情况下，在与学生面谈过程中，班主任可以利用榜样效应，向学生介绍一些自己的切身体会和做法，从而更能增进彼此间的理解，达到辅导的预期目标。

3. 测验法

测验法是凭借标准化的工具，也就是心理测验对学生的心理和行为进行比较客观的测定的一种方法。心理辅导常常使用心理测验，其目的是为辅导提供所需的信息资料和决策参考意见，即一是鉴定，二是评价。比较常用的心理测验有：

智力测验，包括韦氏测验、瑞文测验、比内—西蒙量表等；人格测验，包括艾森克人格测验（EPQ）、卡特尔16因素个性问卷（16PF）等；90项自评量表（SCL90）；其他适合技校生年龄特点的心理量表。这些量表的操作需要经过专业的心理测验学习，需要学校专业的心理辅导员实施。班主任应该尊重心理测试结果，再结合其他办法综合地评价本班学生的心理状况。

4. 自传法

通过学生书面形式的自我描述，了解学生的生活经历以及内心世界，这有助于班主任深入了解学生的生活史及其有关背景资料，了解学生的情绪、感受、期望、价值观等，窥测学生的内心世界。具体包括日记、周记、作文、传记、内心独白等，班主任应该重视学生的作品，及时地向学生反馈合理的建议。

5. 认知法

（1）阅读和听故事。向学生推荐优秀和有针对性的读物、编印读书卡片、开辟心理教育专栏等，供学生阅读，改变学生观点，影响学生行为。

（2）多媒体教学。利用多媒体的教学手段，演示心理辅导的案例以及心理健康辅导的幻灯片、光盘等，增强辅导的实效性。

（3）艺术欣赏。注重艺术活动，通过音乐、美术和舞蹈等艺术美的欣赏，陶冶学生的情操，以起到心理辅导、改善学生情绪状态的作用。

（4）参观访问。参观自己的校园，了解学校历史，有助于学生适应学校的环境；参观社会各行各业的运作，有助于学生了解社会、企业所需，拓宽视野，自觉地朝着有利于社会发展的方向增强个人的心理素质。

（5）认知改变。通过暗示、说服和质疑等方法，改变学生不合理的认知，恢复和建立理性的思考方式，以解决学生的心理问题和促进学生健全人格的发展。学生不合理的认知有如下特征：

1）绝对化的认知。表现在学生以自己的意愿为出发点，对事物怀有必定发生或不会发生的信念。如“只要我付出努力，就应该获得成功”“我对他好，他就应该对我好”。显然，这类信念常与“必须”“应该”等词语联系在一起。这些信念之所以不合理，主要是事物的发展并不能以人的主观愿望为转移，事物的发生和发展都有自身的规律，而许多学生对这些客观的认识往往不完全。因此，班主任应该帮助学生纠正这种绝对化的认知。

2）过分概念化。这是一种以偏概全的不合理思维方式的表现，用心理学家艾利斯的话来说，这就好像以一本书的封面来判断它的好与坏一样。过分概念化的表现是对自己或别人不合理的评价，其特征是以某一件或者某几件事情评价自己或他人的整体价值。例如，一次失败就认为自己“一无是处”或“毫无价值”。这种片面的自我否定往往会导致学生自责、自卑、自弃的心理，以及焦虑和抑郁等情绪。又如，某人有某种缺点，持过分概念化信念的人就会认为这个人一无是处，进而对其产生敌意，从而影响人际交往。班主任应该注意引导学生全面地看问题，做到客观地对人对己。

3）糟糕至极。这是一种对事物后果非常害怕，非常糟糕，甚至是一种灾难性的预期。这种想法之所以不合理，是因为对任何一件事情来说都有比之更坏的情况发生，因此没有一种事情可以被定义为百分之一百的糟糕透顶。

案例 7.10

某位学生被别人怀疑偷了同学的东西，她认为这是最糟糕的事情，如果传出去，一定会遭到老师和同学的白眼，自己再没有了希望，为此她极度焦虑。为了向同学和老师证明自己的清白，她留下一封遗书跳楼自杀了。后来经过调查，失窃事件跟这位女生没有任何关系。然而，令人痛心的是，她再也不可能知道这个结果了。

点评：我们设想一下，这位女生的班主任如果对自己的学生有深入的了解，如果能够引导该学生正确对待挫折，勇敢地面对别人的误解，悲剧可能就不会发生。无论真相是什么，班主任首先要给予学生充分的关怀和保护，然后耐心地引导学生进行理性思维，面对现实，接受挑战。

6. 强化法

行为主义者认为，人的所有行为都要通过学习而获得，并通过强化而巩固下来。班主任也可以通过对学生再训练和在某些方面改变其生活环境的方法，把不正常的行为改变为正常的行为。根据强化原理，如果紧跟着一个强化刺激，如给予奖励、表扬、允许参加某种活动等，这个行为就会再一次发生。

案例 7.11

有位小严同学很自卑，并常常感到孤独无助，她认为自己一无是处，从不敢在众人面前表现自己。但小严的班主任却在她身上挖掘出很多的长处：做事情认真、待人有礼貌、有很强的上进心、勤劳善良等，这些品质体现了小严的心灵美。于是，班主任引导小严勇敢地接纳自我。知道小严喜欢演讲，班主任就鼓励小严参与一次班级的演讲活动，出乎小严意料的是，她赢得了热烈的掌声。从此，她积极地参加班级的每一次集体活动，积极寻找锻炼自己的机会，积累成功的体验，逐渐增强自信心。

点评：自卑最根本的原因往往在于不合理的自我认知和缺乏成功的内心体验。小严的班主任找到问题的症结所在，并通过强化法，帮助小严勇敢地表现自我，体验成功的快乐，而这种快乐极大地强化了小严表现自我的信心，形成一种良性循环，促进了小严健康成长。实际上，每个学生都可能成功，但需要我们给予他们成功的期待和引导。

在行为主义疗法中，与强化相反的一种方法是惩罚，这个惩罚不是一般意义上的惩罚。在行为主义者看来，惩罚一种行为有两种方法：一是减少一个好的刺激，二是增加一个不好的刺激。一般来说，惩罚会引起被惩罚者不良的情绪反应，所以班主任在工作中一定要注意尽量不要采用惩罚手段，除非到了万不得已的时候，即使采用，也要注意掌握惩罚的技巧。

7. 训练性指导法

这种指导多以行为学习理论为依据，对有需要的学生的各种行为训练提出具体的指导。常见的训练方法有放松方法训练、自信心训练、系统脱敏训练、决策力训练、生物反馈训练等。这种训练性指导最好由专职的心理辅导教师主持，班主任协助。在训练前和训练过程中，班主任要对学生提出具体的要求，指导他们做什么，不要做什么。

8. 讨论法

团体讨论法的具体方式有：

（1）座谈法。最常见的就是将全班分成若干小组，每个小组成员充分发表自己的看法，小组长汇总后向全班汇报。

（2）辩论法。将学生分为正反两方，每一方一般由四名辩手组成，双方各持自己的观点，摆事实、讲道理，进行辩论。

（3）配对讨论法，指就某一主题做两人一组的讨论，然后由两组四人做第二次讨论，最后又由第二步的两组8人做第三次讨论。其优点是经过三次讨论，分析问题比较充分，且每人都有发表意见的机会。

（4）头脑风暴法，指集体或个人开动脑筋，使“思想的火花”闪烁，可以打开思路、活跃思想。参加此项活动应遵循以下原则：禁止批评，不准反对他人的意见；自由奔放，尽情想象，自由发言；多多益善，鼓励畅所欲言；欢迎对他人意见做综合改进；自始至终保持轻松自由的心态等。

班主任可以根据班级中出现的问题，或者同学们普遍关心的问题，安排集体讨论活动，提高学生的认知水平，促进学生健康成长。

三、心理辅导的原则

1. 全体性原则

班级心理辅导工作的根本任务是促进班级每个学生的健康成长与全面发展。因此，班主任所做的心理辅导工作应该面向全体学生，但班主任不能够大包大揽，遇到少数有明显心理障碍或心理疾病的学生，建议必须进行合理的转介，即班主任应该求助学校心理辅导人员或者心理医生。

2. 预防与发展相结合的原则

学生心理辅导包括预防、矫治和发展三个方面，但从心理辅导的性质看，其重点是预防和发展，矫治是补充。这里的预防，是指提高学生心理健康水平的工作要提前、及时和适时开展，做到未雨绸缪、防患于未然；发展则是指通过全面提高学生的心理健康水平，提高自身调适能力，促进学生心理素质的形成和健全个性充分发展。预防与发展密不可分，预防是为了更好地发展，而发展则是最好的预防。班主任在贯彻这一原则时应该注意做到：根据学生的年龄特征和普遍存在的心理问题倾向，提前做好心理健康教育计划；对那些在发展中可能遇到困难的学生，及早了解情况并提供帮助；最重要的是促使形成一个强有力的学生心理支持系统，联合学校心理辅导人员、任课教师、学生家长、全班学生共同开展这项工作，促进本班学生建立完善的心理支持系统。

3. 尊重与理解原则

尊重，就是要尊重每一个学生的人格与尊严，尊重每个学生平等的地位和发展的权利。这就要求班主任做到：以平等的态度对待学生，严禁对学生有任何形式的不尊重，如轻蔑、讽刺、训斥、羞辱等。班主任必须无条件接纳并给予每一位学生深切的关怀，深入了解学生的处境，体会他们的感受，及时地引导他们解决困难。另外，尊重学生还包括尊重其做选择的权利，尊重其成长的权利，促进学生身心发展。

4. 主体性原则

每一个学生的成长必须通过自己内部世界的发展与完善才可能完成。这就好比一个人要想维持生命，就必须依靠吃饭才能获得营养一样。贯彻学生主体性原则，班主任应该做到：班级心理辅导必须符合本班学生的心理需求，实事求是，从实际出发，做到及时有效。

5. 针对性原则

由于每一个人在成长过程中，先天的遗传素质就有一定的差别，再加上后天的环境的影响、教育条件以及自身努力等因素，都存在着普遍的差异，所以每一个人的心理发展水平和个性特征都具有一定的特殊性，这就是个体差异存在的基础。因此，班主任在面向全班学生做好心理健康教育工作的同时，还应该注意不同学生的不同特点，针对不同学生的年龄特征和个性差异，有的放矢地提供帮助。贯彻这一原则，班主任需要做到：通过多种方式全面、深入地了解学生的心理需求，甚至需要了解学生的成长过程、生活环境和特殊的经历及体验，与学生沟通的时候，注意倾听，甚至需要感同身受，怀抱着同情心和极大的耐心。

案例 7.12

有一位班主任接到学生的电话：“小潘同学最近在宿舍里表现出一种极其反常的现象，他不停地说自己是个小偷，说大家都在这么议论他，他说听到别人在议论他，可我们并没有说过什么。老师，他到底怎么啦?”

班主任马上来到小潘的宿舍，小潘看起来很疲惫，双眼布满血丝，说话时紧锁着眉头，似乎感到头痛。不停地说：“我偷了同学的鼠标，他现在很恨我，他在我面前晃动着两只脚，我要关灯，他不给我关……”

班主任感觉到了小潘的异常，马上跟心理辅导老师联系并向年级组长汇报了情况。心理辅导老师按照有关要求，对小潘进行检查。首先，她指导小潘做一套心理测验，即“MMPI”（明尼苏达多项人格测验）。结果显示，他的 Sc（精神分裂症状）得分高达 83，可以怀疑为“精神分裂症”前期发作。其次，对照心理学上判断人的心理正常与异常的标准，心理辅导老师对小潘做了相关的诊断，可以基本诊断他属于精神状态异常。

小潘同学的临床表现是很典型的：第一，他已出现了幻觉，听到别人在议论他；第二，他的人格特征发生了变化，即他原来是个比较喜欢安静的人，可发病前期说话很多，唠唠叨叨，不停地重复几句话。

深入分析小潘的病因，发现有两个比较关键的因素：一是他的家族中有人患有精神分裂症；二是发病前他正在准备参加成人高考，由于他的学习基础差，家人对他的要求又很高，他感到学习压力很大，因而可能引发其异常征兆。

根据要求，班主任协同心理辅导老师联系小潘家长，把小潘及时地送往专业的精神病医院治疗。由于治疗及时，小潘的病情得到了有效的控制，治疗结果比较理想。修学一年以后，他又重返校园，在精神科医生的指导下继续辅助药物治疗。一年以后，他完成了学业，现帮助家人做小本生意，情绪基本稳定。

点评：面对学生出现的问题，班主任千万不能够大包大揽，更不能想当然，一定要善于寻求解决问题的方法，力求方法科学规范。案例中小潘的班主任发现问题及时，处理问题规范，使小潘得到了正规的、及时的治疗，这对有效地控制小潘的病情发展非常有利，体现了该班主任强烈的社会责任感和高超的业务水平。

6. 全面发展原则

学生心理健康教育的终极目标是促进人的全面发展，这跟学校教育目标是完全一致的。贯彻这一原则，需要做到：与学校全面素质教育目标一致，促进学生全面发展；注重学生知、情、意、行等方面的和谐发展。班主任在具体的工作中，应该注意联系各方面的教育力量，共同协商，做好相关辅导计划，多种途径、多条渠道相结合，做好班级管理心理辅导工作。

7. 保密性原则

对学生的心理情况记录、心理测验资料、信件、心理辅导记录等信息应该严格保密。而且不能随意给学生贴上标签，加重学生的心理负担。发现有严重心理问题与心理疾病、精神病症等问题的学生，需要及时、冷静地与专业的心理辅导人员、上级领导、学生家长进行沟通，需要转介的时候，可以向专业机构提供相关的信息与资料。

思考与练习

1. 技校生常见的心理问题与心理疾病有哪些？作为班主任，应如何帮助学生应对这些心理问题和心理疾病？

2. 你是否了解你的学生：他们的气质倾向、性格特征、家庭环境、个人爱好等情况？你采用什么方法了解自己的学生？

3. 班上有位学生很容易冲动，你了解到他成长在单亲家庭里，你将如何引导他克服冲动心理？

4. 小组训练：用积极的语言描述自己的学生。

首先，请大家分组，每组选出一名小组长，6～8 人一组。小组成员发言，发言内容：用积极的语言描述自己的学生。其次，每组派出两名代表发言。

5. 合理认知训练：你是否曾经认为技校班主任没有成就感，怎样调整这种认知？以下认知请你参考：

（1）我清楚自己的学生文化基础差，但他们可以苦练专业技能，成为技能型人才。

（2）我的学生贪玩好动，但他们敢于大胆思考，敢于创新。

（3）我的学生不太听话，可是谁能够断定不听话的孩子就不能成才呢！

（4）大学生是宠儿，我们的学生同样是宝贝。

（5）我们为学生操心，辛勤的耕耘换来的总是令人欣喜的收获。

（6）我们的学生在球场上拼搏，在舞台上飞舞，他们充满活力，活泼可爱。

（7）我的学生从没有放弃梦想和希望，我将成为他们奋斗的见证人。

（8）学生在求学的道路上遇到了困难，我将成为他们最忠实的伙伴和朋友。

（9）我在教学中与学生相互讨论，共同进步，他们支撑着我们事业的发展。

（10）学生们即将成为有用之才，他们将在祖国建设的各条战线上扎扎实实地工作。

6. 作为班主任，了解学生的心理状况非常重要，请你填写以下记录表。

学生心理状况记录表

填表时间：

内容 姓名	健康状况	心理测评	情绪调控能力			社交能力			备注
			强	一般	弱	强	一般	弱	

链接 7.3

心理压力自测

下面这个诊断表可以简单快速地测评学生的心理状况，在量表中列举了 30 项心理压力的自我诊断症状。在这些症状中，如果出现了 5 项，属于轻微紧张型，只需多加留意，注意调适并适当休息就可以恢复了；如果有 11 项至 20 项，则属于严重紧张范围，建议咨询心理辅导老师或者心理医生；倘若在 21 项以上，就会出现适应障碍的问题，这就需要引起特别的关注。这 30 项自我诊断的项目是：

1. 经常患感冒，且不易治愈。
2. 常有手脚发冷的情形。
3. 手掌和腋下常出汗。
4. 突然出现呼吸困难的苦闷窒息感。
5. 时有心脏悸动的现象。

6. 有胸痛情况发生。
7. 有头重感或头脑不清醒的昏沉感。
8. 眼睛很容易疲劳。
9. 有鼻塞现象。
10. 有头晕眼花的情形发生。
11. 站立时有发晕的情形。
12. 有耳鸣的现象。
13. 口腔内有破裂或溃烂情形发生。
14. 经常喉痛。
15. 舌头上出现白苔。
16. 面对自己喜欢吃的东西，却毫无食欲。
17. 常觉得吃下的东西像沉积在胃里一样。
18. 有腹部发胀、疼痛的感觉，而且常拉肚子或者便秘。
19. 肩部很容易坚硬，感到酸痛。
20. 背部和腰经常疼痛。
21. 不容易解除疲劳感。
22. 有体重减轻的现象。
23. 稍微做一点儿事就马上感到很疲劳。
24. 早上经常有起不来的倦怠感。
25. 不能集中精力专心做事。
26. 睡眠不好。
27. 睡觉时经常做梦。
28. 在深夜突然醒来时不易继续再睡着。
29. 与人交际应酬变得很不起劲。
30. 稍有一点儿不顺心的事就会生气，而且时常有不安的情形发生。

第八章

班主任压力管理

第一节　班主任压力概述
第二节　提高班主任抗压能力
第三节　班主任缓解压力的方法

21世纪是充满机遇也是充满压力的时代，教师不可避免地要面对来自各方面的压力而出现了职业懈怠，教师队伍中的班主任尤甚。江苏省教育科学研究院副研究员黄正平长期从事班主任教育研究。他调查发现，全国各个地区的班主任的生存状态令人担忧，甚至部分地区竟然有近七成教师不愿意做班主任。

中山医科大学家庭医生门诊孙安莉副教授表示：由于长期处于压力大的环境中，广东目前有75％左右的班主任都处于亚健康状态，教学、学生管理、个人精神以及生活等方面的压力多管齐下，班主任想健康都难！

黄正平指出，没有幸福感的班主任，不可能把教育工作作为自己人生价值的追求，不可能认真刻苦地钻研教学业务、改进教学方法、努力提高教学质量，也不可能做到满腔热情、耐心细致地关心、爱护、帮助学生。他认为，班主任只有摆脱了职业倦怠感的束缚，不仅把班主任工作当成谋生的手段，而且更是出于自己的精神需要和人生追求，像孟子那样以得天下英才而教之为乐，才能在教育活动中自由地、创造性地发挥自己的智慧和才能。

本章主要从班主任压力表征、班主任压力来源、提高班主任抗压能力、班主任缓解压力的方法等方面，对班主任压力管理进行阐述。

第一节　班主任压力概述

国家中小学心理健康教育课题组曾对辽宁省 168 所中小学 2 292 名教师进行检测，结果显示：51.23％的教师存在心理问题，其中 32.18％的教师属于“轻度心理障碍”，16.56％的教师属于“中度心理障碍”，2.49％的教师构成“心理疾病”。可见，教师心理健康问题已经不容忽视，应受到教育者自身、教育机构乃至全社会的足够重视。

现代心身医学理论认为，压力是影响身心疾病发生、发展和预后的重要因素之一。根据有关长期追踪研究报告估计，目前 75％的疾病发生与心理压力有关。因此，有效保持身心健康从正确认识压力开始。班主任是教师群体的重要组成部分，他们所承担的工作比一般教师更繁重，因此，产生压力问题更突出。

一、认识压力

1. 压力的含义

“压力”一词最初来源于物理学，指物体受到试图弯曲、扭曲它的外力作用，在其内部产生相应的力。随着社会的发展，压力一词越来越多地被用在生理学、心理学、医学、社会学以及管理学上，尤其是在心理学领域。

人们对压力有不同的理解和表述，本书将压力理解为由来自个体内部或外界的压力源而引起的个体在生理、心理和行为上所发生的变化和反应过程。

2. 压力的反应

压力的反应可以分为生理反应、心理反应和行为反应。

（1）生理反应。压力的生理反应有两种：一种是遭遇突发状况所发生的反应，另一种是长期处在压力下所产生的反应。当遇到突如其来的威胁性情境时，个体为了维护生命，会立即进入应急应变状态，此时生理上会发生心跳加快、呼吸急促、脸红、手脚发抖等现象。当个体处在持续的压力下，可能无法再适应这些压力，就会产生疾病或出现衰退。

（2）心理反应。压力的心理反应有适度和过度之分：适度的心理反应能够唤起和发挥个体机体内的潜能，增强抵御能力和抗病力。过度的心理反应一旦超过了机体自身调节和控制能力，就可能引起各种生理或心理问题。压力的心理反应包括情绪反应和认知反应两个方面。情绪上的反应，如大部分的压力会使人不舒服，产生忧郁、焦虑、沮丧、烦躁等不愉快的情绪。压力也会使个体发生认知反应。当一个压力源被认定对个人有威胁时，人的注意力、记忆力、判断能力、决策能力等都会受到影响。一般而言，压力越大，人的认知能力以及思维的灵活性就会越差，威胁就更不易被消除。在压力状态下，人的知觉能力会下降，思维会不太活跃，反应会比较迟钝。

（3）行为反应。压力的行为反应是指在不同程度的压力下的行为表现。适度的压力会使个体精力较为集中，也更加警觉，因而会导致正向的行为适应。过度的压力会压抑行为，或导致个体完全不行动，或者造成攻击对方，甚至会产生自杀行为。

3. 压力源的分类

压力源分为工作压力源、生活压力源和个人压力源。

（1）工作压力源。工作压力源是指与工作有关的导致个体产生压力的因素。

1）工作本身因素。包括工作太多、太少或者太复杂，工作变化太大、太多，工作条件和环境不好影响任务完成，完成工作任务时间紧迫，工作失误造成严重后果，工作中需要不断学习新知识和新技能等。

2）职业因素。包括提拔、提升过快或过慢，职业缺乏保障，社会地位低下，个人理想不能实现，工作兴趣缺乏，个人期望受阻等。

3）角色担当因素。包括角色模糊和角色冲突，对人或对事负有责任等。

4）组织分工因素。包括组织发展目标不明确，人员安排不合理，领导对工作限制太多或支持太少，工作自主性太小，领导决策比较独断专行，参与组织决策机会太少等。

5）人际关系。包括与上级、同事相处得不够融洽，工作上得不到上级、同事支持，组织内部交流太少，缺乏归属感等。

6）工作与家庭的关系。包括工作与家庭事务发生冲突，工作得不到家人的支持等。

（2）生活压力源。生活压力源是指与生活有关的导致个体产生压力的因素。这一因素在个体所承受的压力中占据着不小的比例。

1）住房。包括住房紧张或没有住房。

2）经济。包括家庭收入不足以支付日常支出、破产、欠债等。

3）子女。包括子女的抚养、教育、就业等遇到困难。

4）婚姻。包括婚姻生活不和谐、离婚、丧偶、没有找到合适的结婚伴侣等。

5）父母和亲人。包括父母的赡养、其他亲人的照顾等。

6）健康。包括自己及家人患病、亲人病故等。

（3）个人压力源。个人压力源是指由于个人人格特征原因而导致压力的因素，包括对自己过高的要求和期望、能力不足、缺乏解决问题的清晰思路、悲观的性格、自卑敏感的个性特征、争强好胜、易受环境影响、易发生心理紧张的人格特点等。

以上三大压力源之间并不是孤立的，而是相互影响的，构成了一个复杂的压力系统，使个体在生理、心理和行为上出现不同的反应，从而对人们产生不同的影响和压力。

4. 压力的形成机制

压力是一种在个体和环境之间进行的交互作用的关系，这个互动的过程可以分为四个阶段：

（1）当环境出现具有伤害或威胁个人的潜在因素，包括各种情境或刺激，例如，考试、评职称、与领导发生争执、家庭发生变故等。

（2）个体根据自己的资源和能力对压力源进行认知评估，即个体意识到上述情境或刺激对自己有所要求或有威胁时，即构成了压力，但如果个体认为这种情境或刺激对自己没有要求或威胁，就不构成压力。因此，这是一个认知过程。

（3）个体意识到自己能力与环境要求之间有差距时，就会运用各种资源力求达到环境的要求，以使自己适应环境，通过努力达到自己预测的效果。

（4）在评估和缩小差距的过程中，个体出现压力反应。例如，面临毕业就业时，有的人心理会产生一种焦虑、恐慌感；当一个人完不成领导交办的任务时，就会觉得忧虑和烦躁。

压力的形成机制如图 8—1 所示。

5. 压力的性质

（1）压力是普遍存在的。从上述关于压力源和人们的实际感受的阐述可以得出这样的结论：压力是普遍存在的，只是对不同个体来说，压力有大小、优劣、适度与否的区别。人有压力是正常的心理现象。

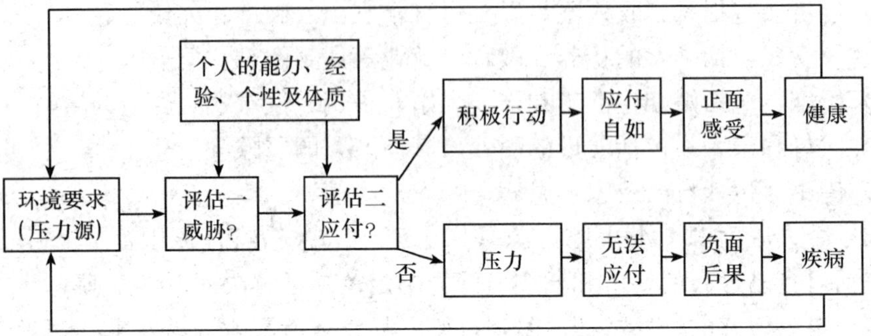

图8—1　压力的形成机制

（2）每个人对压力的反应不同。由于压力是一种主观感受，它与人们的能力、经验、认知等相关，所以对同一个压力源，每个人对它的反应是不同的。

（3）是否感到压力取决于个人的主观感受与理解。由于压力是生活环境不能满足个人需要、个人学习，以及经验无法与现实生活的要求相互配合，所导致的生理或心理失去平衡的一种紧张状态，所以是否感到压力取决于个人的主观感受与理解。

由压力源引起的个体在生理、心理和行为上所发生的变化和反应过程并不一定就是不好的，而是存在着积极的和消极的两种情况。压力并不一定具有破坏性，也不是一定要竭力避免的。适度压力不仅没有破坏性，而且还能起到积极的作用，促进人自觉地挖掘自身潜力，可以争取不断成长的机会，是对人有益的。

6. 长期压力对人的影响

长期处于超过承受力的压力下，人的精神会受很大的不良影响，人的心理就会发生障碍。此时，人们会出现失眠、脾气暴躁、焦虑、抑郁症等症状，严重的会引发潜在的精神病。长期压力导致暴力事件和人际冲突增加，有时甚至危及人的生命。

案例8.1

2007年6月，浙江某县一初中初三班主任手持自家菜刀割腕自杀。年仅38岁的他，是一个13岁男孩的父亲，是全家的顶梁柱。学生们反映，该教师是一个很细心的老师，但性格也较内向。同事直言：“六校合并，对老师们的知识储备、授课能力等都有了新要求，我们一方面感觉自己能力不够，另一方面又被各种指标逼着，压力更大了。”

点评：自杀事件是教师对压力没有正确疏导所导致的。教师对问题认识的不正确，给自己增加了压力，同时，社会大环境对教师的影响也是不容忽视的。如不能及时疏导心理压力，将产生严重后果。

二、班主任压力

班主任是培养学生全面发展的主要责任老师。除正常的教学任务外，还担负着繁重的德育和班级管理工作，他们所承受的压力比一般教师更大，更容易表现出一些压力症状。了解这些症状有助于班主任采取积极的应对措施，舒缓压力，形成“压力免疫”。

1. 班主任压力的常见表征

（1）身体表现。强烈的疲劳感，伴有肌肉紧张、躯体失调，颈疼、背疼、腰酸、全身乏力。

（2）精神表现。委靡不振，不能集中精神思考问题，很难接受丰富信息，判断、决策能力下降，思维刻板，不能应变，不能创造性地解决问题。

（3）人际关系。怀疑、责备、否定他人，并转变为对自己的怀疑和否定；自我贬损，担心别人怀疑自己能力，担心自己落后于他人；缺乏信任感，无法与人合作并感到苦恼；逃避社会交往，外部表现是与周围环境格格不入，内心体验是压抑、偏执。

（4）工作表现。厌倦工作，害怕上班，整天担心班级出问题；不愿意与学生接触，对学生冷漠、厌烦，师生关系紧张，希望离开教室但又强迫自己留下来以管理学生；不愿与同事交往，怕暴露自己的抑郁、焦虑，攻击、讽刺同事，看谁都不顺眼；工作效率低，成天忙碌，但没效果，教育学生错失时机。

（5）婚姻家庭。充满内疚，但脾气暴躁，动辄骂人，骂完后内心充满后悔；担心在他人面前没面子，不愿意和家人探亲访友，很少陪家人散步、看电视，喜欢把自己一个人关在书房。

链接8.1

疲惫的班主任——班主任生存状况调查①

那些睡不足6小时的班主任

一位女教师说：“家里有个不到两岁的小孩，老公每天下班后给我打好几次电话，孩子就在电话中哭，说妈妈怎么现在还不回家，我心里面内疚死了。”

超过八成的班主任都反映睡眠严重不足，一位女教师说：“最怕深夜接到电话，教室没锁好门、学生生病了，接到电话就要赶赴现场。”

女班主任不敢怀孕

“每天14个小时的高速运转，哪个女班主任敢怀孕？”李莉说，在民校里，女教师想要怀孕，要么不当班主任，要么辞职。

南城中学有关负责人称：“班主任的工作时间比较长也辛苦，一般计划怀孕或正在怀孕的老师我们都不安排当班主任了。”

班主任每天绷紧神经

南城中学赖老师当了17年班主任。前天晚自习后，有个学生向她反映嘴上有点苦，怀疑在宿舍喝了什么不明东西。“我一下子吓坏了，连忙带他回宿舍检查，才知道他喝了室友的洗衣粉水。然后带他去看校医，打电话给家长，学校领导也来了，一直到晚上11点多才将那个学生安顿好。”赖锦银说，“每天这样的事情很多，家长把孩子放在学校，孩子的生活一切由学校负责，学校又将这一责任放在班主任身上。我这么多年做班主任累习惯了。”

“班主任每天都神经绷紧，社会关注和家庭教育的缺失，无形中加大了班主任的负担。”李莉称。

“班主任可以说是一块夹心饼干，一边是学校给压力，一边是学生和家长，不管出什么事，责任都推在班主任身上。”光明中学陈老师也深有感触。

① 摘自《南方都市报》，2010年9月10日。

2. 班主任压力的来源

班主任承受的压力包括职业因素带来的压力和非职业因素导致的压力，它们都会影响班主任的工作表现。在此，我们着重讨论给班主任带来压力的主要客观因素和主观因素。

（1）客观因素

1）较低的社会认可度降低班主任职业认同感。班主任工作很繁重、很重要，但是他们的待遇并不高。省内各技工院校的班主任津贴存在差异，有高有低，但总体来说相对他们的付出并不高，这从一个角度反映了社会对技工院校班主任工作认可度较低。一方面是繁重的工作，一方面是较低的待遇，教师们一般都不愿意担任班主任工作。班主任们干着不情愿的活，这就加大了心理压力。

2）有些学校管理制度缺乏科学性，挫伤班主任工作的积极性。一般而言，学校的管理制度强调统一性、时效性，而对学生的教育管理效果则具有较强的差异性、滞后性。此外，德育工作难以绝对量化，不恰当的量化考核导致班主任疲于应付。这些都易使班主任产生压力。

3）学生问题是困扰班主任的主要压力源。技工院校生源现状可概括为“四个薄弱四个欠缺”：一是学生学习基础普遍薄弱，特别是在理论学习方面能力欠缺；二是家庭教育背景薄弱，文明礼仪和人际交往能力欠缺；三是心理素质较差，意志薄弱，面对挫折激发潜能的调适能力欠缺；四是以自我为中心，团队意识薄弱，融入社会集体协作的能力欠缺。这样的学生产生的问题特别多，如迟到、早退、旷课、沉迷于网络、早恋、打架、收保护费、帮派斗殴乃至吸毒等。班主任面对这样的工作对象，总感到压力大。

4）复杂和不和谐的人际关系增大班主任的压力。在应对忙碌工作的同时，班主任还要经常与学生、同事、领导、家长等打交道，扮演着多重角色。俗话说：“上面千条线，下面一根针”，很多工作都要通过班主任去落实，很多关系需要班主任去处理，班主任势必面临各方压力。而且在压力状态下，更容易导致人际关系不和谐。这种不和谐反过来又加重了压力感。另外，要做好繁重的教学和班级管理工作，班主任必然投入大量时间和精力，难以再有精力照顾好家庭。工作、家庭不能兼顾让班主任对家庭充满负疚感。这种负疚感本身就是一种压力。

（2）主观因素

1）理想信念不坚定。教育不是万能的，教育的效果也因人而异。技校学生的教育转化工作很难做，后进生经常出现反复。如果没有对目标的坚持不懈的追求，没有坚持将学生培养成为具有现代理念的国家公民的教育工作者的理想和信念，班主任很容易被困难吓倒。

2）育人理念不明晰。班主任的育人理念要清晰明确。育人理念是在教育理想指导下，教师在教育工作中的某些特定阶段产生的阶段性的教育观，对班主任而言，就是培养什么样的学生和怎样培养的问题。这个理念不明确，班主任工作就会变成一个体力工作。今天纪律有问题就抓纪律，明天卫生有问题就抓卫生，使得班主任对工作疲于应付，变成一个“灭火队长”。这样的工作既令人疲惫又效率低下。

3）育人目标定位不准。班主任要坚持科学的人才观，明确技校教育的主要任务，承认每个人都具有潜能，都能成才，但各有差异。因此，对技校学生不能有不切实际的目标要求。目标要求过高而始终达不到就会自陷困扰，构成压力。

4）个人性格品质缺陷。良好的心理素质是班主任的必备条件。没有良好的意志品质和个性心理，就难以胜任繁重复杂的班主任工作，于是形成压力，长此以往还会产生疾病。

5）现代育人本领缺陷。班主任在教书育人过程中，承担着各种不同角色的任务：在与学生探讨问题时，他应是教师，启发引导；在关心学生疾苦时，他应是家长，无微不至；在与学生交往中，他应是朋友，无话不谈；在学生犯错时，他又像医生，治病救人。班主任能否扮演好这些不同的角色，往往取决于他的知识与能力。

随着教育的综合化、现代化发展，计算机、多媒体、3G手机走进课堂，开拓了学生的眼界。计算机、电视、手机使学生能接触到的信息极大地丰富了。相应地，以方法为主的传统型教师就显得落伍了。

班主任应为学生创设一个和谐、民主的学习环境，把学生的学习兴趣激发出来，把学生潜能开发出来，把学生的学习积极性调动起来，让每一个学生都在参与学习的过程中获取新知，并把知识内化为能力，这对班主任的综合能力提出更高要求。“一专”型的班主任落伍了，赶不上教育发展需要，“一专多能”甚至“几专多能”已成为21世纪班主任必备的教书育人的本领。要做一个成功的班主任，他首先应该是本专业学科的专家，其次应该是“思想家”，最好还要是“心理学家”。有的学校甚至提出了“四维”教师的概念：教师应具备讲师、技师、职业指导师、心理辅导师四个资格证。如果缺乏这些育人本领，班主任工作难以做好，从而形成压力。

第二节　提高班主任抗压能力

在普遍存在的压力面前，作为教育工作者的班主任，要比其他人群有更高、更强的抗压能力，因为，他们除了自己要承受工作、生活等方面的压力，更重要的是他们还要引导学生学会科学、合理地缓解压力。班主任抗压能力的提高可以从以下几个方面来尝试。

一、坚定信念，提升班主任工作幸福感

班主任工作的压力很大程度上来自于对自己从事的教育工作没有坚定的信念，不懂得执著追求自己的理想信念，没有牢记教好书、育好人，把学生培养成为具有现代国家理念的公民，因而没有完全投入自己的感情，班主任工作效果不好，工作充斥失败感和挫败感，根本体验不到班主任工作所带来的成就感和幸福感。久而久之，这种失败感和挫败感就变成了压力和对班主任工作的恐惧!

因此，提高班主任的抗压能力，首先就要坚定信念，提升班主任工作的幸福感。

第一，班主任要清楚地认识到自己选择了教师这个职业就是选择了教书育人这个信念，就要热爱这个职业，就要执著这个信念，就要有为之贡献全部热情和毕生精力的决心。著名作家路遥说过这样一句话：“只有初恋般的热情和宗教般的意志，人才能成就某种事业。”这是对坚定信念的很好阐释。

第二，班主任要清楚一个事实：大凡优秀的班主任，都有坚定的教育理念。没有坚定的教育理念，当遇到困难或挫折时就会动摇，丧失信心，甚至被一时的困难所吓倒。优秀班主任魏书生就给所有的班主任树立了榜样。他曾说，教师这个工作除了工资回报，另有三重收获，即“收获各类人才”“收获真挚情感”和“收获创造性的劳动成果”。

基本的教育理念应该包含三点：一是相信学生，而且是无条件地相信学生。相信每个学生都是向善的，每个学生的心中都有真善美的种子；相信每个学生都

是有潜能的，只要挖掘得法，每个学生都是金子。二是相信教育的力量。当教师付出爱心，献出真诚，学生就向着教师希望的方向发展。三是相信班主任工作的意义是深远的。班主任是学生灵魂的塑造者、耕耘者和播种者，这项工作不仅会影响学生现在的精神生活，也会影响学生未来的生活。

第三，班主任要把本职工作看成是自己喜欢的工作，看作是一项具有高度创造性的艺术活动，为自我满足而从事这项工作，为兴趣而工作，是人生幸福之源！

一个成熟的人应该掌握自己快乐的钥匙，他不期待别人使他快乐，反而能将快乐与幸福带给别人。每个人心中都有一把“快乐的钥匙”，但我们却常在不知不觉中把它交给别人掌管！

案例 8.2

班主任的抱怨

班主任A抱怨：“我班的学生不听我的教育，我气爆了！”他把快乐的钥匙交在学生手上。班主任B抱怨：“学校整天都开会，布置任务给我们，真是烦死了！”他把快乐的钥匙交在学校手上。班主任C抱怨：“我先生不管小孩，我工作又这么忙，我一点儿都不快乐！”她把快乐的钥匙交在先生手上。

点评：这几位班主任都做了相同的决定——就是让别人来控制自己的心情！因此，要想自己快乐，就要将快乐的钥匙掌握在自己手上，像杜拉拉一样，有兴趣地去工作。

班主任工作充满挑战，工作过程中会遇到这样那样的困难和压力，但同时也带给班主任很多的乐趣和幸福。很多有经验的老师都说，做老师的成就感和幸福感就来自于培养出让自己崇拜的学生。他们说，做班主任的时候，只知道自己班上的学生就像自己的孩子一样，一下没见着就心里空落落的，学生不听话了，自己着急；学生身体不舒服了，自己紧张；学生进步了，自己开心；学生听话了，自己高兴。一天从早到晚都和学生在一起，也不觉得累和苦，也没觉得有什么压力。等学生毕业从自己身边走了，反倒牵挂起他们来。节假日里，手机里装满了

一条条来自全国各地的学生的祝福信息，家里坐满了登门探望的学生，那时，就觉得自己是全世界最幸福的人！

班主任只要有了“一切为了学生，为了学生的一切”之心，并且在工作中投入足够的感情，就会觉得班主任工作过程其实是一个快乐的过程，就会收获很多的幸福。

案例 8.3

高原上的并蒂雪莲

在 2011 年度感动中国十大人物晚会上，主持人念到：“他们带上年幼的孩子，放下苍老的父母，是为了成为最好的父母。不是绝情，是极致的深情；不是冲动，是不悔的抉择。他们是高原上怒放的并蒂雪莲。”他们就是胡忠、谢晓君夫妇。

2000 年，胡忠看了一篇关于甘孜州康定县塔公乡一所孤儿学校急需老师的报道，萌发了支教的念头，并得到妻子谢晓君的支持。3 年后，谢晓君带着 3 岁的女儿也来到这里支教。在这期间，胡忠、谢晓君夫妇先后担任了学校里的各种角色，克服高原地区的恶劣环境，教育了一批又一批的少数民族学生。如今，已是校长的胡忠，身份却仍是一名志愿者，月工资仅有 300 元。长年的高原生活，谢晓君落下了背痛的顽疾，而刚刚 40 岁出头的胡忠已是满头银丝。

然而，胡忠却说：“看着孩子们一点一点进步，是我最幸福的事。爱心是幸福的源泉。我们相信，爱心会传递下去，力量会越来越强，甚至可以改变一个地区的命运。”获评感动中国人物后，胡忠和谢晓君动情地说，他们会继续坚守在高原，把这份爱延续下去。

点评：幸福不在于获得多少物质，而在于自身是否有一颗强大的心，足以让精神丰富自己的人生。就如同于丹所说，这两位老师的坚持，他们用生命提携了孤儿的成长，在一个物质繁盛的时代里，他们仍然让世界相信：精神无敌。学生的一个笑靥，同事的一句肯定，家长的一句感谢……都能成为他们幸福的源泉。

二、辩证思考，正确看待压力

压力无时不在，无处不在。可以这样说，我们的生活不可能没有压力，也不可以没有压力。有研究结果显示，假如把压力指数从0～100分成不同的水平，0代表无压力，100代表最高压力，则当一个人的压力指数处在80分以上时，整个人就会很有压力感，智力和体力都无法正常运转；当压力指数处于30分以下时，人会很平衡、放松，很少出现兴奋状态；当压力指数处于40～70之间时，人的工作效率达到最高。这就说明，对于压力，要辩证思考，辩证认识，正确看待，正确处理。

1. 辩证看待压力

哲学家认为，人类不是被问题本身所困扰，而是被他们对问题的看法所困扰。心理学家认为，我们习惯地认为压力是一种不良现象，但并非总是如此，压力并不是完全负面的词，压力本身是中性的，一切取决于人们如何对待外界的刺激。心理学家还认为，适度的心理压力有利于人的进步和发展，不会造成心理的损伤。进化论的观点认为，有限的资源导致竞争，而竞争就必然有压力，发展最快的地区，压力也最大。

（1）适度的压力给生活带来乐趣。为维持正常的状态，人们需要一个适度的刺激输入。人的生活如果没有任何压力，生活就像一潭死水。这就好比流淌的溪流遇到石头，才会溅起美丽的水花，生活遇到压力，才会变得精彩和美丽！

（2）环境压力促进人类发展。人的成长和发展就是不断适应环境压力的过程。人类社会的每一次变革和进步都是自然和社会环境压力推动的结果。

因此，在压力面前，我们没有理由去否认它的存在，更没有理由去回避它对我们所产生的积极的和消极的影响。我们要理性对待压力，大胆承认它的存在，积极应对它的负面作用。

链接 8.2

感觉剥夺实验

贝克斯顿（Boxton）在美国麦吉利大学所做的感觉剥夺研究，募集了大学生志愿者作为参加实验的人。志愿者每天躺在床上睡觉，并有每天 20 美元的酬劳。他们可以自己决定何时退出实验。实验环境如图 8—2 所示。

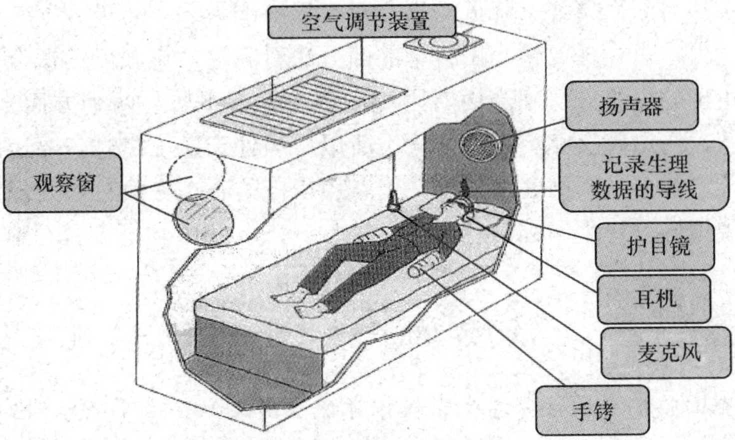

图 8—2　剥夺感觉实验

实验结果：大多数被试者在实验开始后 24～36 小时内要求退出，没有人坚持 72 小时以上。实验过程中普遍顺序出现睡觉、厌倦不安、制造刺激、出现幻觉的情况。

研究人员认为，维持大脑觉醒状态的中枢结构——网状结构需要得到外界的刺激以维持一个激活的状态。当外界接触被阻止时，大脑就即兴创作，自己产生刺激，使被试者出现各种幻觉。

实验证明，生命活动的维持需要一定水平的外界刺激。

2. 关于压力的哲学思考

人们对于生活有着物质和精神两方面的需求，在需求满足和无法满足之间，压力永远存在，有了压力，人则永远处于“生存”状态，只有合理释放了压力，人才回归“生活”。所以压力问题不仅仅是压力本身的问题，还是能否“知足常乐”的问题。

心理学专家朱敬先说，每一次压力危机的背后都隐含着一次成长的机会。这句话说明压力的哲学意义是它对于人的成长既是危机同时也是机会，关键就看人们如何看待和把握。

压力是在人的能力不及时所产生的心理反应，是需求和能力之间的矛盾所引起的。解决这对矛盾，要么降低需求，要么提高能力。

面对压力，班主任要学会用哲学的两分法看问题，克服以偏概全、无限夸大后果等不正确的思维方法。当面对困境而沮丧时，不妨从两个方面来认识问题，认知正确了，情绪就会相应发生变化。所以，当处于逆境之时，要运用一分为二的方法调节自我，从不好之中找出好处，用积极的心态去面对和处理，就能减轻压力，摆脱烦恼，产生幸福情感。

案例8.4

有一个面临高考的优秀学生在模拟考试中语文只得了70分，他心里非常焦虑不安，认为一切都完了，考不上大学了。但心理医生提出这是好事，并解释说，这次模拟考试为这位学生找到了自己的不足，提示他在这方面应该加强学习和理解，这对高考准备是一次极好的检验，他应该感到庆幸。这个学生听了恍然大悟，从此不再愁眉不展，更加努力学习，在高考中取得了好成绩。

点评：面对生活中不如意的事情，我们要辩证地看待，要学会从不利中看到有利的地方，从而实现“把压力变成动力，从不利中找有利”。这是我们应该有的哲学的思考方法。

案例8.5

在一次追捕行动中，美国纽约的一位年轻警察被歹徒用冲锋枪射中左眼和右腿膝盖。3个月后，当他从医院里出来时，完全变了样：一个曾经高大魁梧、双目炯炯有神的英俊小伙子，成为一个又跛又瞎的残疾人。

鉴于他的功绩，纽约市政府和其他一些社会组织授予他许多勋章和锦旗。一位记者采访他，问道：“你以后将如何面对所遭受到的厄运呢?”这位警察说：“我只知道歹徒现在还没有被抓获，我要亲手抓住他!”从那以后，他不顾别人的劝阻，参与了抓捕那个歹徒的行动。他几乎跑遍了整个美国，甚至有一次为了一个微不足道的线索，独自一人乘飞机去了欧洲。

许多年后，那个歹徒终于被抓获了，那个年轻的警察在抓捕中起了非常关键的作用。在庆功会上，他再次成为英雄，许多媒体报道了他的事迹，称赞他是最勇敢、最坚强的人。然而，令人意想不到的是，这之后不久，他却在卧室里割腕自杀了。在他的遗书中，人们读到了关于他自杀的原因："这些年来，让我活下来的信念就是抓住凶手……现在，伤害我的凶手被判刑了，我的仇恨被化解，生存的信念也随之消失了。面对自己的伤残，我从来没有这样绝望过……"

点评：从一个英俊小伙子变成一个又跛又瞎的残疾人，他把压力变成动力；而当抓获当年的凶手后，自己的伤残成为了他无法承受的压力，他绝望了，于是割腕自杀。这说明积极的心态是至关重要的。

三、科学规划班主任的职业生涯

班主任职业生涯规划与发展设计是班主任走向成功的基本前提，是班主任提高抗压能力的重要途径之一。

班主任的职业生涯是指一个教师作为班主任从事班主任职业的整个过程。班主任的职业生涯规划就是对有关班主任职业发展的各个方面进行的设想和规划，具体包括：对班主任职业的选择，对班主任职业目标与预期成就的设想，对工作单位和岗位的设计，对成长阶段步骤以及环境条件的考虑等。

1. 职业生涯规划的基本流程

职业生涯规划是一个持续循环的过程，一般可分为认知、确定愿景、选择发展策略、反馈与评估四个环节，如图 8—3 所示。

第一个环节认知，包含三个步骤。第一步是自我认知，即自我诊断。自我诊断是班主任深入了解自己的一种重要方法，要完成一份高质量的职业规划，首先要对自己做一个全方位的了解。掌握和使用自我诊断与评估的方法很重要，它是具体实施如何了解自己的具体手段。目前，常用"中小学班主任职业生涯自我诊断综合评估表"进行自我诊断与评估。第二步是环境认知，即清楚自己所在学校的规章制度、业界地位等。第三步是职业取向诊断，一般采用霍兰德职业兴趣量表进行测试。

第二个环节确定愿景，包含两个步骤。第一步是制定职业发展总体愿景，即最终想要发展成什么样。第二步是职业生涯发展愿景分解，即把总目标分解成一

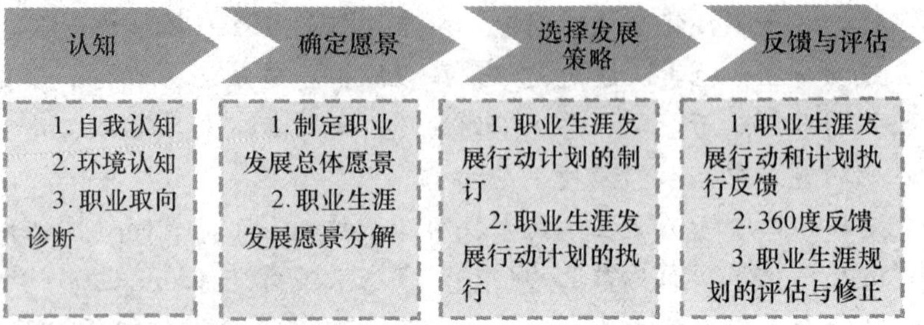

图 8—3　职业生涯规划基本流程

个一个的小目标。

第三个环节是选择发展策略，包含职业生涯发展行动计划的制订、职业生涯发展行动计划的执行两个步骤。

第四个环节是反馈与评估，包含职业生涯发展行动和计划执行反馈、360 度反馈、职业生涯规划的评估与修正三个步骤。

2. 班主任职业生涯规划路径

依据班主任职业发展阶段理论和职业生涯规划的流程，可将班主任职业生涯规划路径确定为：任务型班主任→经验型班主任→专家型班主任→教育家型班主任。

任务型班主任在班级管理中，只会根据学校要求，按部就班地将各项事务完成，不懂得如何自觉自主地去促进班级管理。

经验型班主任在班级管理中有许多感悟和思考，不管面对怎样的班级或学生，他都有信心从容应对。凭多年的班主任工作经验，已形成了一套管理班级的独特态度和方法。

专家型班主任在班级管理中善于观察班级学生的变化，能及时发现问题，处理问题，并能将自己的经验与方法传授给他人。

教育家型班主任如魏书生、李镇西等优秀班主任，既能管理好班级，又能将自己的教育理念形成体系，并进行推广。

如果把一个人的职业生涯比作一次旅行，那么出发之前最好先设定旅游线路，这样既不会错过梦想已久的地方，也不会千辛万苦却去了并不喜欢的景点。职业生涯规划是职业发展最经济的模式，一个人没有职业生涯规划也许能找到满意的职业，但在时间、精力等各方面，绝不会是最经济的。

链接 8.3

关于规划的名人名言

有3%的人为未来做详细规划，而有97%的人不为未来做什么规划。通常地说，做规划的人有自己的事业，没有规划的人则为那些有规划的人工作。

——崔西

人是一种寻找目标的动物，他生活的意义仅仅在于是否正在寻找和追求自己的目标。

——亚里士多德

四、掌握方法，提高工作效率

俗话说得好，艺高人胆大，艺短人心慌。班主任面对几十个活生生的有不同经历、不同思想、不同教育背景、不同家庭背景、不同社会经验的学生，要做好班级管理、学生思想教育、学校布置的各项工作，可谓千头万绪。面对这样的一份工作，如果不遵循教育的规律，不掌握科学有效的方法，其工作的难度可想而知，其承受的压力也就不言而喻了。因此，要做好班主任工作，减少压力，就一定要掌握科学有效的班主任工作方法和技巧。

班主任工作的方法和技巧很多，没有固定的模式和一成不变的定律，不能用千篇一律的方法去管理所有班级。

所有成功的班主任都有一个共同的“法宝”——“爱”！对学生的爱是班主任工作方法和技巧的基石，“爱”是开启学生心灵之门的“钥匙”，古代先贤说得好：“感人心者莫先乎情”。班主任只有爱学生，才能为学生所接受，才能走进学生的内心世界，才能想学生之所想，才能知道学生需要什么，然后才能做好本职工作。

一个优秀的班主任对于自己的本职工作具有炽热的爱和足够的智慧，他能够从平常的管理中发掘出一般人关注不到的细节来。有了对学生炽热的爱，在爱心的驱动下，班主任会想尽一切办法管理好班级和教育引导好学生。

班主任在工作中，只要有了对学生的爱，就能找对方法，班级管理就能有效有序，班主任从工作中获取的快乐和幸福就多。

链接 8.4

忙中不乱的优秀班主任

在班主任界中，魏书生、李镇西、任小艾等的名字并不陌生，他们不仅承担着繁重的行政工作任务，还肩负了班主任的任务。可从他们的事迹中我们知道，不管他们出差，或是忙于其他事务，班级管理依旧井井有条，于是，他们的教育方法广为流传，成为业界人士做好班级管理工作的有益参考。

第三节　班主任缓解压力的方法

压力的客观存在要求班主任必须积极面对，学会自我调适，合理释放。不同的人群有不同的化解压力的方法，面对不同的压力也有不同的缓解压力的方法。以下从宏观介绍一些方法和技巧，供班主任在缓解压力时参考。

一、缓解压力的基本方法

1. 改变认知，自我辩论，自我减压

（1）合理情绪疗法。合理情绪疗法是美国心理学家艾里斯提出的。其理论认为，引起人们情绪困扰的并不是外界发生的事件，而是人们对事件的态度、看法、评价等认知内容，因此，要改变情绪困扰应该改变认知，通过改变认知，进而改变情绪。艾里斯认为，外界事件为A，人们的认知为B，情绪和行为反应为C，因此，其核心理论又称ABC理论。

例如：两位老师在路上遇到了校长，他们向校长问好，但校长径直走了过去。这两位老师中的一位认为：“校长可能正在想别的事情，没有注意到我们。即使是看到我们而没理睬，也可能有什么特殊的原因。”而另一位却可能有不同的想法："是不是上次我评教不好，与校长产生了争执，他就故意不理我了，他怕是要记我的仇了。"两种不同的想法就会导致两种不同的情绪和行为反应。前者可能觉得可体谅，而后者可能忧心忡忡，以至无法平静下来干好自己的工作。

从这个简单的例子中可以看出，人的情绪及行为反应来自于人的认知，与人们对事物的想法、看法有直接的关系。在这些想法和看法背后，有着人们对一类事物的共同看法，这就是信念。上述例子中第一位老师的想法在合理情绪疗法中被称为合理的信念，而后一位老师的想法则被称为不合理的信念。合理的信念会引起人们对事物适当、适度的情绪和行为反应；而不合理的信念则相反，往往会导致不适当的情绪和行为反应。人们坚持某些不合理的信念，长期处于不良的情绪状态之中，最终将导致情绪障碍的产生。

（2）改变不合理信念的方法。要改变自身的不合理信念，必须清晰地认识到：第一，是信念引起了情绪及行为反应，而不是诱发事件本身；第二，不是别人导致自己的坏情绪，而是自己；第三，只有改变了不合理信念，才能减轻或消除自己目前的不良情绪和行为。同时，在认识的过程中，可使用 RET 自助表，即先将事件、行为在一张纸上罗列出来，并想出产生如此行为的不合理的信念有哪些。然后，思考自己为什么会有这样的信念；能用什么样的信念替代；这样做，自己的情绪、行为会有什么变化。参见表 8—1。

（3）情绪管理。好的情绪是管理出来的，班主任可参考以下做法管理好自己的情绪：

1）时常保持对自身情绪状态的觉察，了解它的成因与活动状态。如起床后，感觉头昏，心情低落，明白是失眠造成的，可冲杯咖啡或喝杯浓茶来缓解。

2）把自己的感情出口放宽，恰当宣泄不良情绪。如当有不良情绪时，可不顾及绅士、淑女形象，在空旷的地方，大喊几声，或在家里的空房间里呐喊。

3）在任何情景中，对情绪有恰当的定义，即什么是发脾气，什么是发怒，都要十分清楚。

4）对生活中的事物多欣赏，少抱怨。如看到街头卖艺的人们，应多多欣赏他们的音乐，而非抱怨他们影响市容市貌。

5）设定具体可行的目标，全力以赴去实现，多自我激励。如班主任希望所带班级能评上"文明班"，则可将这一目标分解为：迟到、旷课的人数要降低为

表8—1　　简化RET自助表

事件	情绪、行为	不合理信念	合理信念	变化
有些学生学习不认真，老是拖欠作业，午间或放学留在办公室里做作业，可是老师一走开就不做了，又开始玩。所以成绩老是不理想，拖班级后腿	苦恼、生气、不平、焦虑、暗自神伤、失眠、吃不下饭，常对学生进行恐吓，偶有体罚	自己为教育这些后进生付出了这么多心血，成效却不大，我太没用了，真是一文不值	学生确实应该认真学习，按时完成作业，但是十个指头有长短，孩子是有个别差异的，我们不可能要求每一个学生都学得一样好	即使转化后进生无效，自己也已尽到努力了，对得起学生和家长，心安理得无怨无悔。可考虑适当降低对这几个学生的作业要求
学校要求班主任对仪容仪表有问题的学生进行整顿	天天对不合格学生进行教育、批评，脾气暴躁，不愿意做其他的事情	我必须干好，干得出色	我希望干好，但并非人人如此	情绪平静
做同样一件事，别的班主任能很快完成，我却需要花费很大的精力	失眠、愁眉苦脸、易怒	别人应付压力的能力都比我强	每个人都会受到压力的影响，并不是只有我一个人	睡眠质量提高
班主任为了管理好班级，激发学生学习兴趣，采取了一系列措施，学生却不太配合	苦口婆心地教育、发脾气、失眠、内分泌失调、压力大	学生不能辜负我的一番好意和我对他们的期待	并非每个学生都能理解老师的良苦用心	压力得到缓解，发脾气的次数减少

多少，黑板报的得分要得到多少等，并鼓励自己：我班的学生能做到的，我相信他们！

6）对是非之争辩，只要自己认清真理之所在，就应坚持，相信自己，而不要因他人的错误而跟自己过不去。如自己很清楚自己的做事风格，就不必被他人的评价所影响。

7）莫让自己的生活僵化，为自己的思想和行为多留一些弹性空间，让自己能从不同的角度看待生活，发现新的乐趣。如在周末或假期时，出门走走，看看外面的世界有何变化。

8）与人坦诚相处，适当地开放自己，让他人分享自己的快乐和痛苦。如与同事吃饭时，可与同事说说班上发生的事情，从同事那里得到一些支持和鼓励。

(4) 调整认知。从认知心理看，92%的压力是不必要承受的。研究发现，92%所担心的事从来没有发生过，很多是来自想象而非现实。有谚语说得好：能解决的事，不必担心；不能解决的事，担心也没有用。即使不幸发生在自己身上，也要坦然面对现实，为忧虑定下“停损点”，想想自己所付出的烦恼和生气是否值得。因此，当自己承受压力时，告诉自己：有些压力是自己臆想出来的。深呼吸，一切都会过去的。

2. 塑造阳光心态，对抗压力

(1) 善待他人。我们生活在人群中，要和各式各样的人发生这样那样的关系，在和他人相处时，要学会善待他人，因为，在善待他人的同时，我们能获取很多正能量，得到他人的支持和鼓舞，自然压力也就减少许多。善待他人，尊重是根本。尊重上级是天职，尊重同级是本分，尊重下级是美德，尊重学生是常识，尊重所有人是教养。

(2) 善待自己。人生在世，或许爱自己的人不止一个，可真正和自己形影不离、冷暖相知的只有自己。如果连自己都不懂得爱惜自己，那么还能祈求谁呢？我们要好好善待自己，过好每一天，让自己的每一天都生活在灿烂的阳光中，不要过多计较自己拿多少工资、住多大的房子、开多少钱的车，而应该计较我今天开心吗？我今天快乐吗？

案例8.6

于娟的呼吁

32岁的海归博士于娟，在发现自己将不久于人世时，写下《生命日记》：在生死临界点的时候，你会发现，任何的加班（长期熬夜等于慢性自杀）、给自己太多的压力、买房买车的需求，这些都是浮云。如果有时间，好好陪陪你的孩子，把买车的钱给父母亲买双鞋子，不要拼命去换什么大房子，和相爱的人在一起，蜗居也温暖。呼吁人们要善待自己，懂得合理地分配工作时间，调节压力。

点评：于娟的经历在很长一段时间内掀起了民众的热议，也使人们清楚地认识道：身体健康才是王道！所以，善待自己就应该学会说“没什么”：缺少阳光的日子很忧郁，要学会说“没什么”；失去朋友的生活很寂寞，要学会说“没什么”。自己已经很累了，需要一种真诚的谅解，要学会对自己疲惫的心灵说句“没什么”。这么说着，并不是让自己放纵所有的过错，只是渴求自拔；也不是决意忘怀所有的遗憾，只是拒绝沉溺。毕竟，自己劝慰自己才管用。

（3）学会选择，做到“三乐”。在每个人的人生长河中，会面临很多选择，选择的结果往往会决定一生。因此，必须慎重、冷静地面对选择，决定自己人生的走向。正确的选择帮助人们走出困境，摆脱压力；错误的选择让人陷入沼泽，背负重压。例如，面对烦琐的班主任工作，如果选择认为“怎么这么多事，真烦”，就会烦躁；如果选择认为“这本来就是该我干的”，就会心情平静；如果选择认为“这是领导重视我”，就会很欣喜。同样一件事，不同的选择就有不同的结果。

曾有一只狐狸出来觅食，不小心被猎户装的钳子夹住了左脚。狐狸为了拯救自己的生命，毅然将自己被夹住的脚活生生地咬断了。故事听起来似乎很残酷，但狐狸虽然失去了一条腿，却保住了自己宝贵的生命。这则故事说明，要缓解某些压力，必须学会选择，懂得放弃。

“三乐”指的是“自得其乐，助人为乐，知足常乐”。自得其乐就是自寻开心，怡然自得。遇到不顺心的事情，要说服自己月有阴晴圆缺，人有悲欢离合。巴尔扎克讲过：“苦难是生活最好的老师。”要相信，风雨过后必有彩虹，黑夜过去就是黎明，祸福总是并肩而行的。所以一个人要保持快乐的心情。助人为乐既是一种美德，更是一种善行。帮助他人能净化灵魂、升华人格，所以助人是人生最大的快乐。知足常乐即俗语说的“比上不足比下有余”，知足不是满足，而是珍惜，只有知足，才会珍惜。

案例 8.7

一位青年画家的故事

一位青年画家，把一幅画挂在墙上，让人们找出其中的败笔。不长时间，每一个地方都让人找出了不足。回到家中，妻子见他非常沮丧，就劝他说：“你何不也让人们找找画中的精彩之处?”第二天，画家又来到集市，让人们找出画中的精彩之处。每个人都对自己满意的地方表明了态度，结果几乎这幅画的每一个地方都被称赞了，这让画家高兴不已。

点评：选择找败笔，带来的是沮丧；选择找精彩，带来的是高兴！如何选择，决定了自己的情绪。

---

(4) 学会感恩。人从呱呱坠地开始，便受恩受惠于自然和社会。常怀感恩之心，可以使人胸怀宽广，感恩是一种积极的生存动力，因此，学会感恩可以让人以良好的心境和积极的态度面对生活中的种种问题和困难。我们不仅要感谢有利于自己的人和事，还要学会感谢伤害自己的人，因为他们磨炼了自己的心志；感谢绊倒自己的人，因为他们强化了自己的双腿；感谢欺骗自己的人，因为他们增进了自己的智慧；感谢蔑视自己的人，因为他们醒觉了自己的自尊；感谢遗弃自己的人，因为他们培养了自己的自立。

(5) 构建和谐的人际关系。《进德录》里有一句话：“人好刚，吾以柔胜之；人用术，吾以诚感之；人使气，吾以理屈之；则天下无难处之人矣。”意思是别人强的话，我以柔战胜他；别人要计谋，我以诚对待他；别人不服气，我就以理服人；这样天下就没有很难相处的人了。这句古训非常精辟地阐释了如何与人相处。构建和谐的人际关系，可从以下方面入手：

1) 学会移情和换位。移情是精神分析的一个用语，主要指在心理咨询过程中，来访者对咨询师产生的一种强烈的情感。在这里可理解为对身边的人应有足够的同情心、包容心等情感。换位即换位思考，设身处地替别人着想，互相理解、包容，比如当学生不完成作业时，班主任可进行换位思考：学生不做作业可能是不懂，也可能是贪玩，不是故意跟自己过不去。要是因为没听懂，自己的教育也许存在问题；要是因为贪玩，爱玩是孩子的天性，要是他们也能像大人那样有自制力，就不是孩子了。况且学生也是挺苦、挺累的，他们承受的课业负担比我们那时重多了，他们的玩耍和童趣又实在太少，也是值得同情的。这样，班主任对学生也就不会只有责骂和训斥了，也就避免了因责骂和训斥学生而造成的师生关系失谐。

案例 8.8

投河的少妇

曾有一个美丽的少妇投河自尽，被正在河中划船的白胡子艄公救起。艄公问："你还年轻，为何寻短见？"少妇说："我结婚才两年，丈夫就遗弃了我，接着孩子又病死了。您说我活着还有什么乐趣？"艄公听了沉吟有顷，说："两年前，你是怎样过日子的？"少妇说："那时我自由自在，无忧无虑呀。""那时你有丈夫和孩子吗？""没有。""那么你不过是被命运之船送回到两年前去。现在你又自由自在，无忧无虑了。请上岸去吧。"

话音刚落，少妇如梦方醒，她揉了揉眼睛，想了想，便离岸走了。从此，她没有再寻短见。少妇回心转意，是因为她从另一个角度看自己，从而看到一线曙光。

点评：班主任应该跳出来看自己，换个角度看自己，这样才会认识到生活的苦、累或开心、舒坦取决于人的一种心境，取决于人对生活的态度，对事物感受。

2）别向不是对手的人和事发动进攻。中国人好比较，爱将别人的长处与自己的短处去比，这样，自然徒增了许多烦恼。所以我们要多一些包容和谦让，少一些攻击，这样，生活就会变得和谐。

3）懂得良药"可口"利于病，忠言"顺耳"利于行。俗话说，良药苦口利于病，忠言逆耳利于行。历史上，邹忌讽齐王纳谏，魏征向唐太宗进谏，都是忠言逆耳的例子。但在当今社会，为何不能将忠言变得"顺耳"，将良药变得"可口"呢？要让良药可口，忠言顺耳就要注意提意见的方式方法，把好事办好。

4）学会沟通，注意说话的度。现代社会非常注重沟通，人与人的交往靠的就是沟通，人际关系是否和谐与一个人的沟通能力有很大的关系。说话是一门艺术，言语不在流利而在得体，要掌握一定的度。在人际交往中要学会：急事，慢慢地说；大事，清楚地说；小事，幽默地说；没把握的事，谨慎地说；没发生的事，不要胡说；做不到的事，别乱说；伤害人的事，不能说；开心的事，看场合说；伤心的事，不能见人就说；别人的事，小心地说；自己的事，听听自己的心怎么说；现在的事，做了再说；未来的事，未来再说。

3. 学会缓解压力，构建和谐人生

完全没有压力的生活是一潭死水，在现实生活中不可能存在。只有学会缓解生活中的各种压力，才能轻松自如地构建和谐的生活。

（1）清楚工作方式和工作理念是否恰当和正确。美国阿肯色大学的一项研究表明，压力的有无和大小不取决于工作时间的长短，而取决于工作的方式。要缓解压力，应清楚自己的工作方式是否恰当，工作理念是否正确。在工作中，要始终保持积极主动的工作态度，努力完成好本职工作，同时，要始终保持劳逸结合的状态，既积极工作，又注意放松和休息，只有这样，才能保持良好的精神状态和饱满的精力。另外，还要学会“时间管理”，理顺时间管理与工作的优先顺序。根据工作的重要性来定优先顺序，以工作的紧急性作为次重要的考虑因素。尽可能做到：先做重要且紧急的工作，再做重要但不紧急的工作，少做紧急但不重要的工作，不做既不紧急也不重要的工作，杜绝浪费时间的工作。

（2）避免追求绝对完美。世界上没有绝对完美的工作，也很少有人把工作做得绝对完美。班主任要抱着有舞台就当个好演员，没有机会就开心地当一名快乐的观众这样的好心态。在工作中，要尽量做到集中精力做事，尽量做好自己力所能及的事，不求所有人满意，但求问心无愧。

（3）把班主任工作当作事业，而不仅当职业。《以自己的方法致富》的作者史奴利·布拉尼克博士，曾对 1 500 名男女做了持续 20 年的研究，这项研究从受试者 20 多岁开始，直到 40 多岁为止。这 1 500 个人中，有 83 位受试者成为百万富翁。研究发现，每个成为百万富翁的人，都很早就下定决心要专攻某件令他们痴迷的事——他们喜欢做的事。结果努力工作 15 年或 20 年后，他们猛然发现，自己的净资产超过了 100 万美元。他们这么忙于做自己所喜欢的事，忙于表现卓越，以至于没有发觉自己已经变得这么富有。在这类人当中，有百分之七八十不是企业家，也没有超人的技艺天才，而只是依靠他们在工作中的卓越表现和专长成为了百万富翁。每个人对工作都会有目的，把金钱置于第一位，可能一直处在贫穷之中；而把事业置于第一位，就会走上致富之路。所以，班主任把工作和自己的职业生涯联系起来，对自己未来的事业负责，则会容忍工作中的压力和单调，觉得自己所从事的是一份有价值、有意义的工作，并能从中得到使命感和成就感。

（4）行动比心动更重要。再多的想法不付诸行动，永远都只能是想法，而且，还会变成负累而影响前进的步伐。因此，行动永远都是实现美好想法的保证。班主任如果想把学生教育好、引导好，想使班级成为文明班、先进班，就要马上行动。否则，那些美好的想法将永远都是海市蜃楼和空中楼阁。

（5）在工作中不要传递负面情绪。有一项调查表明，90%的人天天发牢骚，如“为什么学生这么难教?”“你们怎么那么不听话?”等，其实，这是在传递负面情绪。发牢骚是由不愉快的心情所引起的，并又导致新的不愉快。因此，负面情绪是一种不良的、需要加以控制的情绪活动。班主任要做到每天走进教室面对学生的时候，把烦恼抛在门外，把微笑带进教室，带给学生。这样，班主任就能每天充满信心，满怀喜悦地面对学生，面对工作。

二、释放压力的基本技巧

合理调适，适时释放，是调节情绪、缓解压力的有效渠道。这里介绍几种释放压力的小技巧，班主任们可以在实际生活中试一试。

1. 饮食疗法

研究表明，食物可以在无意中给人某种满足感。尤其是淀粉类的食物，会给人带来愉悦的心理享受。美国心理学协会调查发现，一半的人称他们用狂吃垃圾食品的方式来缓解压力。但千万不要暴饮暴食，暴饮暴食或许会让人得到短时间的安慰，但这对解决造成自己痛苦的问题没有太大帮助。

2. 置换法

（1）情绪置换。为了减轻心理压力，可采取回避措施，将自己的兴趣或注意力转移到其他对象上去。学会把问题情绪暂时搁置，问题若一时解决不了，转移注意，不去纠缠，可避免情绪恶化、爆发。

（2）环境置换。压力大的时候可以出门走走，体验大自然的美。平时休息的时候不要窝在家里，要多去户外呼吸一些新鲜空气，有利于化解心中的郁闷。另外，也可以选择在寒暑假的时候出远门，去探探亲、散散心。为自己安排一次旅行，不为跋涉千里的向往，只为漫无目的的闲逛；不为人山人海的名胜，只为怡然自乐的街景。或走，或停，完全听由自己的心情。这些都是很好的环境置换方法。

3. 音乐疗法

科学家认为，音乐声波的频率和声压会引起心理上的反应。良性的音乐能提高大脑皮层的兴奋性，可以改善人们的情绪，激发人们的感情，振奋人们的精神。同时有助于消除心理、社会因素所造成的紧张、焦虑、忧郁、恐怖等不良心理状态，提高应激能力。

当处于压力状态时，先选择与自己当时情绪、精神活动同步的低沉、伤感、悲哀的音乐，使自己的情绪状态进入音乐，与音乐同化（音乐同质原理）。以下曲目可供参考：《第二乐章》（贝多芬曲）、《忧郁小夜曲》（柴可夫斯基曲）、《塞上曲》（古曲）、《汉宫秋月》（中国民间乐曲）、《江河水》（中国民间乐曲）、《病中吟》（刘天华曲）等。

然后，选择平静、松弛、安静的音乐，逐步扩大自己的感受与体验，随着音乐进行想象，唤起共鸣，让自己的思绪随着音乐遨游使情绪逐渐平静、放松（音乐联想效应）。以下曲目可供参考：《春江花月夜》（古曲）、《二泉映月》（华彦钧曲）、《良宵》（刘天华曲）、《三六》（江南丝竹）、《G弦上的咏叹调》（巴赫曲）、《第21钢琴协奏曲》的行板乐章（莫扎特曲）、《月光奏鸣曲》第一乐章（贝多芬曲）、《摇篮曲》（舒伯特曲）、《梦幻曲》（舒曼曲）等。

最后，选择活跃、欢快的音乐，使自己获得轻松愉快的体验和美的感受，不愉快的情绪也就随之得到宣泄（音乐疏泄效应）。有以下活跃、欢乐的乐曲可供挑选：《土耳其进行曲》（莫扎特曲）、《D大调小提琴协奏曲》第三乐章（贝多芬曲）、《春之声圆舞曲》（施特劳斯曲）、《意大利随想曲》（柴可夫斯基曲）、《多瑙河之波圆舞曲》（伊凡诺维奇曲）、《云雀》（罗马尼亚民间乐曲）、《步步高》（广东音乐）、《欢乐歌》（江南丝竹）、《行街》（江南丝竹）、《花好月圆》（黄贻钧曲）、《喜洋洋》（刘明沅曲）、《阳春白雪》（古曲）等。

4. 随遇而安法

所谓随遇而安是指能使自己较好地适应周围的生活环境，无论它发生多大的变化，也能入乡随俗，随方就圆。俗话常说的“只有享不了的福，没有受不了的罪”，说的就是这个道理。能随遇而安的人遇上别人级别高、条件好、待遇优厚时，能做到不眼热；遇上飞扬跋扈者，能进能退，会斗争也会保护自己；遇上喜争风吃醋、爱占便宜、好拔尖的人，能宽容、谦让；遇上看不惯的事能不生真气；对自己与家庭的生活现状比较满意。会随遇而安的人眼光远大、胸怀宽阔，把世间的一切变化看得很平常、很坦然。

郑板桥有四字名言：“难得糊涂”。学会随遇而安，学会知足常乐，不妨调整期望，淡泊一些。提高素质，努力一些。合理取舍，泰然一些。凡事都“随遇而安”一些，少一点儿无事生事，自寻烦恼。

5. 舍得法

韩国知名畅销书作家南仁淑说：只有勇于舍弃不适合自己的一切，主动掌握自己的命运，才能获得从容、幸福的人生。古人云“鱼与熊掌不可兼得”。我们要学会取舍，明白有舍才有得的朴实道理。鱼、熊掌不能兼得则舍鱼取熊掌或舍熊掌取鱼，而当鱼、熊掌皆无时，则要有“青菜豆腐足矣”这样的心态。人只有做到有所为与有所不为才能心理健康。

6. 宣泄法

压抑最伤害机体健康，所以应倡导合理的宣泄。我们不能把不快和郁闷总积压在心中，要适度宣泄。所谓“适度”，是指要选择积极而有建设性的方式，不伤害自己和他人，以适合自己为首选，以悦己怡人为上选，以经济方便为原则。及时宣泄负面情绪，尽快恢复心理和生理的平衡，避免精神崩溃。

宣泄的方式有很多，如音乐调节、读书阅报、泡热水澡、外出旅游，或者大喊大叫、大哭大笑都无不可。另外，还可寻求必要的帮助，如在日常接触的家人、同事、同学、朋友中，找能够分享苦乐、忧虑的人倾诉，亦可找专业人员进行心理咨询。

链接 8.5

4月7日是“国际枕头大战日”。这天，全球的“枕头大战”爱好者会相约走上街头，用这种独特的方式来庆祝他们的节日。“枕头大战”兴起于欧美国家，如今在全球众多大城市都很流行，已经成为都市白领们缓解紧张生活节奏和释放压力的一种有趣的发泄方式。我国的北京、上海等大城市也相继出现了大规模的“枕头大战”行动，有参与者坦言，“枕头大战”可以让他们忘掉学习、工作、生活中的一些压力。

7. 自嘲法

在日常生活中，几乎每个人都会遇到一些让人感到难堪的玩笑，如不知怎样调节情绪，沉着应付，就会陷入窘迫的境地。相反，如采取适当的“自嘲”

方法，不但能使自己在心理上得到安慰，而且还能使别人对自己有一个新的认识。

自嘲是一种生活态度，它可以使原本很沉重的东西刹那间变得轻松无比，好比让别人砸过来的重拳落在棉花上。

嘲弄他人是缺德，嘲弄自己是美德。一个会自嘲的人，往往是一个富有智慧和情趣的人，也是一个勇敢和坦诚的人，更是一个将自己上上下下、里里外外看得很明白的人。

例如，流行词“屌丝”，原本是个充满鄙视意味的贬义词，从网络一路“爆红”到了现实生活，很多年轻人主动接受了这一称谓，有人用它自嘲，有人借它减压，也有人从中获得了共鸣与温暖。作家兼赛车手韩寒说，我是纯正的上海郊区农村“屌丝”；人气乐团“五月天”说，走下舞台我们就是“屌丝”……

自负的人为了遮掩自己的弱点，于是心虚地吹嘘，但结果却让他人小看；而自嘲的人干脆将自己的弱点袒露无遗，这不仅让自己坦然，也让别人尊重。

自嘲是一剂减压和松弛心态的良药。

8. 精神胜利法

学学阿Q，给自己一个台阶，是我们在面对很多无奈时自我释怀的一个好方法。当面临不可抗拒的因素或无可挽回的局面时，学会以一种豁达、超然的态度去对待。

链接 8.6

狐狸与葡萄新编

第一只，吃不到，借助其他手段得到。

第二只，吃不到，它是酸的，可找易拉罐代替，心安理得。

第三只，吃不到，继续够，累死架下，死不瞑目。

第四只，吃不到，生气，发牢骚，骂栽葡萄的人。农民听见了，打死狐狸。

第五只，吃不到，难受、抑郁，得了癌症。

第六只，吃不到，觉着活着没意思，上吊自杀。

第七只，吃不到，生气变成精神病。

现实生活中，我们面对的压力很大，缓解压力的方法、技巧也可以有很多，关键是看我们以什么样的心态去对待压力。记得小时候就听狐狸与葡萄的故事，小时候不明白故事的寓意，但长大了就知道这是让我们明白自己不要跟自己较劲、遇到困难时要找理由让自己开心的一个有意思的寓言故事。而《狐狸与葡萄新编》的故事对当下面临种种压力的班主任来说，更有思考和借鉴的价值。

通过本章的学习，我们可以得出这样的结论：生活不能没有压力，压力人人都有，但压力不可怕，压力是可以管理的。

最后，让我们大家一起来分享一句话：把压力视为一种动力，了解它，接受它，享受它所带来的张力。

思考与练习

1. 班主任的压力表征有哪些？对照你自己，谈谈你自己在压力下会出现哪些表征。

2. 班主任压力的来源有哪些？结合你自己的实际，谈谈你的压力来自哪些方面。

3. 有人说“消极的压力可以把人压垮，积极的压力可以转化成前进的动力”，你如何理解？

4. 面对压力，我们可以从多方面来调适自己以提高抗压能力，你一般是从哪些方面来调适自己的？

5. 谈谈你感觉有压力时是怎样缓解、调适的，你认为最有效的方法是什么？

6. 当你忙到晚上7点回到家，听完家人的唠叨埋怨，刚端起饭碗要吃饭，电话铃声响了，是你班上的班长打来的，他告诉你，班里出事了，某位同学和社会上的人打架被打伤了，问你怎么办。这时，家人又数落起你来：“就你忙！吃顿饭都不得安宁！”当你赶到学校时，看到一身是血的同学，又着急又害怕，同学的父亲见面就大骂：“学校怎么回事？你这个班主任怎么当的？我要向媒体曝光你们学校和你这个班主任！”此时此刻，此情此景，你会怎样应对你的家人和学生家长？

第九章

学生素质拓展训练

第一节　拓展训练概述
第二节　拓展训练项目的实施
第三节　拓展训练项目的设计

拓展训练是现代人和现代组织目前普遍采用的一种全新的学习方法和训练方式，以开发人的潜能、培养积极进取的人生态度和与人合作的精神为宗旨，通过拓展训练可以达到“磨炼意志、陶冶情操、完善人格、锻炼团队、掌握沟通技巧、培养领袖才能、亲近自然”的目的。本章主要对拓展训练的形式、特点、功能、实施步骤以及如何设计拓展训练项目进行阐述。

第一节　拓展训练概述

一、拓展训练的由来和意义

1. 拓展训练的由来

拓展训练又称外展训练，英文为 Outward Development，中文译为“拓展”或“外展”，原意为一艘小船驶离平静的港湾，义无反顾地去迎接一次次挑战，去战胜一个个困难。这种训练起源于第二次世界大战期间的英国。当时大西洋商务船队屡遭德国人袭击，许多年轻海员葬身海底。人们从生还者身上发现，他们并不一定都是体能最好的人，但却都是求生意志最顽强的人。于是军官汉思等人创办了“阿伯德威海上学校”，训练年轻海员在海上的生存能力和船触礁后的生存技巧。通过强化的、富有刺激性和冒险精神的专门训练，锻炼年轻海员顽强的意志和强健的体魄。战争结束后，拓展训练的独特创意和训练方式逐渐被推广开来，训练对象由海员扩大到军人、学生、管理人员等各类群体。训练目标也由单纯体能、生存训练扩展到心理训练、人格训练、管理训练、团队精神训练等。

归结起来说，“外展”是一种航海术语，意指一艘船驶离熟悉的港口，现引申为人们离开熟悉的事物，勇于面对新的尝试，并随着挑战自己的能力而成长。

2. 拓展训练的意义

拓展训练并非是体育加娱乐，而是对传统教育的一次全面提炼和综合补充。一般指把受训人员带到大自然中，通过专门设计的具有挑战性的课程，利用多种典型场景和活动方式，让团队和个人经历一系列考验，使参与者在解决问题、应对挑战的过程中磨炼克服困难的毅力，培养健康的心理素质和积极进取的人生态度，增强团结合作的团队意识。拓展训练将生活工作中的同类事情提升为典型性、游戏化的活动，让受训者在这种精心营造的活动中，在趣味盎然的“玩”当中潜移默化，灵魂深处受到冲击和洗礼，并将获得的体验迁移到工作生活当中，使行为得到改变。拓展训练可以达到“磨炼意志、陶冶情操、完善人格、锻炼团队”的目的。通常，可以给个人和单位带来各种收获，包括：增强个人的自信心；增强小组的自信心；增强小组成员间的相互信任；增进团结；促进沟通和交流；提升人际交往技巧；锻炼身体的灵活性和协调性；培养乐于与人相处共事的态度。

拓展训练是一种面向问题的学习方法，这种方法有助于培养个人的决策意识、领导意识和对组内成员的强项弱项进行分析的意识。

意志和精神是无形的力量。如何开发出那些一直潜伏在学生身上的力量？怎样才能弄清自己与他人的沟通和信任到底能深入到什么程度？这就是拓展训练的真正意义。

在学校教育中，开展素质拓展训练主要是对学生进行心理拓展、人格拓展、团队精神拓展，其目的是培养学生坚强的心理品质、健全的人格、良好的团队精神和社会适应能力。具体来说是要让学生认识自身潜能，增强自信心，改善自身形象；克服心理惰性，磨炼战胜困难的毅力；启发想象力与创造力，提高解决问题的能力；认识群体的作用，增进对集体的参与意识与责任心；取长补短，相互促进，学会关心，改善人际关系，更为融洽地与群体合作；学习欣赏、关注和爱护大自然，提高对环境的适应与发展能力。

技工院校引入拓展训练对教育目标的达成、各类课程资源的拓展、新型师生观的重构和教师角色的认知等具有创新意义。

二、学生素质拓展训练的形式与特点

1. 学生素质拓展训练的形式

（1）以场地（场合）来分，可分为：

1）校园培训。利用校园内的各种场地进行低结构、较低风险程度的拓展训练项目，如“生命线”“信任天梯”等。

2）野外（户外）培训。运用大自然的山水、森林、草地等组织学生走出校园，亲近自然，运用个人及团队的智慧和力量去解决面临的挑战，寻找解决问题的方法，项目有高结构的“抓杠”“横梁”“巨人梯”及“定向越野”等。

3）社会培训。在经历上述两项培训的基础上，组织学生有计划地开展进入社会的培训，让学生接触、了解社会、经济、政治、文化情况，学会与各种不同类型的人交往。项目有：“城市猎人”（或“城市定向”训练）等。

（2）以受训对象来分，可分为：

1）新生培训。让一年级新生尽快了解本校的过去、现状、未来；了解本专业的特点、要求和发展前景；让学生尽快认识、了解、熟悉新的环境、新的同学，更好地融入学校、班级集体当中。

2）学生干部培训。组织学生会干部、班级干部、学生团干部培训，提高学生干部的组织能力、领导能力、执行能力、人际交往能力、创新能力等。

3）毕业前培训。让学生了解社会对本专业的要求，认识就业形势，端正就业态度，进行职业生涯规划等。

在日常教育中，班主任组织开展的学生素质拓展训练主要是以室内为主的校园拓展训练，它是为学生全面发展而设计的创造力拓展、意志力拓展、心理拓展、潜能拓展、团队精神拓展等训练活动。不同种类的拓展训练对于老师的素质要求是不同的。学生素质拓展往往在教室内、操场上进行，可以借助的工具器械是有限的，这就要求学校老师要通过必要的培训以便具备“顶级拓展训练”所要求的综合素质，既要会利用工具器械，又要有渊博的知识和发现问题的眼光，能有针对性地组织活动，让参与者在体验中得到领悟。

2. 学生素质拓展训练的特点

(1) 综合活动性。拓展训练的所有项目大多以体能活动为引导，引发出认知活动、情感活动、意志活动和交往活动，有明确的操作过程，要求学生全身心地投入。

(2) 挑战极限。拓展训练的项目都具有一定的难度，表现在心理考验上，需要学生向自己的能力极限挑战，跨越“极限”。

(3) 集体中的个性。拓展训练实行分组活动，强调团体合作。力图使每一名学生竭尽全力寻找解决问题的方法，同时从集体中吸取巨大的力量和信心，在集体中显示个性。

(4) 高峰体验。在克服困难，顺利完成课程要求以后，学生能够体会到发自内心的胜利感和自豪感，获得人生难得的高峰体验。

(5) 自我教育。教师只是在活动前把内容、目的、要求，以及必要的安全注意事项向学生讲清楚，并在综合点评中给予点拨。活动中一般不进行讲述，也不参与讨论，要充分尊重学生的主体地位和主观能动性。

三、拓展训练的安全管理

安全是拓展训练的基本要求。班主任在进行训练前要做好安全教育，检查训练器械使用的安全问题，宣读纪律及相关奖惩制度，做好应急处理措施。

1. 要进行拓展训练设备知识的培训。包括拓展训练装备的安全使用及操作方法、拓展培训的安全保护方法与应急处理措施、拓展培训事故典型案例分析等。

2. 安全问题的提示。要引导学生树立安全第一和科学运动的观念，要求学生遵守活动规则；严禁冒险蛮干，并强调非组织行为出现的安全事故责任自负。

3. 制定发生安全事故的应急方案和必要的条件准备。

4. 要求学生吃苦耐劳，遵守纪律，个人服从组织，一切从整体利益出发，团结协作，并爱护器材和保护环境。

四、国际流行训练模式介绍

目前，国际上最流行的训练模式之一是历奇为本辅导（Adventure Based Counseling，简称 ABC），它对学生素质拓展的训练有很大启发。历奇为本辅导，起源于美国一个名为“历奇计划”（Project Adventure）的机构。狭义而言，历奇为本辅导是指通过历奇基地、设施及一系列精心设计的程序，帮助参加者达到成长及辅导目标的一套特定手法。广义而言，则泛指任何含有历奇元素的辅导取向，或是蕴含转导元素的历奇活动及程序。这种训练模式在 20 世纪 90 年代从美国传入中国香港，21 世纪初传入中国内地。美国历奇计划的资深工作者卡尔·朗奇（Karl Rohnke）指出，经历一些新鲜的事情，就是历奇。在历奇活动中，参加者必须面对成功与挫败，更要处理即时的危机和真实的危险。历奇辅导的核心理念就是整合历奇活动独有的信息和辅导的过程，为参加者带来成长进步的机会。它汇合了历奇训练、体验学习法、野外环境和小组及个人辅导技巧，协助参加者提高自信心、自尊感、自我价值、人际沟通技巧、团队合作精神、解决问题的能力；协助个人突破障碍。历奇为本辅导是经验式、启发式、体验式、互动式学习、辅导的方法，它将参加培训的学员分为若干个（8～12 人）小组，在小组辅导员的带领下根据课程内容及授课老师的要求进行相关的项目训练、讨论、分享、归纳。

历奇经验是人生中必然及重要的经历，且随着成长阶段及际遇而变化，通过有计划的程序及适宜的引导而带来的正面历奇体会，必会帮助人们面对将来生命中重大的冲击及挑战！

图 9—1 为历奇为本辅导结构图，彩图 1 和彩图 2 为部分历奇为本辅导图片。

图 9—1　历奇为本辅导结构图

我们在对学生开展素质训练时，往往是把拓展（外展）训练、户外训练、历奇为本辅导、神经—语言程序训练糅合在一起交错进行。

链接 9.1

神经—语言程序描述了认识如何被信息处理过程中的模式所控制，以及在我们头脑或身体对语言或信息做出反应过程中的模式。而神经—语言程序的原则是有效交流的基础，是神经—语言程序的基本构成。它们是：表象不是现实；理解他人模式的途径是进行有效沟通；在他人的世界里认识他们；用反应衡量交流效果；个体中有两种层次交流——潜意识和意识；没有失败，只有结果；表现出来的行为通常是能得到的最好的行为；对抗是不灵活交流的结果；人的信息由行为表露；所有人类行为的意图都是积极的；人的价值不变，只评判行为的价值；身体对头脑的影响和头脑对身体的影响相互联系。这些原则也是我们在进行拓展训练过程中应信奉和执行的。

第二节　拓展训练项目的实施

一、拓展训练实施环节及过程

1. 拓展训练实施环节

（1）团队热身。在培训开始时，团队热身活动将有助于加深成员之间的相互了解，消除紧张，以便轻松愉悦地投入各项培训活动中去。

（2）个人项目。本着心理挑战最大、承受风险最小的原则设计，每项活动对受训者的心理承受力都是一次极大的考验。

（3）团队项目。团队项目以改善受训者的合作意识和受训集体的团队精神为目标，通过复杂而艰巨的活动项目，促进学员之间的相互信任、理解、默契和配合。

（4）回顾总结。帮助成员消化、整理、提升训练中的体验，使成员能将培训的收获迁移到工作中去，以实现整体培训目标。

2. 拓展训练实施过程

（1）体验。在过程的开端，参加者投入一项活动，并以观察、表达和行动的形式进行，这种初始的体验是整个过程的基础。

（2）分享。有了体验以后，接下来，参加者要与其他体验过或观察过相同活动的人分享他们的感受或观察结果。

（3）交流。分享个人的感受只是第一步，循环的关键部分则是把这些分享的东西结合起来，与其他参加者探讨、交流，共享训练的成果。

（4）整合。要从经历中总结出原则，或归纳提取精华，并用某种方式整合出来，以帮助参加者进一步定义和认清体验中得出的成果。

（5）应用。策划如何将这些体验应用在学习工作及生活中，而应用本身也成为一种体验，有了新的体验，循环又开始了，因此，参加者可以不断进步。

3. 团队热身方法

团队热身的阶段又称破冰的过程，它是利用一系列的训练项目（或称小游戏）将团队中由于来自四面八方、互相之间不甚熟悉、了解，或由于不知道训练内容、难易程度等问题而造成的紧张或自我封闭状况逐步打开。

通常情况下，这些训练项目（小游戏）设计都遵循个人——两人——多人参与的原则逐步展开。下面简要介绍几个项目：

（1）拍手掌。让参加的人员按训练导师“三、二、一”的号令，拍打一下手掌，直至掌声较为整齐为止。接着导师可不用口发指令，改用手部动作：当导师挥动的双手掌心相向时，学员整齐地拍打一下手掌，需要反复多次。

（2）大风吹。让参加的人员围坐成一个圆圈，导师说：“大风吹。”学员问：“吹走什么？”导师说：“吹走穿红衣服（或穿球鞋、戴眼镜……）的学员。”有关学员必须马上离开自己的椅子，到左右相邻的两个位子以外找一把空椅子坐下，导师和工作人员利用学员跑动时间小心地抽走若干张椅子，致使有三、四名学员无椅子坐，让他们向团队成员作自我介绍。反复数次。

（3）顶竹签。让学员两人为一组，每人手拿一枝小竹签，面对面共同以小拇指把竹签固定好，然后根据导师的指令做若干动作，如：按顺时针方向走两步；蹲下；按逆时针方向小跳三步；同组学员调整位置 90°；站立，在竹签不掉在地上的情况下，同组学员从面对面共同转为背靠背等。

（4）弹弹球（或竹蜻蜓）。每个学员手拿一个弹性很强的弹弹球，按导师要求做一系列动作：把球向上抛，接住；把球向上抛，右手拍打三下胸脯（或原地转 360°）后接球；2 人一组互抛小球，而后 4 人、8 人乃至 12 人、14 人等。

通过上述的小项目游戏，团队内的气氛将会改观，多数学员都会被吸引进来，并希望参加后面更值得期待的活动。

在此基础上，班主任可以将学员按人数及场地的情况，分为若干小组。通常有效的拓展训练，一个主导师和 2～3 个工作人员带领 40～50 人进行训练是最为合适的。

小组建立后，可通过下面的训练项目，使小组成员尽快认识、熟悉，并逐步强化小组。

（5）橡皮筋圈认识你。每个小组一根橡皮筋圈，小组学员双手握着，按训练导师的指令按顺（逆）时针方向传递，当导师喊“停”的时候，橡皮筋的“结”传到哪位学员双手之间，哪位学员就要向小组进行自我介绍——姓名、单位（专业）、职务、参加培训的期望等。

（6）一元五角（抢钱家族）。小组学员围成一个圆圈坐下，每个男学员的符号是五角钱，每个女学员的符号是一元钱。训练导师每说出一个金额数，每个小组要以最少人数的准确金额数回应。例如，导师喊："一元五角。"最少人数的准确数是一个男学员和一个女学员站立起来，组内学员鼓掌以表示本组已完成选择，重复数次金额不同的尝试。

（7）欢呼领袖。每小组选出一位代表作为领袖，指挥本组学员用2分钟时间将一个尼龙绳团的绳编织一个安全的网床。小组代表只能指挥组内成员操作，自己不能动手。网床编好后，小组成员请代表坐在（或躺在、趴在）网床上，大家同时用力把网床举至胸前或头顶，倒数十下然后小心放落地面，让小组代表安全离开网床。

此项目有中等风险程度，训练导师必须反复强调安全要求：

1）学员编制网床时，只能用双手握紧尼龙绳，不能将尼龙绳缠绕手指或手腕。

2）各小组网床编好之后，需由导师或工作人员作检查，并必须按导师要求提起网床。

3）在提起网床之后，不可以欢呼胜利甚至拍手掌。

4）网床贴近地面，让上面的小组代表双脚着地后，小组成员方可以松开绳子。

二、团队合作类拓展训练项目操作

团队发展过程一般分为形成期（了解和适应过程）、激荡期（冲突和动荡过程）、规范期（创造和开放过程）、运作期（成熟和丰收过程）。

成为高绩效团队的必要条件是：团队成员要共同努力克服潜在影响成功的障碍；要培养和维持共同远景和对目标的认同感；要寻找革新的做事方法；要公开讨论遇到的问题并达成解决的共识；要明白和分享自己的专长和技能；无论是在顺利还是困难时期，均要互相信任、相互尊重；团队氛围要灵活、舒适、公正、愉快、开放，并有大量的沟通。

班主任可从四个方面进行操作：

一是要创设高难度的任务让学生的体力和脑力充分接受挑战；二是要使任务具有一定的神秘感而且能环环相扣，让学生充满兴趣；三是要创设竞争机制，使学生一刻不能怠慢，追求卓越；四是要让学生不断获得成功或失败的体验。

案例 9.1

运送核废料

活动方式：10～13 人为一个小组

所需时间：45 分钟

活动目标：了解掌握高绩效团队的含义及团队建设的原则；通过经历游戏的体会，了解及掌握影响团队产生高绩效的因素及发展的各个阶段；学会团队管理理念并将活动的经验带到日后的学习、工作、生活中；克服心理压力，建立挑战困难的信心与勇气，培养学员勇于进取、勇于创新的素质和无论后退是多么舒适，也决不后退的一往无前精神；学习换位思考。

操作程序：

(1) 分组。可按人数随机均匀分配，如按顺序叫 123，叫 1 的分为一组，叫 2 的分为一组，如此类推。注意男女平均搭配。

(2) 团队热身。各组同时进行"团队热身"活动，在约 15 分钟内各组竞选出队长，确定队名和队呼（即团队口号），然后各组分别展示自己的团队阵容，鼓舞士气。

(3) 班主任讲解游戏规则。现某城市发生核废料泄漏，各小组作为抢险队去运送核废料到安全地带。其间要求组员将一个摆在大约 4 平方米范围中央的"核废料"（1 杯水），运送并倒入指定的"核收容罐"（塑料桶）里，现场提供 10 条 60 厘米长的细棉绳子及 4 条橡皮筋为可利用的工具。其中负责操作的 4 名学员必须戴上眼罩才可以进行操作，任何人在运送过程中都不许进入 4 平方米范围的"核污染区"内。同时操作者双手不可接触到"核废料"，其他成员只可在场外用语言提示，不可与操作者有身体接触。遵守上述规则且以最快速度安全运出"核废料"，并倒入塑料桶的团队为完成任务。

(4) 体验阶段。比赛时间为 10 分钟。教师宣布比赛开始，观察各组的活动情况，记录下来，以便综合点评。

(5) 分享阶段。比赛结束后，各组队员先分组将活动中的体验分享。

(6) 交流阶段。要点讨论，集中各组的体验。各组选出代表发言，分析各组获胜或失败的主客观原因。

(7) 整合阶段。各组集中交流，找出最佳解决方案。

(8) 运用阶段。通过此活动，可训练小组成员之间的合作和解决问题的能力，加强小组成员的自我反省能力，提升团队的沟通协调能力，让组员明白“世上没有完美的个人，但却有完美的团队”。通过体验，得到启发，更好地面对学习和生活。

材料准备：

(1) 8～10 根长 60 厘米的细棉绳。

(2) 4 个眼罩。

(3) 一次性纸杯（“核废料”容器）。

(4) 小塑料桶（“核废料”收集装置）。

案例 9.2

孤岛求助

活动方式：10～12 人为一个小组

所需时间：30 分钟

活动目标：加强领导管理的角色意识，合理分工；分清主要目标和次要目标；学会主动沟通，双向沟通；突破思维定式，充分利用规则；确立整体观念，打破部门利益的樊篱；增强自我控制与决断能力以适应不断变化的外部环境，学会用平常心对待新的、严峻的挑战。

操作程序：

(1) 分组。可按人数随机均匀分配，如按顺序叫 123，叫 1 的分为一组，叫 2 的分为一组，以此类推。注意男女平均搭配。

(2) 团队热身。各组同时进行“团队热身”活动，在约 15 分钟内各组竞选出队长，确定队名和队呼（即团队口号），然后各组分别展示自己的团队阵容，鼓舞士气。

(3) 班主任讲解游戏规则。在一个可容纳 50 人的大教室内在 3 个角落用粉笔画 3 个圆圈，3 组人分别站在 3 个圈内，分别代表哑人岛、盲人岛和珍珠岛 3 个岛。队员被分散在盲人岛、哑人岛和珍珠岛上，需要珍珠岛和哑人岛共同配合将盲人岛和哑人岛上的队员转移到珍珠岛。岛与岛之间有急流相隔，水流从珍珠岛流向哑人岛及盲人岛，脚离岛者落入急流即被冲到盲人岛。

第一组代表盲人岛成员（能说话，看不见）；第二组代表哑人岛成员（不能说话，但看得见）；第三组代表正常人，在珍珠岛。

1）珍珠岛任务

①甲、乙、丙、丁4人聚在一起，议论各自身体的高矮。

甲说："我肯定最高。"

乙说："我绝不至于最矮。"

丙说："我虽然比不上甲高，但也不会最矮。"

丁说："那只有我是最矮的了！"

4个人中仅1人说错。问四人的实际高矮如何？谁说了错话？

②利用所给工具，让鸡蛋从1.5米高处掉下来而不碎。

③用加减乘除四则混合运算，使用5、5、5和1得出答案为24。

④完成救援：把哑人岛及盲人岛的人营救到珍珠岛。

2）哑人岛任务

①帮助盲人岛人完成任务。

②将本岛人转移到珍珠岛。

3）盲人岛任务

①把1个乒乓球投到桶中。

②本岛人转移到珍珠岛。

（4）体验阶段。班主任宣布训练开始，观察各组的活动情况，并记录下来，以便综合点评。

（5）分享阶段。比赛结束后，各组队员先分组将活动中的体验分享。

（6）交流阶段。集中各组的体验。各组选出代表发言，分析各组获胜或失败的主客观原因。

珍珠岛代表的是高层领导，拥有最高权力，他们是战略决策的制定者，应抓关系到事业发展的大事，所以应加强对信息的收集和研究，及时作出决策。

哑人岛代表中层领导，要反映基层的实际情况，贯彻和传达高层领导决策。但是，由于各方面原因，不可能把全部信息反馈给高层领导，使决策层即使有良好的意愿也难以及时做出正确的决策。

盲人岛代表一般员工，是最基础的信息接收者，又是单位工作任务的执行和完成者，所以注意收集和反映情况非常重要。

(7) 整合阶段。各组集中交流，找出最佳解决方案。

(8) 运用阶段。让组员明白“世上没有完美的个人，但却有完美的团队”。通过体验，得到启发，更好地面对学习和生活。

材料准备：

(1) 1双筷子、两个气球、1张报纸、1小捆小棉绳、橡皮圈3～4个、生鸡蛋1只（珍珠岛用）。

(2) 1个乒乓球、1只塑料桶（盲人岛用）。

(3) 浮板两块，用于连接珍珠岛、盲人岛、哑人岛（哑人岛用）。

活动情况实例：由于珍珠岛的人忙于争辩谁最高、完成鸡蛋落地不破的任务和解答数学题，却忽略了救援队友的主要任务。在游戏开始近20分钟，哑人岛上的人仍在干着急地跺脚、拍手，力图与盲人岛的人取得联系，但发现很难把盲人岛的人集中起来。后来，珍珠岛上的人终于看到了这些哑人和盲人沟通的困难，才帮哑人说话、帮盲人看东西。最后才圆满完成把哑人岛和盲人岛的人营救到珍珠岛的任务。

在最后总结中，发现有许多值得学生反思的地方。盲人看不见，急得不停地喊叫，希望得到别人的帮助；哑人不能说话，急得通过跺脚、拍手来引起别人的注意；而正常人既能说话，也看得见，却好像“对他人的困难不容易看见，对他人的需求不容易听到”。说明人一旦缺少什么，反而非常珍惜他目前所拥有的一切；人如果什么都拥有，反而容易忘却自己的优势，不自觉地忽视他人的需求。

对珍珠岛甲、乙、丙、丁4人对话的答案提示：如果采用直接推理，则必须分析甲、乙、丙、丁4人说错话的可能。例如，甲说错话，甲就不是最高，只能是第二、第三或最矮；与此同时，乙所说的则应为事实，即乙可能是最高、第二或第三……这种推理过程，无疑能够继续下去，但到达成功的彼岸，航程还相当漫长。如果采用反向推理，丁不可能说错，否则便没有人会是最矮；既然丁说的是对的，乙也就同时是对的了；甲不可能说对，因为若甲说对，则丙同时也该对。但4人都对与实测结果违背。于是，最高者非乙莫属。由于甲说的是错话，丙所说的便是事实，他自认高不如甲，从而问题答案水落石出。乙最高，甲第二，丙第三，丁最矮。

三、开展素质拓展训练的安全要求

吴汉明、郑瑞隆、卢仲文著的《历奇活动安全手册理论与实践》一书为我们指明了带领活动的安全技巧：安全可分为身体和心理两方面。在安全技巧上，可从带领活动的四个步骤分析：

1. 准备

准备时要注意：

(1) 活动资源的准备。适合的场地、天气变化的影响、相关的用具及器材。

(2) 认识学员的身体状况。每周运动量、运动性质、病历及服食处方药。

2. 讲解

介绍活动的要求、规则、赏罚、时限及安全守则。

3. 过程

指活动过程中的管理介入，保证学员在一个有趣、富有挑战性，又确保学员在活动中得到充分的启发，从而刺激学习。

(1) 确保学员的安全。在活动进行前，导师告诉学员活动的潜在危险及教授相关的保护方法。在活动过程中，导师应选择一处接近但不能妨碍学员进行活动的位置观察及保护。在有需要的情况下，“出口”提醒学员潜在的危险，以及必要时“出手”保护处于危险的学员。

(2) 场面控制。确保学员在“学习区”里进行活动和学习，学员可能过分投入活动而引致混乱，以致损坏及破坏了学习的机会。

4. 解说

侧重学员的心理安全，如处理学员面对“挑战”失败的不愉快经验。

四、小组辅导员在训练过程中的角色

小组辅导员在小组辅导过程中，始终起着活动组织与带领的作用。在带领小组的过程中，小组辅导员往往扮演多重角色。

1. 引导者

在整个活动过程中，小组辅导员就如一位领航员，配合主讲老师掌控着整个小组的发展方向，包括活动前的热身，活动中的启发、激励和引领，特别是活动结束后的分享与总结等。

2. 协调者

当小组成员在沟通上产生较大的分歧，以致影响活动的进行时，或者在活动过程中出现违反活动规则的现象的时候，小组辅导员要扮演协调者的角色。小组辅导员需协调这些分歧或停止活动，重申活动规则。这样有利于小组向主讲老师设定的方向发展。

3. 安全员

在某些危险指数较高的活动中，辅导员必须为参加者做好安全示范，以确保活动安全、顺利进行。

4. 观摩者

辅导员在带小组过程中，必须细心观察每个小组成员在活动的前、中、后期的反应，留意他们的每一个细节，作为总结分享时的材料。对于比较游离的成员，应该多鼓励他们参与，面对比较“强势”的人，应当适当制止他，以便让每个成员有尽可能同等的参与机会。

第三节　拓展训练项目的设计

班主任需要具备基本的拓展训练项目开发能力和设计能力，树立以人为本的理念，科学地把握、设计和安排活动，正确地组织和独立进行拓展训练的教育活动。下面阐述一下拓展训练项目设计的基本步骤和基本方法。

一、拓展训练项目设计的基本步骤

1. 搜集学生信息

对学生日常学习和生活情况进行信息搜集和系统的资料汇总，建立信息档案，为项目设计做好基础性工作。这是项目设计的首要环节。

2. 培训需求预测

根据信息搜集档案，对学生的学习和生活等方面进行系统分析，以明确通过什么拓展训练项目达到教育和提高的目的。它既是确立培训目标、设计培训项目的前提，也是进行培训评估的基础。

3. 拓展训练项目设计

根据“以学定教、度身定做”原则设计课程与程序，要体现针对性、可行性和实用性。操作过程要注重多维互动、情景交融，要富有吸引力和促进力。

案例 9.3

谁是好枪手

目的：沟通技术、创新能力。

时间：可视具体安排而定，但是最短不低于 10 分钟。

游戏目的：让学员练习“愉快地犯错误”，激发创造性。

操作程序：

(1) 分组。老师根据人数将学员分成若干小组，每组围成圆形坐下。

(2) 分组热身。通过一些有意思的游戏，帮助大家重新认识，更快进入团队角色。如选队长、起队名、编队歌、画队徽、做队训、依次介绍等。

(3) 班主任讲解活动规则。小组中年龄最小的学员成为第一个开始游戏的人。第一个人 A 大声喊出“零”，并且用手指向圆圈中的另一个学员。被指到的人——B 立即做出反应，喊出“零”，并且指向其他人 C (可以再指第一个叫出“零”的人 A)。被指到的人 C 立即做出反应，喊出“七”，并且指向其他人 D (可以再指第一个叫出“零”的人 A 或者第二个叫出“零”的人 B)。被指到的人 D 立即做出反应，对着其他人 E 做出打枪的手势，喊出：“啪!”被“打”的人 E 立即举起双手，E 旁边的两个学员 F、G 各举起一只手。

(4) 活动组织。活动当中，只要有一个人有点儿犹豫，或者做错了手势，他就必须离开自己的位置，到一个固定的地方。游戏重新开始，直到每组少于 4 人的时候，活动结束。老师引导学员展开讨论。

注意事项：活动进行之中，总会不断地有人“犯错误”，不得不坐到固定的地方。犯错误的人不必做出惨相，而是在大家的掌声中，走出自己的位子。老师要把握好现场气氛。

组织讨论：

• 这个活动给你什么启示？(可能答案/引导方向：犯小错误不怕，但要正视、改正；以超常的反应能力来进行“交流”；可以提高反应能力，以利在平时的发展中得到运用。)

• 看他人犯错误是什么感觉？(可能答案：会嘲笑他。)

• 在这个活动中，要成为一名好“枪手”，我们应该怎么做？（可能答案：要反应迅速，善于表演。）

• 怎样才能成为一名好的“被击中者”？（可能答案：要配合默契，表演逼真，反应敏捷。）

• 在现实生活中，你会经常犯什么样的小错误？为什么当我们失败时，即使是在一个很无聊的小活动中，对我们的现实生活并没有什么影响，我们往往也是不能容忍地埋怨？

• 你懂得犯错误的艺术吗？犯错误需要具备什么限度？

活动技巧：本游戏较理想的人数是7～12人。如果学员太多，可将他们分成小组。向全部学员演示一遍之后，分小组做活动。每个小组指定1名组织者，让他们自己开展活动，而老师要四处转转，监督每个小组的进展情况。大多数小组是可以自己进行的。可是个别的也许会因控制不好速度而觉得乏味。这个时候，老师应该加入到这个小组中，和他们一起进行活动，让他们体会到活动的乐趣。

二、拓展训练项目归类

根据拓展训练的目的以及技校的特点和条件，下列分类列举一些常见的拓展训练项目，简述项目内容及目标，为班主任提供参考和启发，帮助班主任设计拓展训练项目，并引导学生体会其中有价值、铭记深刻的哲理，从而对学习和生活产生新的感悟。班主任可结合专业要求，设计与专业、工种相关的拓展训练项目。

1.“磨炼意志”项目

（1）罐头鞋

项目简介：全组队员站在两块架于3个圆筒上的木板上。高度可视情况而定。在规定的时间内，在人和木板不落地的情况下，两块木板上的人同时迈步使圆筒向前挪动一段距离。若人和木板落地则记零分。如各组都成功，则以挪动距离长者为胜。

项目目标：培养团结一致、密切合作、克服困难的团队精神；培养周密计划、组织协调和队员之间良好沟通能力；培养创造意识和能力；克服恐惧心理，提高自控能力，培养勇敢精神；学会换位思考，站在不同的角度看问题，体验团队激励对个人的作用；培养面对机遇和风险的考验，勇于尝试未知事物的能力，提高挑战自我、战胜自我、重新认识自我的能力。

（2）跳出真我

项目简介：参与者腰间拴着能承重 1 吨的安全保护绳，站在 3 米高的跳台上，在前方一臂以外的空中，悬着一根单杠。参与者要从跳台上凌空跃起，抓住单杠。

设施要求：空中跳台、空中单杠、保护绳、全身安全带、垫子（或沙池）等。

项目目标：建立临危不惧的自信心，挖掘自身的潜力，挑战自我，培养心理调节能力，增加自我控制能力和自我管理能力；培养坚韧不拔的精神，体会“会当凌绝顶，一览众山小”的感觉；培养对平衡能力的掌握及遇事的平稳心和忍耐力、意志力，体会体能极限的挑战及心理极限的挑战，感悟浓缩的人生各个阶段。

2. “陶冶情操”项目

（1）信任背摔（见彩图 3）

项目简介：每一位学员依次从一座高 1.4 米的背摔台上背对大家直身向后倒下，其他学员在背摔台下平伸双臂，前后弓步紧密排列做保护、接住。并将其安全地送到地面上。这是较高风险程度的训练项目，必须由有经验的拓展训练导师带领方可进行。训练中还必须不时地向所有学生反复强调安全要求，如遇有学员有心理顾虑时不宜强行要求尝试。

项目目标：体验及时沟通的必要性——沟通是团队建设的基础，是任务顺利完成的一个保证；学习建立相互信任与负责任的团队气氛，感悟相互信任与负责任是团队合作的基础；通过身体接触，打破学员之间的陌生与隔阂，攻破心理障碍，体会团队同伴对自己的支持；体验环境变化后，在恐惧与挑战面前，团队激励对个人的作用，坚定信念，激发潜能；体验诚信与承诺对于个人成长、组织发展的重要性；培养换位思考意识，体会信任与被信任的无穷力量。

（2）盲人方阵（见彩图 4）

项目简介：所有人在戴好眼罩的情况下（盲人状态下），在规定的时间内，利用老师给大家的一些绳子围成一个面积最大的正方形，所有人相对均匀地分布在正方形的 4 条边上。选 1 名领导者指挥（这是训练过程中希望达到的目的之一），20 个人要把一根绳子围成一个正方形。

项目目标：

• 体验倾听他人，有效沟通与提高工作绩效的关系（良好的沟通与合作机制——团队成功的保障），使学生强烈意识到，充分沟通对团队目标实现的重要意义。

• 树立全局观，体验领导者在活动中的决策作用，体验一位成功的团队领袖应该具备的基本能力，塑造团队领袖形象。

• 培养 PLAN-DO-CHECK-ACTION（计划—实施—检查—再实施）的良好工作程序与方法（团队执行力）。

• 体验资源的合理利用，强调细节。

• 合理分配人力资源，纪律与协作。

材料准备：每人 1 个眼罩，1 条长棉绳。

（3）齐眉棍

项目简介：10 人为一组，每人用食指共同托起一根细长直木棍或长铝管，要求每个人的食指不能离开木棍，在规定的时间内抬高和降落。团队中有一人违规，则全队零分。

项目目标：

• 体会队员间的抱怨对于团队的危害性，找出正确的办法来处理工作中出现的问题。在一个团队中如果遇到困难或出现了问题，很多人马上会找到别人的不足，却很少发现自己的问题。这个项目将告诉大家“照顾好自己就是对团队最大的贡献”。

• 培养大家对工作的责任感。提高队员在工作中相互配合、相互协作的能力。统一的指挥对于团队成功起着至关重要的作用，使大家认识到要想做到统一的指挥需要所有队员共同努力。

• 学习用全局观念思考问题。包括资源的合理分配、个人与团队利益的冲突及解决、合理的组织、计划与决定方案的有效执行。

• 培养协作意识，共同努力达成目标。

• 学会相互鼓励与支持，享受团队成功后的快乐。

3. “完善人格”项目

（1）友情传递

项目简介：该项目形式灵活多样，可以用击掌、传绣球等。

项目目标：通过肢体上的密切接触快速增进人与人之间的关系，突破一些限制性观念，体会融入团队的快乐及在团队中的归属感，体会团队同伴对自己的支持。

（2）电网（见彩图5）

项目简介：小组全体成员，在规定时间内，穿越面前的一张大网，可用粗绳编结成约18个网眼的大网，活动中，全体队员身体的任何部位及衣服不得触网，每个网眼只能被使用一次。

安全要求：学员在通过电网的网眼时，头部必须始终向着人数较多的方向；如果要通过较高的网眼时，两边的学员必须注意做好转接及保护，直至学员身体全部通过网眼后将其安全地放下地双脚站稳为止。这是有中等风险程度的项目，必须注意安全。

项目目标：打破人与人之间的隔膜，增进学生之间的情感交流，共同分享战胜困难的喜悦，增强团队的凝聚力；认识每个人在团队中扮演的角色及其作用，培养个人在团队中对自我定位的意识；学习如何更好地进行人力资源的配置，人员的分工协作，配合与协调；学习个人如何在团队中找好自己的位置，发挥自己的优势，体会“团队中没有没用的人，只有被放错位置的人”；体会计划和精心操作的重要性，强调细节的重要性，体验项目前期资源确认与合理配置的重要性；体会群体决策的方法及意义，认真的态度与积极心态的重要性。

（3）牵手

项目简介：所有队员先分成盲人和哑人两大组，盲人组的队员用眼罩蒙住眼睛看不见，哑人组不能说话。之后盲人和哑人组队员两两结组去穿越一系列的障碍，障碍可以是校园的台阶、拐弯处、可跨越的栏杆等。哑人看得见但不能说话，盲人靠哑人暗示，只有配合默契才能最终到达终点。不管每组是否成功，最后由盲人找出自己的伙伴。根据是否走到终点和找对伙伴来评分。

项目目标：体验友爱的满足、协作的必要；感谢与帮助，增强团队内部的融洽；沟通的方式，理解与误解；坚持与相互支持，相互信任；换位思考意识。

4. “锻炼团队”项目

（1）翻叶子

项目简介：翻叶子的创意来自于诺亚方舟的典故：世界末日来临了，蚂蚁之家抓住了飘浮在水面上的能拯救它们的最后一片叶子，它们聚集在上面，但叶子表面沾满了毒液，它们必须在保证自己不掉到水里的情况下把叶子翻过来。

活动时，10人为一组，开始时10名队员站在1张1.5平方米的塑料布上，老师宣布规则：所有学员现在是一群雨后受困的蚂蚁，在水面好不容易找到一片叶子站上去，却又发现叶面充满了毒液，除非大家可以将叶子翻面，否则又将遭受另一次生命的威胁。在叶子成功翻面以前，每隔两分钟，就有1人中毒失明而被蒙上眼，中毒者由团队自行决定。所有人身体的各部位均不可碰触到叶子以外的部分，否则重来。

项目目标：通过肢体接触，打破人际藩篱、活跃团队气氛；从具有挑战性的活动设计中，学习问题决策与团队互动。

分享重点：你觉得任务完成的关键是什么？决策是如何形成？活动中的关键人物是谁？扮演什么角色？平时生活中团队是否有这样的角色存在？有什么异同？如活动中，当人之间失去了适当的距离，对人际关系有帮助或影响吗？

在参与团队决策过程中，你所处的位置与参与程度有什么联系？和现实生活中的你状况相似吗？例如，在有限的视野及活动范围中，人际沟通有没有哪些改变或影响？忽略了什么？或是会特别注意某些情况？举例来说，团队如何决定出中毒者？依什么判断？被选中者的心情？如何配合团队运作？如活动中，当某些人出现问题时，团队是否能适时地照顾到他们的感受或曾提供过哪些帮助？

（2）造塔

项目简介：5人一组为最佳。发给每个小组材料：每组吸管30支，胶带1卷，剪刀1把，订书机1个；并说明每组要在25分钟之内用这些材料建一座自己认为最漂亮的塔。这座塔的塔高至少50厘米，外形要求美观，结构合理，创意第一。要求小组成员不能说话。

每组把塔摆在大家面前，进行评比。胜者会得到一些小礼品。

项目目标：

• 培养合作技能。任务看似简单，实则技巧性极强，需要充分沟通，相互协作，看似相互矛盾，实则相互统一，体验在语言沟通有障碍的情况下，如何进行沟通交流，达成共识。

• 体验在非正常（陌生）环境下，如何调整心态，积极参与到学习中去，使学生深刻领会双赢的真谛和双赢的重要作用。使学生在合作中能本着双赢的理念，达到双赢的理想局面。

• 体验成功学习经历的整个过程和必备的条件。

• 体验团队完成任务过程中，意外情况的处理，人力资源的合理分配、运用，创造性思维的发挥，激进的想法不一定是坏想法；体会团队合作的重要意义。

三、学生素质拓展训练的发展趋势

现代企业需要的人才不但要具备必要的专业知识和专业技能，更重要的是要具有与人合作、沟通、交流的能力，还要具有创新意识和解决问题的能力。

人在职业生涯中依靠的是两种能力，一是专业能力，二是核心能力。核心能力是指信息和数据的收集处理、沟通交流、创新思维、合作协调、解决问题及终身学习等能力，是任何行业都需要的能力。这几项核心能力是从所有职业活动的能力中抽象出来的具有普遍适应性和可迁移性的能力，适用于所有工作人员及学生。

开发技校生的核心能力，加强技校生核心能力的培养，提高技校生的综合素质，对提升技校生就业竞争能力，促进国家、社会、经济和文化的发展具有深远的现实意义。因此，技校生拓展训练的方向应以 7 项核心能力训练为目的。

表 9—1 是职业核心能力拓展活动要素对应表。

表 9—1　　职业核心能力拓展活动要素对应表

核心能力	基本定义	主要特征	拓展活动要素
自我学习能力	能根据工作岗位和个人发展的需要，确定学习目标和计划，灵活运用各种有效的学习方法，并善于调整学习目标和计划，不断提高自我综合素质的能力	以终身学习为主要特点，以学会学习为最终目标。以职业工作环境和团队组织为条件，适用于所有工作岗位及人员	A. 确定短期内要实现的目标及实现目标的计划 B. 实施学习计划，使用不同方法学习 C. 检查学习进度和成果
与人交流能力	在与人交往的活动中，通过交谈讨论、讲演、阅读并获取信息、书面表达等方式来表达观点、获取和分享信息资源的能力	以汉语为媒体，在听说读写技能的基础上，通过对语言文字的运用，以促进与人合作和完成工作任务为目的	A. 交谈讨论 B. 当众发言（演讲） C. 阅读 D. 书面表达

续表

核心能力	基本定义	主要特征	拓展活动要素
创新能力	在工作活动中，为改变事物现状，以创新思维的技法为主要手段，能提出改进或革新的方案，勇于实践并能调整和评估创新方案，以推动事物不断发展的能力	有积极创新的精神和专门的创新技法，创新能力的运用无极限，以推动事物不断发展为宗旨	A. 提出创新性的改进意见和具体改进方案 B. 做出创新工作方案 C. 对创新方案进行评估与调整
解决问题能力	能抓住问题的关键，利用有效资源，提出解决问题的意见或方案，付诸实施，并进行调整和改进，使问题得到解决的能力	对解决问题的技术和方法无特别限定，以最终解决实际问题为目的	A. 提出解决一个问题的基本思路或对策 B. 做出解决问题的计划 C. 检查问题是否得到解决并描述其结果，提出进一步改进的意见
与人合作能力	根据工作活动的需要，协商合作目标，相互配合工作并调整合作方式，不断改善合作关系的能力	在一对一或团队的工作环境中，在个人与他人、个人与群体的条件下，以职业工作条件和环境为背景，通过与人交流的方式，并结合其他解决问题的能力、信息处理或数字应用等技能手段，以完成工作任务和解决问题为目的，适用于所有工作岗位和人员	A. 接受上级指令并准确执行 B. 检查并改进工作方式，促进合作目标实现
信息处理能力	根据活动需要，运用各种方式和技术，收集、开发和展示信息资源的能力	以文字、数据和音像等多种媒体为基础，并应用计算机、网络通信等技术手段，进行信息资源处理，以适应工作任务需要和解决实际问题为目的	A. 搜寻获取信息 B. 判断选择保存信息 C. 用口头、书面形式传递信息，使用信息整理的成果

续表

核心能力	基本定义	主要特征	拓展活动要素
数字应用能力	根据实际工作任务的需要，通过对数字的采集与解读、计算及分析，并在计算结果的基础上作出一定评价与结论的能力	以数字信息为媒介，通过对数字的把握和数字运算的方式，说明和解决实际工作中的问题	A. 采集并解读来自不同渠道的数据信息（含图表） B. 计算、处理统计数据 C. 展示和使用计算结果（含表格或图表）

思考与练习

1. 结合实际谈谈拓展训练对班主任工作的开展有何意义。
2. 学生拓展训练的基本形式有哪些？学生拓展训练的特点是什么？
3. 学生拓展训练的实施步骤和方法如何？
4. 试结合学生中出现的问题，开发和设计一个拓展训练的项目。
5. 请结合工作实际，设计一个班级的学期素质拓展训练方案。

附录 1

中华人民共和国未成年人保护法

（1991 年 9 月 4 日第七届全国人民代表大会常务委员会第 21 次会议通过，
2006 年 12 月 29 日第十届全国人民代表大会常务委员会第 25 次会议修订，
2006 年 12 月 29 日中华人民共和国主席令第 60 号公布，自 2007 年 6 月
1 日起施行，2012 年 10 月 26 日第十一届全国人大常委会第 29 次会议通过、
2012 年 10 月 26 日中华人民共和国主席令第 65 号第 2 次修正，
自 2013 年 1 月 1 日起施行）

第一章　总　　则

第一条　为了保护未成年人的身心健康，保障未成年人的合法权益，促进未成年人在品德、智力、体质等方面全面发展，培养有理想、有道德、有文化、有纪律的社会主义建设者和接班人，根据宪法，制定本法。

第二条　本法所称未成年人是指未满十八周岁的公民。

第三条　未成年人享有生存权、发展权、受保护权、参与权等权利，国家根据未成年人身心发展特点给予特殊、优先保护，保障未成年人的合法权益不受侵犯。

未成年人享有受教育权，国家、社会、学校和家庭尊重和保障未成年人的受教育权。

未成年人不分性别、民族、种族、家庭财产状况、宗教信仰等，依法平等地享有权利。

第四条　国家、社会、学校和家庭对未成年人进行理想教育、道德教育、文化教育、纪律和法制教育，进行爱国主义、集体主义和社会主义的教育，提倡爱祖国、爱人民、爱劳动、爱科学、爱社会主义的公德，反对资本主义的、封建主义的和其他的腐朽思想的侵蚀。

第五条 保护未成年人的工作，应当遵循下列原则：

（一）尊重未成年人的人格尊严；

（二）适应未成年人身心发展的规律和特点；

（三）教育与保护相结合。

第六条 保护未成年人，是国家机关、武装力量、政党、社会团体、企业事业组织、城乡基层群众性自治组织、未成年人的监护人和其他成年公民的共同责任。

对侵犯未成年人合法权益的行为，任何组织和个人都有权予以劝阻、制止或者向有关部门提出检举或者控告。

国家、社会、学校和家庭应当教育和帮助未成年人维护自己的合法权益，增强自我保护的意识和能力，增强社会责任感。

第七条 中央和地方各级国家机关应当在各自的职责范围内做好未成年人保护工作。

国务院和地方各级人民政府领导有关部门做好未成年人保护工作；将未成年人保护工作纳入国民经济和社会发展规划以及年度计划，相关经费纳入本级政府预算。

国务院和省、自治区、直辖市人民政府采取组织措施，协调有关部门做好未成年人保护工作。具体机构由国务院和省、自治区、直辖市人民政府规定。

第八条 共产主义青年团、妇女联合会、工会、青年联合会、学生联合会、少年先锋队以及其他有关社会团体，协助各级人民政府做好未成年人保护工作，维护未成年人的合法权益。

第九条 各级人民政府和有关部门对保护未成年人有显著成绩的组织和个人，给予表彰和奖励。

第二章 家庭保护

第十条 父母或者其他监护人应当创造良好、和睦的家庭环境，依法履行对未成年人的监护职责和抚养义务。

禁止对未成年人实施家庭暴力，禁止虐待、遗弃未成年人，禁止溺婴和其他残害婴儿的行为，不得歧视女性未成年人或者有残疾的未成年人。

第十一条 父母或者其他监护人应当关注未成年人的生理、心理状况和行为习惯，以健康的思想、良好的品行和适当的方法教育和影响未成年人，引导未成年人进行有益身心健康的活动，预防和制止未成年人吸烟、酗酒、流浪、沉迷网络以及赌博、吸毒、卖淫等行为。

第十二条 父母或者其他监护人应当学习家庭教育知识，正确履行监护职责，抚养教育未成年人。

有关国家机关和社会组织应当为未成年人的父母或者其他监护人提供家庭教育指导。

第十三条 父母或者其他监护人应当尊重未成年人受教育的权利，必须使适龄未成年人依法入学接受并完成义务教育，不得使接受义务教育的未成年人辍学。

第十四条 父母或者其他监护人应当根据未成年人的年龄和智力发展状况，在作出与未成年人权益有关的决定时告知其本人，并听取他们的意见。

第十五条 父母或者其他监护人不得允许或者迫使未成年人结婚，不得为未成年人订立婚约。

第十六条 父母因外出务工或者其他原因不能履行对未成年人监护职责的，应当委托有监护能力的其他成年人代为监护。

第三章 学校保护

第十七条 学校应当全面贯彻国家的教育方针，实施素质教育，提高教育质量，注重培养未成年学生独立思考能力、创新能力和实践能力，促进未成年学生全面发展。

第十八条 学校应当尊重未成年学生受教育的权利，关心、爱护学生，对品行有缺点、学习有困难的学生，应当耐心教育、帮助，不得歧视，不得违反法律和国家规定开除未成年学生。

第十九条 学校应当根据未成年学生身心发展的特点，对他们进行社会生活指导、心理健康辅导和青春期教育。

第二十条 学校应当与未成年学生的父母或者其他监护人互相配合，保证未成年学生的睡眠、娱乐和体育锻炼时间，不得加重其学习负担。

第二十一条 学校、幼儿园、托儿所的教职员工应当尊重未成年人的人格尊严，不得对未成年人实施体罚、变相体罚或者其他侮辱人格尊严的行为。

第二十二条 学校、幼儿园、托儿所应当建立安全制度，加强对未成年人的安全教育，采取措施保障未成年人的人身安全。

学校、幼儿园、托儿所不得在危及未成年人人身安全、健康的校舍和其他设施、场所中进行教育教学活动。

学校、幼儿园安排未成年人参加集会、文化娱乐、社会实践等集体活动，应当有利于未成年人的健康成长，防止发生人身安全事故。

第二十三条 教育行政等部门和学校、幼儿园、托儿所应当根据需要，制定应对各种灾害、传染性疾病、食物中毒、意外伤害等突发事件的预案，配备相应设施并进行必要的演练，增强未成年人的自我保护意识和能力。

第二十四条 学校对未成年学生在校内或者本校组织的校外活动中发生人身伤害事故的，应当及时救护，妥善处理，并及时向有关主管部门报告。

第二十五条 对于在学校接受教育的有严重不良行为的未成年学生，学校和父母或者其他监护人应当互相配合加以管教；无力管教或者管教无效的，可以按照有关规定将其送专门学校继续接受教育。

依法设置专门学校的地方人民政府应当保障专门学校的办学条件，教育行政部门应当加强对专门学校的管理和指导，有关部门应当给予协助和配合。

专门学校应当对在校就读的未成年学生进行思想教育、文化教育、纪律和法制教育、劳动技术教育和职业教育。

专门学校的教职员工应当关心、爱护、尊重学生，不得歧视、厌弃。

第二十六条 幼儿园应当做好保育、教育工作，促进幼儿在体质、智力、品德等方面和谐发等教育。

第四章　社 会 保 护

第二十七条 全社会应当树立尊重、保护、教育未成年人的良好风尚，关心、爱护未成年人。

国家鼓励社会团体、企业事业组织以及其他组织和个人，开展多种形式的有利于未成年人健康成长的社会活动。

第二十八条 各级人民政府应当保障未成年人受教育的权利，并采取措施保障家庭经济困难的、残疾的和流动人口中的未成年人等接受义务教育。

第二十九条 各级人民政府应当建立和改善适合未成年人文化生活需要的活

动场所和设施，鼓励社会力量兴办适合未成年人的活动场所，并加强管理。

第三十条 爱国主义教育基地、图书馆、青少年宫、儿童活动中心应当对未成年人免费开放；博物馆、纪念馆、科技馆、展览馆、美术馆、文化馆以及影剧院、体育场馆、动物园、公园等场所，应当按照有关规定对未成年人免费或者优惠开放。

第三十一条 县级以上人民政府及其教育行政部门应当采取措施，鼓励和支持中小学校在节假日期间将文化体育设施对未成年人免费或者优惠开放。

社区中的公益性互联网上网服务设施，应当对未成年人免费或者优惠开放，为未成年人提供安全、健康的上网服务。

第三十二条 国家鼓励新闻、出版、信息产业、广播、电影、电视、文艺等单位和作家、艺术家、科学家以及其他公民，创作或者提供有利于未成年人健康成长的作品。出版、制作和传播专门以未成年人为对象的内容健康的图书、报刊、音像制品、电子出版物以及网络信息等，国家给予扶持。

国家鼓励科研机构和科技团体对未成年人开展科学知识普及活动。

第三十三条 国家采取措施，预防未成年人沉迷网络。

国家鼓励研究开发有利于未成年人健康成长的网络产品，推广用于阻止未成年人沉迷网络的新技术。

第三十四条 禁止任何组织、个人制作或者向未成年人出售、出租或者以其他方式传播淫秽、暴力、凶杀、恐怖、赌博等毒害未成年人的图书、报刊、音像制品、电子出版物以及网络信息等。

第三十五条 生产、销售用于未成年人的食品、药品、玩具、用具和游乐设施等，应当符合国家标准或者行业标准，不得有害于未成年人的安全和健康；需要标明注意事项的，应当在显著位置标明。

第三十六条 中小学校园周边不得设置营业性歌舞娱乐场所、互联网上网服务营业场所等不适宜未成年人活动的场所。

营业性歌舞娱乐场所、互联网上网服务营业场所等不适宜未成年人活动的场所，不得允许未成年人进入，经营者应当在显著位置设置未成年人禁入标志；对难以判明是否已成年的，应当要求其出示身份证件。

第三十七条 禁止向未成年人出售烟酒，经营者应当在显著位置设置不向未成年人出售烟酒的标志；对难以判明是否已成年的，应当要求其出示身份证件。

任何人不得在中小学校、幼儿园、托儿所的教室、寝室、活动室和其他未成年人集中活动的场所吸烟、饮酒。

第三十八条 任何组织或者个人不得招用未满十六周岁的未成年人，国家另有规定的除外。

任何组织或者个人按照国家有关规定招用已满十六周岁未满十八周岁的未成年人的，应当执行国家在工种、劳动时间、劳动强度和保护措施等方面的规定，不得安排其从事过重、有毒、有害等危害未成年人身心健康的劳动或者危险作业。

第三十九条 任何组织或者个人不得披露未成年人的个人隐私。

对未成年人的信件、日记、电子邮件，任何组织或者个人不得隐匿、毁弃；除因追查犯罪的需要，由公安机关或者人民检察院依法进行检查，或者对无行为能力的未成年人的信件、日记、电子邮件由其父母或者其他监护人代为开拆、查阅外，任何组织或者个人不得开拆、查阅。

第四十条 学校、幼儿园、托儿所和公共场所发生突发事件时，应当优先救护未成年人。

第四十一条 禁止拐卖、绑架、虐待未成年人，禁止对未成年人实施性侵害。

禁止胁迫、诱骗、利用未成年人乞讨或者组织未成年人进行有害其身心健康的表演等活动。

第四十二条 公安机关应当采取有力措施，依法维护校园周边的治安和交通秩序，预防和制止侵害未成年人合法权益的违法犯罪行为。

任何组织或者个人不得扰乱教学秩序，不得侵占、破坏学校、幼儿园、托儿所的场地、房屋和设施。

第四十三条 县级以上人民政府及其民政部门应当根据需要设立救助场所，对流浪乞讨等生活无着未成年人实施救助，承担临时监护责任；公安部门或者其他有关部门应当护送流浪乞讨或者离家出走的未成年人到救助场所，由救助场所予以救助和妥善照顾，并及时通知其父母或者其他监护人领回。

对孤儿、无法查明其父母或者其他监护人的以及其他生活无着的未成年人，由民政部门设立的儿童福利机构收留抚养。

未成年人救助机构、儿童福利机构及其工作人员应当依法履行职责，不得虐待、歧视未成年人；不得在办理收留抚养工作中牟取利益。

第四十四条 卫生部门和学校应当对未成年人进行卫生保健和营养指导，提供必要的卫生保健条件，做好疾病预防工作。

卫生部门应当做好对儿童的预防接种工作，国家免疫规划项目的预防接种实行免费；积极防治儿童常见病、多发病，加强对传染病防治工作的监督管理，加强对幼儿园、托儿所卫生保健的业务指导和监督检查。

第四十五条 地方各级人民政府应当积极发展托幼事业，办好托儿所、幼儿园，支持社会组织和个人依法兴办哺乳室、托儿所、幼儿园。

各级人民政府和有关部门应当采取多种形式，培养和训练幼儿园、托儿所的保教人员，提高其职业道德素质和业务能力。

第四十六条 国家依法保护未成年人的智力成果和荣誉权不受侵犯。

第四十七条 未成年人已经完成规定年限的义务教育不再升学的，政府有关部门和社会团体、企业事业组织应当根据实际情况，对他们进行职业教育，为他们创造劳动就业条件。

第四十八条 居民委员会、村民委员会应当协助有关部门教育和挽救违法犯罪的未成年人，预防和制止侵害未成年人合法权益的违法犯罪行为。

第四十九条 未成年人的合法权益受到侵害的，被侵害人及其监护人或者其他组织和个人有权向有关部门投诉，有关部门应当依法及时处理。

第五章 司 法 保 护

第五十条 公安机关、人民检察院、人民法院以及司法行政部门，应当依法履行职责，在司法活动中保护未成年人的合法权益。

第五十一条 未成年人的合法权益受到侵害，依法向人民法院提起诉讼的，人民法院应当依法及时审理，并适应未成年人生理、心理特点和健康成长的需要，保障未成年人的合法权益。

在司法活动中对需要法律援助或者司法救助的未成年人，法律援助机构或者人民法院应当给予帮助，依法为其提供法律援助或者司法救助。

第五十二条 人民法院审理继承案件，应当依法保护未成年人的继承权和受遗赠权。

人民法院审理离婚案件，涉及未成年子女抚养问题的，应当听取有表达意愿能力的未成年子女的意见，根据保障子女权益的原则和双方具体情况依法处理。

第五十三条　父母或者其他监护人不履行监护职责或者侵害被监护的未成年人的合法权益，经教育不改的，人民法院可以根据有关人员或者有关单位的申请，撤销其监护人的资格，依法另行指定监护人。被撤销监护资格的父母应当依法继续负担抚养费用。

第五十四条　对违法犯罪的未成年人，实行教育、感化、挽救的方针，坚持教育为主、惩罚为辅的原则。

对违法犯罪的未成年人，应当依法从轻、减轻或者免除处罚。

第五十五条　公安机关、人民检察院、人民法院办理未成年人犯罪案件和涉及未成年人权益保护案件，应当照顾未成年人身心发展特点，尊重他们的人格尊严，保障他们的合法权益，并根据需要设立专门机构或者指定专人办理。

第五十六条　讯问、审判未成年犯罪嫌疑人、被告人，询问未成年证人、被害人，应当依照刑事诉讼法的规定通知其法定代理人或者其他人员到场。

公安机关、人民检察院、人民法院办理未成年人遭受性侵害的刑事案件，应当保护被害人的名誉。

第五十七条　对羁押、服刑的未成年人，应当与成年人分别关押。

羁押、服刑的未成年人没有完成义务教育的，应当对其进行义务教育。

解除羁押、服刑期满的未成年人的复学、升学、就业不受歧视。

第五十八条　对未成年人犯罪案件，新闻报道、影视节目、公开出版物、网络等不得披露该未成年人的姓名、住所、照片、图像以及可能推断出该未成年人的资料。

第五十九条　对未成年人严重不良行为的矫治与犯罪行为的预防，依照预防未成年人犯罪法的规定执行。

第六章　法 律 责 任

第六十条　违反本法规定，侵害未成年人的合法权益，其他法律、法规已规定行政处罚的，从其规定；造成人身财产损失或者其他损害的，依法承担民事责任；构成犯罪的，依法追究刑事责任。

第六十一条　国家机关及其工作人员不依法履行保护未成年人合法权益的责任，或者侵害未成年人合法权益，或者对提出申诉、控告、检举的人进行打击报复的，由其所在单位或者上级机关责令改正，对直接负责的主管人员和其他直接责任人员依法给予行政处分。

第六十二条 父母或者其他监护人不依法履行监护职责，或者侵害未成年人合法权益的，由其所在单位或者居民委员会、村民委员会予以劝诫、制止；构成违反治安管理行为的，由公安机关依法给予行政处罚。

第六十三条 学校、幼儿园、托儿所侵害未成年人合法权益的，由教育行政部门或者其他有关部门责令改正；情节严重的，对直接负责的主管人员和其他直接责任人员依法给予处分。

学校、幼儿园、托儿所教职员工对未成年人实施体罚、变相体罚或者其他侮辱人格行为的，由其所在单位或者上级机关责令改正；情节严重的，依法给予处分。

第六十四条 制作或者向未成年人出售、出租或者以其他方式传播淫秽、暴力、凶杀、恐怖、赌博等图书、报刊、音像制品、电子出版物以及网络信息等的，由主管部门责令改正，依法给予行政处罚。

第六十五条 生产、销售用于未成年人的食品、药品、玩具、用具和游乐设施不符合国家标准或者行业标准，或者没有在显著位置标明注意事项的，由主管部门责令改正，依法给予行政处罚。

第六十六条 在中小学校园周边设置营业性歌舞娱乐场所、互联网上网服务营业场所等不适宜未成年人活动的场所的，由主管部门予以关闭，依法给予行政处罚。

营业性歌舞娱乐场所、互联网上网服务营业场所等不适宜未成年人活动的场所允许未成年人进入，或者没有在显著位置设置未成年人禁入标志的，由主管部门责令改正，依法给予行政处罚。

第六十七条 向未成年人出售烟酒，或者没有在显著位置设置不向未成年人出售烟酒标志的，由主管部门责令改正，依法给予行政处罚。

第六十八条 非法招用未满十六周岁的未成年人，或者招用已满十六周岁的未成年人从事过重、有毒、有害等危害未成年人身心健康的劳动或者危险作业的，由劳动保障部门责令改正，处以罚款；情节严重的，由工商行政管理部门吊销营业执照。

第六十九条 侵犯未成年人隐私，构成违反治安管理行为的，由公安机关依法给予行政处罚。

第七十条 未成年人救助机构、儿童福利机构及其工作人员不依法履行对未成年人的救助保护职责，或者虐待、歧视未成年人，或者在办理收留抚养工作中牟取利益的，由主管部门责令改正，依法给予行政处分。

第七十一条 胁迫、诱骗、利用未成年人乞讨或者组织未成年人进行有害其身心健康的表演等活动的，由公安机关依法给予行政处罚。

第七章 附 则

第七十二条 本法自2007年6月1日起施行。

附录2

中华人民共和国教师法

（1993年10月31日第八届全国人民代表大会常务委员会
第四次会议通过，1993年10月31日中华人民共和国
主席令第15号公布，自1994年1月1日起施行）

第一章　总　　则

第一条　为了保障教师的合法权益，建设具有良好思想品德修养和业务素质的教师队伍，促进社会主义教育事业的发展，制定本法。

第二条　本法适用于在各级各类学校和其他教育机构中专门从事教育教学工作的教师。

第三条　教师是履行教育教学职责的专业人员，承担教书育人，培养社会主义事业建设者和接班人、提高民族素质的使命。教师应当忠诚于人民的教育事业。

第四条　各级人民政府应当采取措施，加强教师的思想政治教育和业务培训，改善教师的工作条件和生活条件，保障教师的合法权益，提高教师的社会地位。全社会都应当尊重教师。

第五条　国务院教育行政部门主管全国的教师工作。

国务院有关部门在各自职权范围内负责有关的教师工作。

学校和其他教育机构根据国家规定，自主进行教师管理工作。

第六条　每年九月十日为教师节。

第二章　权利和义务

第七条　教师享有下列权利：

（一）进行教育教学活动，开展教育教学改革和实验；

（二）从事科学研究、学术交流，参加专业的学术团体，在学术活动中充分发表意见；

（三）指导学生的学习和发展，评定学生的品行和学业成绩；

（四）按时获取工资报酬，享受国家规定的福利待遇以及寒暑假期的带薪休假；

（五）对学校教育教学、管理工作和教育行政部门的工作提出意见和建议，通过教职工代表大会或者其他形式，参与学校的民主管理；

（六）参加进修或者其他方式的培训。

第八条 教师应当履行下列义务：

（一）遵守宪法、法律和职业道德，为人师表；

（二）贯彻国家的教育方针，遵守规章制度，执行学校的教学计划，履行教师聘约，完成教育教学工作任务；

（三）对学生进行宪法所确定的基本原则的教育和爱国主义、民族团结的教育，法制教育以及思想品德、文化、科学技术教育，组织、带领学生开展有益的社会活动；

（四）关心、爱护全体学生，尊重学生人格，促进学生在品德、智力、体质等方面全面发展；

（五）制止有害于学生的行为或者其他侵犯学生合法权益的行为，批评和抵制有害于学生健康成长的现象；

（六）不断提高思想政治觉悟和教育教学业务水平。

第九条 为保障教师完成教育教学任务，各级人民政府、教育行政部门、有关部门、学校和其他教育机构应当履行下列职责：

（一）提供符合国家安全标准的教育教学设施和设备；

（二）提供必需的图书、资料及其他教育教学用品；

（三）对教师在教育教学、科学研究中的创造性工作给以鼓励和帮助；

（四）支持教师制止有害于学生的行为或者其他侵犯学生合法权益的行为。

第三章 资格和任用

第十条 国家实行教师资格制度。

中国公民凡遵守宪法和法律，热爱教育事业，具有良好的思想品德，具备本法规定的学历或者经国家教师资格考试合格，有教育教学能力，经认定合格的，可以取得教师资格。

第十一条 取得教师资格应当具备的相应学历是：

（一）取得幼儿园教师资格，应当具备幼儿师范学校毕业及其以上学历；

（二）取得小学教师资格，应当具备中等师范学校毕业及其以上学历；

（三）取得初级中学教师、初级职业学校文化、专业课教师资格，应当具备高等师范专科学校或者其他大学专科毕业及其以上学历；

（四）取得高级中学教师资格和中等专业学校、技工学校、职业高中文化课、专业课教师资格，应当具备高等师范院校本科或者其他大学本科毕业及其以上学历；取得中等专业学校、技工学校和职业高中学生实习指导教师资格应当具备的学历，由国务院教育行政部门规定；

（五）取得高等学校教师资格，应当具备研究生或者大学本科毕业学历；

（六）取得成人教育教师资格，应当按照成人教育的层次、类别，分别具备高等、中等学校毕业及其以上学历。不具备本法规定的教师资格学历的公民，申请获取教师资格，必须通过国家教师资格考试。国家教师资格考试制度由国务院规定。

第十二条 本法实施前已经在学校或者其他教育机构中任教的教师，未具备本法规定学历的，由国务院教育行政部门规定教师资格过渡办法。

第十三条 中小学教师资格由县级以上地方人民政府教育行政部门认定。中等专业学校、技工学校的教师资格由县级以上地方人民政府教育行政部门组织有关主管部门认定。普通高等学校的教师资格由国务院或者省、自治区、直辖市教育行政部门或者由其委托的学校认定。具备本法规定的学历或者经国家教师资格考试合格的公民，要求有关部门认定其教师资格的，有关部门应当依照本法规定的条件予以认定。取得教师资格的人员首次任教时，应当有试用期。

第十四条 受到剥夺政治权利或者故意犯罪受到有期徒刑以上刑事处罚的，不能取得教师资格；已经取得教师资格的，丧失教师资格。

第十五条 各级师范学校毕业生，应当按照国家有关规定从事教育教学工作。国家鼓励非师范高等学校毕业生到中小学或者职业学校任教。

第十六条 国家实行教师职务制度，具体办法由国务院规定。

第十七条 学校和其他教育机构应当逐步实行教师聘任制。教师的聘任应当遵循双方地位平等的原则，由学校和教师签订聘任合同，明确规定双方的权利、义务和责任。实施教师聘任制的步骤、办法由国务院教育行政部门规定。

第四章 培养和培训

第十八条 各级人民政府和有关部门应当办好师范教育，并采取措施，鼓励优秀青年进入各级师范学校学习。各级教师进修学校承担培训中小学教师的任务。非师范学校应当承担培养和培训中小学教师的任务。各级师范学校学生享受专业奖学金。

第十九条 各级人民政府教育行政部门、学校主管部门和学校应当制定教师培训规划，对教师进行多种形式的思想政治、业务培训。

第二十条 国家机关、企业事业单位和其他社会组织应当为教师的社会调查和社会实践提供方便，给予协助。

第二十一条 各级人民政府应当采取措施，为少数民族地区和边远贫困地区培养、培训教师。

第五章 考 核

第二十二条 学校或者其他教育机构应当对教师的政治思想、业务水平、工作态度和工作成绩进行考核。教育行政部门对教师的考核工作进行指导、监督。

第二十三条 考核应当客观、公正、准确，充分听取教师本人、其他教师以及学生的意见。

第二十四条 教师考核结果是受聘任教、晋升工资、实施奖惩的依据。

第六章 待 遇

第二十五条 教师的平均工资水平应当不低于或者高于国家公务员的平均工资水平，并逐步提高。建立正常晋级增薪制度，具体办法由国务院规定。

第二十六条 中小学教师和职业学校教师享受教龄津贴和其他津贴，具体办法由国务院教育行政部门会同有关部门制定。

第二十七条 地方各级人民政府对教师以及具有中专以上学历的毕业生到少数民族地区和边远贫困地区从事教育教学工作的，应当予以补贴。

第二十八条 地方各级人民政府和国务院有关部门，对城市教师住房的建设、租赁、出售实行优先、优惠。县、乡两级人民政府应当为农村中小学教师解决住房提供方便。

第二十九条 教师的医疗同当地国家公务员享受同等的待遇；定期对教师进行身体健康检查，并因地制宜安排教师进行休养。医疗机构应当对当地教师的医疗提供方便。

第三十条 教师退休或者退职后，享受国家规定的退休或者退职待遇。县级以上地方人民政府可以适当提高长期从事教育教学工作的中小学退休教师的退休金比例。

第三十一条 各级人民政府应当采取措施，改善国家补助、集体支付工资的中小学教师的待遇，逐步做到在工资收入上与国家支付工资的教师同工同酬，具体办法由地方各级人民政府根据本地区的实际情况规定。

第三十二条 社会力量所办学校的教师的待遇，由举办者自行确定并予以保障。

第七章 奖 励

第三十三条 教师在教育教学、培养人才、科学研究、教学改革、学校建设、社会服务、勤工俭学等方面成绩优异的，由所在学校予以表彰、奖励。国务院和地方各级人民政府及其有关部门对有突出贡献的教师，应当予以表彰、奖励。对有重大贡献的教师，依照国家有关规定授予荣誉称号。

第三十四条 国家支持和鼓励社会组织或者个人向依法成立的奖励教师的基金组织捐助资金，对教师进行奖励。

第八章 法律责任

第三十五条 侮辱、殴打教师的，根据不同情况，分别给予行政处分或者行政处罚；造成损害的，责令赔偿损失；情节严重，构成犯罪的，依法追究刑事责任。

第三十六条 对依法提出申诉、控告、检举的教师进行打击报复的，由其所在单位或者上级机关责令改正；情节严重的，可以根据具体情况给予行政处分。国家工作人员对教师打击报复构成犯罪的，依照刑法第一百四十六条的规定追究刑事责任。

第三十七条 教师有下列情形之一的，由所在学校、其他教育机构或者教育行政部门给予行政处分或者解聘。

（一）故意不完成教育教学任务给教育教学工作造成损失的；

（二）体罚学生，经教育不改的；

（三）品行不良、侮辱学生，影响恶劣的。

教师有前款第（二）项、第（三）项所列情形之一，情节严重，构成犯罪的，依法追究刑事责任。

第三十八条 地方人民政府对违反本法规定，拖欠教师工资或者侵犯教师其他合法权益的，应当责令其限期改正。违反国家财政制度、财务制度，挪用国家财政用于教育的经费，严重妨碍教育教学工作，拖欠教师工资，损害教师合法权益的，由上级机关责令限期归还被挪用的经费，并对直接责任人员给予行政处分；情节严重，构成犯罪的，依法追究刑事责任。

第三十九条 教师对学校或者其他教育机构侵犯其合法权益的，或者对学校或者其他教育机构作出的处理不服的，可以向教育行政部门提出申诉，教育行政部门应当在接到申诉的三十日内，作出处理。教师认为当地人民政府有关行政部门侵犯其根据本法规定享有的权利的，可以向同级人民政府或者上一级人民政府有关部门提出申诉，同级人民政府或者上一级人民政府有关部门应当作出处理。

第九章　附　　则

第四十条 本法下列用语的含义是：

（一）各级各类学校，是指实施学前教育、普通初等教育、普通中等教育、职业教育、普通高等教育以及特殊教育、成人教育的学校。

（二）其他教育机构，是指少年宫以及地方教研室、电化教育机构等。

（三）中小学教师，是指幼儿园、特殊教育机构、普通中小学、成人初等中等教育机构、职业中学以及其他教育机构的教师。

第四十一条 学校和其他教育机构中的教育教学辅助人员，其他类型的学校的教师和教育教学辅助人员，可以根据实际情况参照本法的有关规定执行。军队所属院校的教师和教育教学辅助人员，由中央军事委员会依照本法制定有关规定。

第四十二条 外籍教师的聘任办法由国务院教育行政部门规定。

第四十三条 本法自一九九四年一月一日起施行。

附录3

中华人民共和国教育法

（1995年3月18日第八届全国人民代表大会第三次会议通过，
1995年3月18日中华人民共和国主席令第45号公布，
自1995年9月1起施行）

第一章　总　　则

第一条　为了发展教育事业，提高全民族的素质，促进社会主义物质文明和精神文明建设，根据宪法，制定本法。

第二条　在中华人民共和国境内的各级各类教育，适用本法。

第三条　国家坚持以马克思列宁主义、毛泽东思想和建设有中国特色社会主义理论为指导，遵循宪法确定的基本原则，发展社会主义的教育事业。

第四条　教育是社会主义现代化建设的基础，国家保障教育事业优先发展。全社会应当关心和支持教育事业的发展。全社会应当尊重教师。

第五条　教育必须为社会主义现代化建设服务，必须与生产劳动相结合，培养德、智、体等方面全面发展的社会主义事业的建设者和接班人。

第六条　国家在受教育者中进行爱国主义、集体主义、社会主义的教育，进行理想、道德、纪律、法制、国防和民族团结的教育。

第七条　教育应当继承和弘扬中华民族优秀的历史文化传统，吸收人类文明发展的一切优秀成果。

第八条　教育活动必须符合国家和社会公共利益。

国家实行教育与宗教相分离。任何组织和个人不得利用宗教进行妨碍国家教育制度的活动。

第九条　中华人民共和国公民有受教育的权利和义务。公民不分民族、种族、性别、职业、财产状况、宗教信仰等，依法享有平等的受教育机会。

第十条 国家根据各少数民族的特点和需要，帮助各少数民族地区发展教育事业。国家扶持边远贫困地区发展教育事业。国家扶持和发展残疾人教育事业。

第十一条 国家适应社会主义市场经济发展和社会进步的需要，推进教育改革，促进各级各类教育协调发展，建立和完善终身教育体系。国家支持、鼓励和组织教育科学研究，推广教育科学研究成果，促进教育质量提高。

第十二条 汉语言文字为学校及其他教育机构的基本教学语言文字。少数民族学生为主的学校及其他教育机构，可以使用本民族或者当地民族通用的语言文字进行教学。学校及其他教育机构进行教学，应当推广使用全国通用的普通话和规范字。

第十三条 国家对发展教育事业做出突出贡献的组织和个人，给予奖励。

第十四条 国务院和地方各级人民政府根据分级管理、分工负责的原则，领导和管理教育工作。中等及中等以下教育在国务院领导下，由地方人民政府管理。高等教育由国务院和省、自治区、直辖市人民政府管理。

第十五条 国务院教育行政部门主管全国教育工作，统筹规划、协调管理全国的教育事业。县级以上地方各级人民政府教育行政部门主管本行政区域内的教育工作。县级以上各级人民政府其他有关部门在各自的职责范围内，负责有关的教育工作。

第十六条 国务院和县级以上地方各级人民政府应当向本级人民代表大会或者其常务委员会报告教育工作和教育经费预算、决算情况，接受监督。

第二章 教育基本制度

第十七条 国家实行学前教育、初等教育、中等教育、高等教育的学校教育制度。国家建立科学的学制系统。学制系统内的学校和其他教育机构的设置、教育形式、修业年限、招生对象、培养目标等，由国务院或者由国务院授权教育行政部门规定。

第十八条 国家实行九年制义务教育制度。

各级人民政府采取各种措施保障适龄儿童、少年就学。适龄儿童、少年的父母或者其他监护人以及有关社会组织和个人有义务使适龄儿童、少年接受并完成规定年限的义务教育。

第十九条 国家实行职业教育制度和成人教育制度。

各级人民政府、有关行政部门以及企业事业组织应当采取措施，发展并保障公民接受职业学校教育或者各种形式的职业培训。国家鼓励发展多种形式的成人教育，使公民接受适当形式的政治、经济、文化、科学、技术、业务教育和终身教育。

第二十条 国家实行国家教育考试制度。

国家教育考试由国务院教育行政部门确定种类，并由国家批准的实施教育考试的机构承办。

第二十一条 国家实行学业证书制度。

经国家批准设立或者认可的学校及其他教育机构按照国家有关规定，颁发学历证书或者其他学业证书。

第二十二条 国家实行学位制度。

学位授予单位依法对达到一定学术水平或者专业技术水平的人员授予相应的学位，颁发学位证书。

第二十三条 各级人民政府、基层群众性自治组织和企业事业组织应当采取各种措施，开展扫除文盲的教育工作。按照国家规定具有接受扫除文盲教育能力的公民，应当接受扫除文盲的教育。

第二十四条 国家实行教育督导制度和学校及其他教育机构教育评估制度。

第三章　学校及其他教育机构

第二十五条 国家制定教育发展规划，并举办学校及其他教育机构。国家鼓励企业事业组织、社会团体、其他社会组织及公民个人依法举办学校及其他教育机构。任何组织和个人不得以营利为目的举办学校及其他教育机构。

第二十六条 设立学校及其他教育机构，必须具备下列基本条件：

（一）有组织机构和章程；

（二）有合格的教师；

（三）有符合规定标准的教学场所及设施、设备等；

（四）有必备的办学资金和稳定的经费来源。

第二十七条 学校及其他教育机构的设立、变更和终止，应当按照国家有关规定办理审核、批准、注册或者备案手续。

第二十八条 学校及其他教育机构行使下列权利：

（一）按照章程自主管理；

（二）组织实施教育教学活动；

（三）招收学生或者其他受教育者；

（四）对受教育者进行学籍管理，实施奖励或者处分；

（五）对受教育者颁发相应的学业证书；

（六）聘任教师及其他职工，实施奖励或者处分；

（七）管理、使用本单位的设施和经费；

（八）拒绝任何组织和个人对教育教学活动的非法干涉；

（九）法律、法规规定的其他权利。

国家保护学校及其他教育机构的合法权益不受侵犯。

第二十九条　学校及其他教育机构应当履行下列义务：

（一）遵守法律、法规；

（二）贯彻国家的教育方针，执行国家教育教学标准，保证教育教学质量；

（三）维护受教育者、教师及其他职工的合法权益；

（四）以适当方式为受教育者及其监护人了解受教育者的学业成绩及其他有关情况提供便利；

（五）遵照国家有关规定收取费用并公开收费项目；

（六）依法接受监督。

第三十条　学校及其他教育机构的举办者按照国家有关规定，确定其所举办的学校或者其他教育机构的管理体制。学校及其他教育机构的校长或者主要行政负责人必须由具有中华人民共和国国籍、在中国境内定居、并具备国家规定任职条件的公民担任，其任免按照国家有关规定办理。学校的教学及其他行政管理，由校长负责。学校及其他教育机构应当按照国家有关规定，通过以教师为主体的教职工代表大会等组织形式，保障教职工参与民主管理和监督。

第三十一条　学校及其他教育机构具备法人条件的，自批准设立或者登记注册之日起取得法人资格。学校及其他教育机构在民事活动中依法享有民事权利，承担民事责任。学校及其他教育机构中的国有资产属于国家所有。学校及其他教育机构兴办的校办产业独立承担民事责任。

第四章　教师和其他教育工作者

第三十二条　教师享有法律规定的权利，履行法律规定的义务，忠诚于人民的教育事业。

第三十三条 国家保护教师的合法权益，改善教师的工作条件和生活条件，提高教师的社会地位。教师的工资报酬、福利待遇，依照法律、法规的规定办理。

第三十四条 国家实行教师资格、职务、聘任制度，通过考核、奖励、培养和培训，提高教师素质，加强教师队伍建设。

第三十五条 学校及其他教育机构中的管理人员，实行教育职员制度。学校及其他教育机构中的教学辅助人员和其他专业技术人员，实行专业技术职务聘任制度。

第五章　受 教 育 者

第三十六条 受教育者在入学、升学、就业等方面依法享有平等权利。学校和有关行政部门应当按照国家有关规定，保障女子在入学、升学、就业、授予学位、派出留学等方面享有同男子平等的权利。

第三十七条 国家、社会对符合入学条件、家庭经济困难的儿童、少年、青年，提供各种形式的资助。

第三十八条 国家、社会、学校及其他教育机构应当根据残疾人身心特性和需要实施教育，并为其提供帮助和便利。

第三十九条 国家、社会、家庭、学校及其他教育机构应当为有违法犯罪行为的未成年人接受教育创造条件。

第四十条 从业人员有依法接受职业培训和继续教育的权利和义务。国家机关、企业事业组织和其他社会组织，应当为本单位职工的学习和培训提供条件和便利。

第四十一条 国家鼓励学校及其他教育机构、社会组织采取措施，为公民接受终身教育创造条件。

第四十二条 受教育者享有下列权利：

（一）参加教育教学计划安排的各种活动，使用教育教学设施、设备、图书资料；

（二）按照国家有关规定获得奖学金、贷学金、助学金；

（三）在学业成绩和品行上获得公正评价，完成规定的学业后获得相应的学业证书、学位证书；

（四）对学校给予的处分不服向有关部门提出申诉，对学校、教师侵犯其人身权、财产权等合法权益，提出申诉或者依法提起诉讼；

（五）法律、法规规定的其他权利。

第四十三条 受教育者应当履行下列义务：

（一）遵守法律、法规；

（二）遵守学生行为规范，尊敬师长，养成良好的思想品德和行为习惯；

（三）努力学习，完成规定的学习任务；

（四）遵守所在学校或者其他教育机构的管理制度。

第四十四条 教育、体育、卫生行政部门和学校及其他教育机构应当完善体育、卫生保健设施，保护学生的身心健康。

第六章 教育与社会

第四十五条 国家机关、军队、企业事业组织、社会团体及其他社会组织和个人，应当依法为儿童、少年、青年学生的身心健康成长创造良好的社会环境。

第四十六条 国家鼓励企业事业组织、社会团体及其他社会组织同高等学校、中等职业学校在教学、科研、技术开发和推广等方面进行多种形式的合作。企业事业组织、社会团体及其他社会组织和个人，可以通过适当形式，支持学校的建设，参与学校管理。

第四十七条 国家机关、军队、企业事业组织及其他社会组织应当为学校组织的学生实习、社会实践活动提供帮助和便利。

第四十八条 学校及其他教育机构在不影响正常教育教学活动的前提下，应当积极参加当地的社会公益活动。

第四十九条 未成年人的父母或者其他监护人应当为其未成年子女或者其他被监护人受教育提供必要条件。未成年人的父母或者其他监护人应当配合学校及其他教育机构，对其未成年子女或者其他被监护人进行教育。学校、教师可以对学生家长提供家庭教育指导。

第五十条 图书馆、博物馆、科技馆、文化馆、美术馆、体育馆（场）等社会公共文化体育设施，以及历史文化古迹和革命纪念馆（地），应当对教师、学生实行优待，为受教育者接受教育提供便利。广播、电视台（站）应当开设教育节目，促进受教育者思想品德、文化和科学技术素质的提高。

第五十一条 国家、社会建立和发展对未成年人进行校外教育的设施。学校及其他教育机构应当同基层群众性自治组织、企业事业组织、社会团体相互配合，加强对未成年人的校外教育工作。

第五十二条 国家鼓励社会团体、社会文化机构及其他社会组织和个人开展有益于受教育者身心健康的社会文化教育活动。

第七章 教育投入与条件保障

第五十三条 国家建立以财政拨款为主、其他多种渠道筹措教育经费为辅的体制，逐步增加对教育的投入，保证国家举办的学校教育经费的稳定来源。企业事业组织、社会团体及其他社会组织和个人依法举办的学校及其他教育机构，办学经费由举办者负责筹措，各级人民政府可以给予适当支持。

第五十四条 国家财政性教育经费支出占国民生产总值的比例应当随着国民经济的发展和财政收入的增长逐步提高。具体比例和实施步骤由国务院规定。全国各级财政支出总额中教育经费所占比例应当随着国民经济的发展逐步提高。

第五十五条 各级人民政府的教育经费支出，按照事权和财权相统一的原则，在财政预算中单独列项。各级人民政府教育财政拨款的增长应当高于财政经常性收入的增长，并使按在校学生人数平均的教育费用逐步增长，保证教师工资和学生人均公用经费逐步增长。

第五十六条 国务院及县级以上地方各级人民政府应当设立教育专项资金，重点扶持边远贫困地区、少数民族地区实施义务教育。

第五十七条 税务机关依法足额征收教育费附加，由教育行政部门统筹管理，主要用于实施义务教育。省、自治区、直辖市人民政府根据国务院的有关规定，可以决定开征用于教育的地方附加费，专款专用。农村乡统筹中的教育费附加，由乡人民政府组织收取，由县级人民政府教育行政部门代为管理或者由乡人民政府管理，用于本乡范围内乡、村两级教育事业。农村教育费附加在乡统筹中所占具体比例和具体管理办法，由省、自治区、直辖市人民政府规定。

第五十八条 国家采取优惠措施，鼓励和扶持学校在不影响正常教育教学的前提下开展勤工俭学和社会服务，兴办校办产业。

第五十九条 经县级人民政府批准，乡、民族乡、镇的人民政府根据自愿、量力的原则，可以在本行政区域内集资办学，用于实施义务教育学校的危房改造和修缮、新建校舍，不得挪作他用。

第六十条 国家鼓励境内、境外社会组织和个人捐资助学。

第六十一条 国家财政性教育经费、社会组织和个人对教育的捐赠，必须用于教育，不得挪用、克扣。

第六十二条 国家鼓励运用金融、信贷手段，支持教育事业的发展。

第六十三条 各级人民政府及其教育行政部门应当加强对学校及其他教育机构教育经费的监督管理，提高教育投资效益。

第六十四条 地方各级人民政府及其有关行政部门必须把学校的基本建设纳入城乡建设规划，统筹安排学校的基本建设用地及所需物资，按照国家有关规定实行优先、优惠政策。

第六十五条 各级人民政府对教科书及教学用图书资料的出版发行，对教学仪器、设备的生产和供应，对用于学校教育教学和科学研究的图书资料、教学仪器、设备的进口，按照国家有关规定实行优先、优惠政策。

第六十六条 县级以上人民政府应当发展卫星电视教育和其他现代化教学手段，有关行政部门应当优先安排，给予扶持。国家鼓励学校及其他教育机构推广运用现代化教学手段。

第八章 教育对外交流与合作

第六十七条 国家鼓励开展教育对外交流与合作。教育对外交流与合作坚持独立自主、平等互利、相互尊重的原则，不得违反中国法律，不得损害国家主权、安全和社会公共利益。

第六十八条 中国境内公民出国留学、研究、进行学术交流或者任教，依照国家有关规定办理。

第六十九条 中国境外个人符合国家规定的条件并办理有关手续后，可以进入中国境内学校及其他教育机构学习、研究、进行学术交流或者任教，其合法权益受国家保护。

第七十条 中国对境外教育机构颁发的学位证书、学历证书及其他学业证书的承认，依照中华人民共和国缔结或者加入的国际条约办理，或者按照国家有关规定办理。

第九章 法律责任

第七十一条 违反国家有关规定，不按照预算核拨教育经费的，由同级人民政府限期核拨；情节严重的，对直接负责的主管人员和其他直接责任人员，依法给予行政处分。违反国家财政制度、财务制度，挪用、克扣教育经费的，由上级机关责令限期归还被挪用、克扣的经费，并对直接负责的主管人员和其他直接责任人员，依法给予行政处分；构成犯罪的，依法追究刑事责任。

第七十二条 结伙斗殴，寻衅滋事，扰乱学校及其他教育机构教育教学秩序或者破坏校舍、场地及其他财产的，由公安机关给予治安管理处罚；构成犯罪的，依法追究刑事责任。侵占学校及其他教育机构的校舍、场地及其他财产的，依法承担民事责任。

第七十三条 明知校舍或者教育教学设施有危险，而不采取措施，造成人员伤亡或者重大财产损失的，对直接负责的主管人员和其他直接责任人员，依法追究刑事责任。

第七十四条 违反国家有关规定，向学校或者其他教育机构收取费用的，由政府责令退还所收费用；对直接负责的主管人员和其他直接责任人员，依法给予行政处分。

第七十五条 违反国家有关规定，举办学校或者其他教育机构的，由教育行政部门予以撤销；有违法所得的，没收违法所得；对直接负责的主管人员和其他直接责任人员，依法给予行政处分。

第七十六条 违反国家有关规定招收学员的，由教育行政部门责令退回招收的学员，退还所收费用；对直接负责的主管人员和其他直接责任人员，依法给予行政处分。

第七十七条 在招收学生工作中徇私舞弊的，由教育行政部门责令退回招收的人员；对直接负责的主管人员和其他直接责任人员，依法给予行政处分；构成犯罪的，依法追究刑事责任。

第七十八条 学校及其他教育机构违反国家有关规定向受教育者收取费用的，由教育行政部门责令退还所收费用；对直接负责的主管人员和其他直接责任人员，依法给予行政处分。

第七十九条 在国家教育考试中作弊的，由教育行政部门宣布考试无效，对直接负责的主管人员和其他直接责任人员，依法给予行政处分。

非法举办国家教育考试的，由教育行政部门宣布考试无效；有违法所得的，没收违法所得；对直接负责的主管人员和其他直接责任人员，依法给予行政处分。

第八十条 违反本法规定，颁发学位证书、学历证书或者其他学业证书的，由教育行政部门宣布证书无效，责令收回或者予以没收；有违法所得的，没收违法所得；情节严重的，取消其颁发证书的资格。

第八十一条 违反本法规定，侵犯教师、受教育者、学校或者其他教育机构的合法权益，造成损失、损害的，应当依法承担民事责任。

第十章 附 则

第八十二条 军事学校教育由中央军事委员会根据本法的原则规定。宗教学校教育由国务院另行规定。

第八十三条 境外的组织和个人在中国境内办学和合作办学的办法，由国务院规定。

第八十四条 本法自1995年9月1日起施行。

附录4

中华人民共和国职业教育法

（1996年5月15日第八届全国人民代表大会常务委员会第十九次会议通过，
1996年5月15日中华人民共和国主席令第六十九号公布，
自1996年9月1日起施行）

第一章　总　　则

第一条　为了实施科教兴国战略，发展职业教育，提高劳动者素质，促进社会主义现代化建设，根据教育法和劳动法，制定本法。

第二条　本法适用于各级各类职业学校教育和各种形式的职业培训。国家机关实施的对国家机关工作人员的专门培训由法律、行政法规另行规定。

第三条　职业教育是国家教育事业的重要组成部分，是促进经济、社会发展和劳动就业的重要途径。

国家发展职业教育，推进职业教育改革，提高职业教育质量，建立、健全适应社会主义市场经济和社会进步需要的职业教育制度。

第四条　实施职业教育必须贯彻国家教育方针，对受教育者进行思想政治教育和职业道德教育，传授职业知识，培养职业技能，进行职业指导，全面提高受教育者的素质。

第五条　公民有依法接受职业教育的权利。

第六条　各级人民政府应当将发展职业教育纳入国民经济和社会发展规划。

行业组织和企业、事业组织应当依法履行实施职业教育的义务。

第七条　国家采取措施，发展农村职业教育，扶持少数民族地区、边远贫困地区职业教育的发展。

国家采取措施，帮助妇女接受职业教育，组织失业人员接受各种形式的职业教育，扶持残疾人职业教育的发展。

第八条 实施职业教育应当根据实际需要，同国家制定的职业分类和职业等级标准相适应，实行学历证书、培训证书和职业资格证书制度。

国家实行劳动者在就业前或者上岗前接受必要的职业教育的制度。

第九条 国家鼓励并组织职业教育的科学研究。

第十条 国家对在职业教育中作出显著成绩的单位和个人给予奖励。

第十一条 国务院教育行政部门负责职业教育工作的统筹规划、综合协调、宏观管理。

国务院教育行政部门、劳动行政部门和其他有关部门在国务院规定的职责范围内，分别负责有关的职业教育工作。

县级以上地方各级人民政府应当加强对本行政区域内职业教育工作的领导、统筹协调和督导评估。

第二章 职业教育体系

第十二条 国家根据不同地区的经济发展水平和教育普及程度，实施以初中后为重点的不同阶段的教育分流，建立、健全职业学校教育与职业培训并举，并与其他教育相互沟通、协调发展的职业教育体系。

第十三条 职业学校教育分为初等、中等、高等职业学校教育。

初等、中等职业学校教育分别由初等、中等职业学校实施；高等职业学校教育根据需要和条件由高等职业学校实施，或者由普通高等学校实施。其他学校按照教育行政部门的统筹规划，可以实施同层次的职业学校教育。

第十四条 职业培训包括从业前培训、转业培训、学徒培训、在岗培训、转岗培训及其他职业性培训，可以根据实际情况分为初级、中级、高级职业培训。

职业培训分别由相应的职业培训机构、职业学校实施。

其他学校或者教育机构可以根据办学能力，开展面向社会的、多种形式的职业培训。

第十五条 残疾人职业教育除由残疾人教育机构实施外，各级各类职业学校和职业培训机构及其他教育机构应当按照国家有关规定接纳残疾学生。

第十六条 普通中学可以因地制宜地开设职业教育的课程，或者根据实际需要适当增加职业教育的教学内容。

第三章　职业教育的实施

第十七条　县级以上地方各级人民政府应当举办发挥骨干和示范作用的职业学校、职业培训机构，对农村、企业、事业组织、社会团体、其他社会组织及公民个人依法举办的职业学校和职业培训机构给予指导和扶持。

第十八条　县级人民政府应当适应农村经济、科学技术、教育统筹发展的需要，举办多种形式的职业教育，开展实用技术的培训，促进农村职业教育的发展。

第十九条　政府主管部门、行业组织应当举办或者联合举办职业学校、职业培训机构，组织、协调、指导本行业的企业、事业组织举办职业学校、职业培训机构。

国家鼓励运用现代化教学手段，发展职业教育。

第二十条　企业应当根据本单位的实际，有计划地对本单位的职工和准备录用的人员实施职业教育。

企业可以单独举办或者联合举办职业学校、职业培训机构，也可以委托学校、职业培训机构对本单位的职工和准备录用的人员实施职业教育。

从事技术工种的职工，上岗前必须经过培训；从事特种作业的职工必须经过培训，并取得特种作业资格。

第二十一条　国家鼓励事业组织、社会团体、其他社会组织及公民个人按照国家有关规定举办职业学校、职业培训机构。

境外的组织和个人在中国境内举办职业学校、职业培训机构的办法，由国务院规定。

第二十二条　联合举办职业学校、职业培训机构，举办者应当签订联合办学合同。

政府主管部门、行业组织、企业、事业组织委托学校、职业培训机构实施职业教育的，应当签订委托合同。

第二十三条　职业学校、职业培训机构实施职业教育应当实行产教结合，为本地区经济建设服务，与企业密切联系，培养实用人才和熟练劳动者。

职业学校、职业培训机构可以举办与职业教育有关的企业或者实习场所。

第二十四条 职业学校的设立，必须符合下列基本条件：

（一）有组织机构和章程；

（二）有合格的教师；

（三）有符合规定标准的教学场所、与职业教育相适应的设施、设备；

（四）有必备的办学资金和稳定的经费来源。

职业培训机构的设立，必须符合下列基本条件：

（一）有组织机构和管理制度；

（二）有与培训任务相适应的教师和管理人员；

（三）有与进行培训相适应的场所、设施、设备；

（四）有相应的经费。

职业学校和职业培训机构的设立、变更和终止，应当按照国家有关规定执行。

第二十五条 接受职业学校教育的学生，经学校考核合格，按照国家有关规定，发给学历证书。接受职业培训的学生，经培训的职业学校或者职业培训机构考核合格，按照国家有关规定，发给培训证书。

学历证书、培训证书按照国家有关规定，作为职业学校、职业培训机构的毕业生、结业生从业的凭证。

第四章 职业教育的保障条件

第二十六条 国家鼓励通过多种渠道依法筹集发展职业教育的资金。

第二十七条 省、自治区、直辖市人民政府应当制定本地区职业学校学生人数平均经费标准；国务院有关部门应当会同国务院财政部门制定本部门职业学校学生人数平均经费标准。职业学校举办者应当按照学生人数平均经费标准足额拨付职业教育经费。

各级人民政府、国务院有关部门用于举办职业学校和职业培训机构的财政性经费应当逐步增长。

任何组织和个人不得挪用、克扣职业教育的经费。

第二十八条 企业应当承担对本单位的职工和准备录用的人员进行职业教育的费用，具体办法由国务院有关部门会同国务院财政部门或者由省、自治区、直辖市人民政府依法规定。

第二十九条 企业未按本法第二十条的规定实施职业教育的，县级以上地方人民政府应当责令改正；拒不改正的，可以收取企业应当承担的职业教育经费，用于本地区的职业教育。

第三十条 省、自治区、直辖市人民政府按照教育法的有关规定决定开征的用于教育的地方附加费，可以专项或者安排一定比例用于职业教育。

第三十一条 各级人民政府可以将农村科学技术开发、技术推广的经费，适当用于农村职业培训。

第三十二条 职业学校、职业培训机构可以对接受中等、高等职业学校教育和职业培训的学生适当收取学费，对经济困难的学生和残疾学生应当酌情减免。收费办法由省、自治区、直辖市人民政府规定。

国家支持企业、事业组织、社会团体、其他社会组织及公民个人按照国家有关规定设立职业教育奖学金、贷学金，奖励学习成绩优秀的学生或者资助经济困难的学生。

第三十三条 职业学校、职业培训机构举办企业和从事社会服务的收入应当主要用于发展职业教育。

第三十四条 国家鼓励金融机构运用信贷手段，扶持发展职业教育。

第三十五条 国家鼓励企业、事业组织、社会团体、其他社会组织及公民个人对职业教育捐资助学，鼓励境外的组织和个人对职业教育提供资助和捐赠。提供的资助和捐赠，必须用于职业教育。

第三十六条 县级以上各级人民政府和有关部门应当将职业教育教师的培养和培训工作纳入教师队伍建设规划，保证职业教育教师队伍适应职业教育发展的需要。

职业学校和职业培训机构可以聘请专业技术人员、有特殊技能的人员和其他教育机构的教师担任兼职教师。有关部门和单位应当提供方便。

第三十七条 国务院有关部门、县级以上地方各级人民政府以及举办职业学校、职业培训机构的组织、公民个人，应当加强职业教育生产实习基地的建设。

企业、事业组织应当接纳职业学校和职业培训机构的学生和教师实习；对上岗实习的，应当给予适当的劳动报酬。

第三十八条 县级以上各级人民政府和有关部门应当建立、健全职业教育服务体系，加强职业教育教材的编辑、出版和发行工作。

第五章　附　　则

第三十九条　在职业教育活动中违反教育法规定的，应当依照教育法的有关规定给予处罚。

第四十条　本法自 1996 年 9 月 1 日起施行。

附录5

学生伤害事故处理办法

（2002年6月25日中华人民共和国教育部令第12号发布，
自2002年9月1日起施行，2010年12月13日中华人民共和国
教育部令第30号通过修改并公布，自公布之日起施行）

第一章　总　　则

第一条　为积极预防、妥善处理在校学生伤害事故，保护学生、学校的合法权益，根据《中华人民共和国教育法》、《中华人民共和国未成年人保护法》和其他相关法律、行政法规及有关规定，制定本办法。

第二条　在学校实施的教育教学活动或者学校组织的校外活动中，以及在学校负有管理责任的校舍、场地、其他教育教学设施、生活设施内发生的，造成在校学生人身损害后果的事故的处理，适用本办法。

第三条　学生伤害事故应当遵循依法、客观公正、合理适当的原则，及时、妥善地处理。

第四条　学校的举办者应当提供符合安全标准的校舍、场地、其他教育教学设施和生活设施。

教育行政部门应当加强学校安全工作，指导学校落实预防学生伤害事故的措施，指导、协助学校妥善处理学生伤害事故，维护学校正常的教育教学秩序。

第五条　学校应当对在校学生进行必要的安全教育和自护自救教育；应当按照规定，建立健全安全制度，采取相应的管理措施，预防和消除教育教学环境中存在的安全隐患；当发生伤害事故时，应当及时采取措施救助受伤害学生。

学校对学生进行安全教育、管理和保护，应当针对学生年龄、认知能力和法律行为能力的不同，采用相应的内容和预防措施。

第六条　学生应当遵守学校的规章制度和纪律；在不同的受教育阶段，应当

根据自身的年龄、认知能力和法律行为能力，避免和消除相应的危险。

第七条 未成年学生的父母或者其他监护人（以下称为监护人）应当依法履行监护职责，配合学校对学生进行安全教育、管理和保护工作。

学校对未成年学生不承担监护职责，但法律有规定的或者学校依法接受委托承担相应监护职责的情形除外。

第二章 事故与责任

第八条 发生学生伤害事故，造成学生人身损害的，学校应当按照《中华人民共和国侵权责任法》及相关法律、法规的规定，承担相应的事故责任。

第九条 因下列情形之一造成的学生伤害事故，学校应当依法承担相应的责任：

（一）学校的校舍、场地、其他公共设施，以及学校提供给学生使用的学具、教育教学和生活设施、设备不符合国家规定的标准，或者有明显不安全因素的；

（二）学校的安全保卫、消防、设施设备管理等安全管理制度有明显疏漏，或者管理混乱，存在重大安全隐患，而未及时采取措施的；

（三）学校向学生提供的药品、食品、饮用水等不符合国家或者行业的有关标准、要求的；

（四）学校组织学生参加教育教学活动或者校外活动，未对学生进行相应的安全教育，并未在可预见的范围内采取必要的安全措施的；

（五）学校知道教师或者其他工作人员患有不适宜担任教育教学工作的疾病，但未采取必要措施的；

（六）学校违反有关规定，组织或者安排未成年学生从事不宜未成年人参加的劳动、体育运动或者其他活动的；

（七）学生有特异体质或者特定疾病，不宜参加某种教育教学活动，学校知道或者应当知道，但未予以必要的注意的；

（八）学生在校期间突发疾病或者受到伤害，学校发现，但未根据实际情况及时采取相应措施，导致不良后果加重的；

（九）学校教师或者其他工作人员体罚或者变相体罚学生，或者在履行职责过程中违反工作要求、操作规程、职业道德或者其他有关规定的；

（十）学校教师或者其他工作人员在负有组织、管理未成年学生的职责期间，发现学生行为具有危险性，但未进行必要的管理、告诫或者制止的；

（十一）对未成年学生擅自离校等与学生人身安全直接相关的信息，学校发现或者知道，但未及时告知未成年学生的监护人，导致未成年学生因脱离监护人的保护而发生伤害的；

（十二）学校有未依法履行职责的其他情形的。

第十条 学生或者未成年学生监护人由于过错，有下列情形之一，造成学生伤害事故，应当依法承担相应的责任：

（一）学生违反法律法规的规定，违反社会公共行为准则、学校的规章制度或者纪律，实施按其年龄和认知能力应当知道具有危险或者可能危及他人的行为的；

（二）学生行为具有危险性，学校、教师已经告诫、纠正，但学生不听劝阻、拒不改正的；

（三）学生或者其监护人知道学生有特异体质，或者患有特定疾病，但未告知学校的；

（四）未成年学生的身体状况、行为、情绪等有异常情况，监护人知道或者已被学校告知，但未履行相应监护职责的；

（五）学生或者未成年学生监护人有其他过错的。

第十一条 学校安排学生参加活动，因提供场地、设备、交通工具、食品及其他消费与服务的经营者，或者学校以外的活动组织者的过错造成的学生伤害事故，有过错的当事人应当依法承担相应的责任。

第十二条 因下列情形之一造成的学生伤害事故，学校已履行了相应职责，行为并无不当的，无法律责任：

（一）地震、雷击、台风、洪水等不可抗的自然因素造成的；

（二）来自学校外部的突发性、偶发性侵害造成的；

（三）学生有特异体质、特定疾病或者异常心理状态，学校不知道或者难于知道的；

（四）学生自杀、自伤的；

（五）在对抗性或者具有风险性的体育竞赛活动中发生意外伤害的；

（六）其他意外因素造成的。

第十三条 下列情形下发生的造成学生人身损害后果的事故，学校行为并无不当的，不承担事故责任；事故责任应当按有关法律法规或者其他有关规定认定：

（一）在学生自行上学、放学、返校、离校途中发生的；

（二）在学生自行外出或者擅自离校期间发生的；

（三）在放学后、节假日或者假期等学校工作时间以外，学生自行滞留学校或者自行到校发生的；

（四）其他在学校管理职责范围外发生的。

第十四条 因学校教师或者其他工作人员与其职务无关的个人行为，或者因学生、教师及其他个人故意实施的违法犯罪行为，造成学生人身损害的，由致害人依法承担相应的责任。

第三章 事故处理程序

第十五条 发生学生伤害事故，学校应当及时救助受伤害学生，并应当及时告知未成年学生的监护人；有条件的，应当采取紧急救援等方式救助。

第十六条 发生学生伤害事故，情形严重的，学校应当及时向主管教育行政部门及有关部门报告；属于重大伤亡事故的，教育行政部门应当按照有关规定及时向同级人民政府和上一级教育行政部门报告。

第十七条 学校的主管教育行政部门应学校要求或者认为必要，可以指导、协助学校进行事故的处理工作，尽快恢复学校正常的教育教学秩序。

第十八条 发生学生伤害事故，学校与受伤害学生或者学生家长可以通过协商方式解决；双方自愿，可以书面请求主管教育行政部门进行调解。

成年学生或者未成年学生的监护人也可以依法直接提起诉讼。

第十九条 教育行政部门收到调解申请，认为必要的，可以指定专门人员进行调解，并应当在受理申请之日起60日内完成调解。

第二十条 经教育行政部门调解，双方就事故处理达成一致意见的，应当在调解人员的见证下签订调解协议，结束调解；在调解期限内，双方不能达成一致意见，或者调解过程中一方提起诉讼，人民法院已经受理的，应当终止调解。

调解结束或者终止，教育行政部门应当书面通知当事人。

第二十一条 对经调解达成的协议，一方当事人不履行或者反悔的，双方可以依法提起诉讼。

第二十二条 事故处理结束，学校应当将事故处理结果书面报告主管的教育行政部门；重大伤亡事故的处理结果，学校主管的教育行政部门应当向同级人民政府和上一级教育行政部门报告。

第四章 事故损害的赔偿

第二十三条 对发生学生伤害事故负有责任的组织或者个人，应当按照法律法规的有关规定，承担相应的损害赔偿责任。

第二十四条 学生伤害事故赔偿的范围与标准，按照有关行政法规、地方性法规或者最高人民法院司法解释中的有关规定确定。

教育行政部门进行调解时，认为学校有责任的，可以依照有关法律法规及国家有关规定，提出相应的调解方案。

第二十五条 对受伤害学生的伤残程度存在争议的，可以委托当地具有相应鉴定资格的医院或者有关机构，依据国家规定的人体伤残标准进行鉴定。

第二十六条 学校对学生伤害事故负有责任的，根据责任大小，适当予以经济赔偿，但不承担解决户口、住房、就业等与救助受伤害学生、赔偿相应经济损失无直接关系的其他事项。

学校无责任的，如果有条件，可以根据实际情况，本着自愿和可能的原则，对受伤害学生给予适当的帮助。

第二十七条 因学校教师或者其他工作人员在履行职务中的故意或者重大过失造成的学生伤害事故，学校予以赔偿后，可以向有关责任人员追偿。

第二十八条 未成年学生对学生伤害事故负有责任的，由其监护人依法承担相应的赔偿责任。

学生的行为侵害学校教师及其他工作人员以及其他组织、个人的合法权益，造成损失的，成年学生或者未成年学生的监护人应当依法予以赔偿。

第二十九条 根据双方达成的协议、经调解形成的协议或者人民法院的生效判决，应当由学校负担的赔偿金，学校应当负责筹措；学校无力完全筹措的，由学校的主管部门或者举办者协助筹措。

第三十条 县级以上人民政府教育行政部门或者学校举办者有条件的，可以通过设立学生伤害赔偿准备金等多种形式，依法筹措伤害赔偿金。

第三十一条 学校有条件的，应当依据保险法的有关规定，参加学校责任保险。

教育行政部门可以根据实际情况，鼓励中小学参加学校责任保险。

提倡学生自愿参加意外伤害保险。在尊重学生意愿的前提下，学校可以为学生参加意外伤害保险创造便利条件，但不得从中收取任何费用。

第五章　事故责任者的处理

第三十二条　发生学生伤害事故，学校负有责任且情节严重的，教育行政部门应当根据有关规定，对学校的直接负责的主管人员和其他直接责任人员，分别给予相应的行政处分；有关责任人的行为触犯刑律的，应当移送司法机关依法追究刑事责任。

第三十三条　学校管理混乱，存在重大安全隐患的，主管的教育行政部门或者其他有关部门应当责令其限期整顿；对情节严重或者拒不改正的，应当依据法律法规的有关规定，给予相应的行政处罚。

第三十四条　教育行政部门未履行相应职责，对学生伤害事故的发生负有责任的，由有关部门对直接负责的主管人员和其他直接责任人员分别给予相应的行政处分；有关责任人的行为触犯刑律的，应当移送司法机关依法追究刑事责任。

第三十五条　违反学校纪律，对造成学生伤害事故负有责任的学生，学校可以给予相应的处分；触犯刑律的，由司法机关依法追究刑事责任。

第三十六条　受伤害学生的监护人、亲属或者其他有关人员，在事故处理过程中无理取闹，扰乱学校正常教育教学秩序，或者侵犯学校、学校教师或者其他工作人员的合法权益的，学校应当报告公安机关依法处理；造成损失的，可以依法要求赔偿。

第六章　附　　则

第三十七条　本办法所称学校，是指国家或者社会力量举办的全日制的中小学（含特殊教育学校）、各类中等职业学校、高等学校。

本办法所称学生是指在上述学校中全日制就读的受教育者。

第三十八条　幼儿园发生的幼儿伤害事故，应当根据幼儿为完全无行为能力人的特点，参照本办法处理。

第三十九条　其他教育机构发生的学生伤害事故，参照本办法处理。

在学校注册的其他受教育者在学校管理范围内发生的伤害事故，参照本办法处理。

第四十条 本办法自2002年9月1日起实施，原国家教委、教育部颁布的与学生人身安全事故处理有关的规定，与本办法不符的，以本办法为准。

在本办法实施之前已处理完毕的学生伤害事故不再重新处理。

后　记

本《教程》于2008年3月由中国劳动社会保障出版社出版发行，经两年培训使用，于2010年修订再版。应广大班主任要求，现予第三次修订出版。

本《教程》主编由广东省教育促进会副会长、广东省职业培训和技工教育协会顾问兼学术委员会副主任何锦发担任，参加编写的都是来自技工院校学生管理第一线的领导和优秀班主任。各章撰稿人分别为：第一章魏广元，第二章刘伟章、吴尚源，第三章曹卫国，第四章胡永康、谭纯、李广乾，第五章肖玉珍，第六章别少敏，第七章尹凤霞、俞永生，第八章张海锋、彭建新，第九章刘羚、刘钧演。

在修订过程中，参考了政府部门的相关文件、相关单位新的成果，以及部分著作和文章的内容；听取了广东省技工院校班主任讲师团部分成员和技工院校部分优秀班主任的宝贵意见。在此，我们一并表示感谢！

本《教程》不足之处，恳请广大技工教育工作者不吝赐教，批评指正，以便进一步完善。

编　者

2013年1月于广州

主要参考文献

1. 武正林，金洪钦. 中等职业学校班主任［M］. 南京师范大学出版社，1997

2. 谭保斌. 班主任学［M］. 长沙：湖南师范大学出版社，1998

3. 张小乔. 心理咨询的理论与操作［M］. 北京：中国人民大学出版社，1998

4. 杨同银. 班主任工作技能训练指导［M］. 北京：中国林业出版社，2001

5. 颜世富. 成功心理训练［M］. 上海三联书店，2001

6. 王鹰，李鹰，曹丞，史龙身. 班主任工作技能训练［M］. 北京：人民教育出版社，2001

7. 张春兴. 现代心理学［M］. 上海人民出版社，2001

8. ［英］苏·奈特著. 激发潜能：NLP 成功法则［M］. 朱莉琪译. 北京：机械工业出版社，2001

9. 曾文星. 青少年的心理与治疗［M］. 北京医科大学出版社，2001

10. 李德诚，麦淑华. 整全的历奇辅导［M］. 中国香港：突破出版社，2002

11. 邢邦志. 心理素质的养成与训练［M］. 上海：复旦大学出版社，2002

12. 汪艳丽，朱桂琴，王良云. 心雨：中学生心理辅导［M］. 北京：地震出版社，2002

13. ［美］盖瑞·凯朗特著. 户外培训游戏大全［M］. 陈平，南雪景，慕英杰译. 北京：企业管理出版社，2003

14. 朱仁宝，蔡廉. 21 世纪班主任工作艺术［M］. 杭州：浙江大学出版社，2003

15. 劳动和社会保障部，中国职工教育和职业培训协会. 企业培训师（基础知识）［M］. 北京：中国劳动社会保障出版社，2003

16. 陈瑞瑞. 德育与班主任［M］. 北京：高等教育出版社，2004

17. 万玮. 班主任兵法［M］. 上海：华东师范大学出版社，2004

18. 国际劳工组织北京局. 创办你的企业［M］. 北京：中国劳动社会保障出版社，2004

19. 吴超. 大学生安全文化［M］. 北京：机械工业出版社，2005

20. 刘钧演，连莎，涂敏霞. 青春体验：青少年素质拓展训练教程［M］. 广州出版社，2005

21. 匡瑛，朱倩倩，崔景贵. 今天，我们怎样做班主任（中等职业学校卷）［M］. 上海：华东师范大学出版社，2006

22. 王宁. 今天，我们怎样做班主任（中学卷）［M］. 上海：华东师范大学出版社，2006

23. 陈大伟. 道德故事与师德修养［M］. 北京师范大学出版社，2006

24. 周娴华，周达章. 走进学生的心灵［M］. 南京：江苏教育出版社，2006

25. 赵铮. 班主任之友［M］. 北京：新时代出版社，2006

26. 齐欣. 名师的人格教育力［M］. 北京：九州出版社，2006

27. 陈日文. 大学新生安全教程［M］. 北京：高等教育出版社，2006

28. 唐建倦，贺仕刚，周琥. 心理拓展训练的体育教学价值思考［J］. 山东体育学院学报，2006，3：121-123

29. 吴汉明，郑瑞隆，卢仲文. 历奇活动安全手册理论与实践［M］. 中国香港：汇智出版有限公司，2007

30. 王秋梅，孙文永. 学生心理健康教育［M］. 北京：中国商业出版社，2007

31. 劳动和社会保障部职业技能鉴定中心. 与人交流能力训练手册（试用本）［M］. 北京：人民出版社，2008

32. 杨成. 经历·体验·成长：历奇为本辅导实用手册［M］. 广州：广东人民出版社，2008

33. 先敬先. 健康心理学［M］. 北京：教育科学出版社，2002

34. 徐珠君. 高校青年教师压力管理研究［D］. 上海：华东师范大学，2008

35. 俞国良，宋振韶. 现代教师心理健康教育［M］. 北京：教育科学出版社，2008

36. 于淑云，黄友安. 教师职业道德、心理健康和专业发展［M］. 北京：首都师范大学出版社，2010

37. 中华自杀救援网 http://www.995sos.com/